大气污染治理政府间分担机制研究

——以财税法为视野

Air Pollution Control in the View of Tax and Financial Law

财税法学研究文丛

总主编　刘剑文

法律出版社
LAW PRESS·CHINA

王文婷　黄家强／著

中国法学会一般项目『财税法视野下大气污染治理的政府间分担机制研究』[CLS (2016) C40]

序　言

拿到书稿，粗略翻阅，十分欣喜。严峻与严肃的问题以及清晰与理性的结论，都出现在我的眼前：大气污染的出现是个新问题，财税法作为新兴学科有望解决这一问题，央地财权事权如何分担将决定该问题的最终解决效率。生态文明的本质追求是人、自然、社会三者关系的和谐。人类思想家们的生态哲学思想以及生态观，为当代的我们提供了应对环境问题的思想资源，为生态文明实践提供了有力的理论和方法指导。现代世界可以说是一个被高度污染的世界，对发展中的中国来说尤其严重。世界的生态环境遭到了严重破坏，大气污染遍布我们周遭，时不时出现于我们眼前。对我们来说，在各种生态问题中，也许对雾霾带来的灾难性感受最深刻，对于治理雾霾的愿望也当然地最迫切。本书正是以此为切入点，可谓深得人心。沿着著作的逻辑，一路读下来，便有了许多想法，我愿意以此同作者交流，与读者探讨。

人并不是世间的孤立存在物。从世界的归属来看，它并不仅仅属于人类。但是人类的行为常常是自作主张地张狂与不计后果。对世界资源的消耗，对环境资源的掠夺式使用，为了自己而忽略其他生命的情形，一直令那些先知先觉的圣哲忧虑，也令一切理性的人们羞愧。以人为中心，面对神，面对资本，面对权力，当然是对的；但面对世间万物，还固守人这一唯一中心的理论,则肯定是无知与狂妄。自工业革命以来,以物质增进作为对进步与否的判断标准实质上是选择了以人类为中心而形成的价值观。随着人类理性的进步,人们逐步觉醒。在本书中不难看出作者已开始在一定程度上质疑"以人类为中心"的一元价值观,并且助推这一觉醒的潮流。

人类一直在创造历史。通过对大自然的计算性把握,人类更准确地知道了事物如何运行,还从中知道了如何将这些力量为已所用。1769 年,蒸汽机被注册了专利。逐步地,工厂作业取代了手工业。尽管带来了很多困苦,但是没有这样大规模生产的新技术,就不可能养活日益增加的人口。第一次世界大战结束时,地球上的人口大约是 20 亿,到现在则是这个数字三倍多。然而同时,不断增长的工业化,让我们损失了很多美好,甚至使我们感到痛悔,且追悔莫及,悔之晚也。

历史并非是抽象的,任何变化都是具体的。大部分历史是由人的选择和人的力量塑造的。大气污染的出现正是人类工业文明的产物。我们必须着力解决大气污染治理问题,改善雾霾下的生存环境,这越来越成为我们必须面对的超级难题。

财税法对我而言也是一门新兴的学科。但是已有的法学常识告诉我,财税法牵涉央地之间的财权和事权分担,地方上固有的事,与当地人民更利害相关,中央所要求于人民的则范围未必一致,利益未必一律。囊中的历史知识叙述着央地集权或分权常因财税权力而起:中国是一个早熟的国家,在 2000 多年前就发明了中央集权体制。这套制度保障了人类在数百万平方公里的疆域内建立统一的国家,并得以长期维系,生生不息。

事实上的演进并非如此顺理成章。秦代灭亡后,一种重要的社会思潮便是,建立这样一个庞大的集权帝国注定会失败,谁也无法以合理的财政成本来维持帝国的统一。文景时期,进行了集权帝国的二次构建时期,不仅要解决经济发展问题,还要通过财政制度的建设来压制地方的离心力,维护国家统一与中央的集权。中国大一统的观念是在汉武帝时期形成的,最后帝国模式取得了胜利,在这样的帝国中,央地关系必然是重中之重的焦点。

本书花了大量篇幅研究央地政府如何分配大气污染治理中的财权和事权。首先,它设定了这样一个前提,即政府应是大气污染治理的主要责任主体。其次,通过对历史的回顾,发现央地关系的变化是基于事权与财权的匹配而展开的。得出结论认为,研究大气污染治理中的央地财权及事权配置不仅对解决该问题有所贡献,而且对促进当前央地关系的良性互动也有积极的理论与实践意义。本书的研究本身就是极有意义的。

作序是件严肃的事。本书的基本逻辑是，大自然中出现了大气污染问题，当然需要政府主导并提供大气污染防治这一公共产品。此时，哪级政府以及怎样提供该产品成为问题之关键。央地政府在财权事权上的分担，就必须成为决定该产品效率的关键。就此，有不少本土的和外来的经验，而这些经验相对破碎。本书从财税法视角进行研究，对该具体问题施展相应的学科优势，提出了一套体系化的解决方案，是一个有益并成功的尝试。它从财税法视角和路径两个方面展开论述，为大气污染治理上的央地关系提供了一个财税法的理论模型，至为难得。

初次见到本书作者，是在 2015 年年初我回到中央党校政法部任职之后。两年来，她的勤勉与成绩都给我留下了深刻印象。真诚地期待她在烟火尘世中，能够抵御住大气污染，继续为大气污染的治理乃至更多领域的研究，做出更多的理论贡献，营造出自己学术与人生的新境界。

*

2017 年 8 月

* 卓泽渊，中共中央党校政法部主任。

Contents

目录

下篇 府际治理大气污染的财税法路径

导论：财税法是规范国家治理大气污染的突破口

自第一次科技革命以来，人类社会在享受技术进步带来的舒适生活时，同时经历着人类文明的消极附属产物——环境问题日益增添的生存压力。在相当长的历史时间内，人对自我能力的认识停留于“战胜自然”“改变自然”，流露出“改天换地、唯我独尊”的孤傲气势，陷入了一种“人类中心主义”的思维禁锢之中。直至20世纪30年代至80年代相继发生的著名“八大公害”事件（比利时马斯河谷事件、美国洛杉矶光化学烟雾事件、英国伦敦烟雾事件、日本水俣病事件、日本富山的痛痛病事件、日本四日市哮喘事件、日本爱知县米糠油事件、美国多诺拉事件），使人类开始重新认识环境与经济之间的关系，重新定位“自然中我的位置”。自改革开放以来，中国经济的快速发展令世界叹然，自2010年中国经济总量跃居世界第二位并保持至今。但与此同时，中国发展也面临着各方面的挑战，其中最为突出的就是日益恶化的环境问题。特别是进入21世纪以来，大气污染、水污染、土地污染加剧，森林锐减，土地荒漠化严重，二氧化碳排放导致温室效应凸显，尤其以大气污染首当其冲，特别是民众感受最直接和强烈的雾霾天气逐渐增多，一时间公众“谈霾色变”，处于“十面霾伏”中。2013年我国绝大多数省份遭遇严重雾霾天气，全国平均雾霾天数达29.9天，创52年来之最,“雾霾”成为年度关键词。[①] 之后,雾霾问题虽有所缓解,但区域性和季节性生成恶化的特点使该问题仍备受社会关注。另外,我国处于产业结构调整和经济快速发展的全面转型期,工业、汽车排放产生的各类大气污染物总量叠加递增。此外,新的大气污染问题逐渐突出,如臭氧层破坏等,终究使我国遭遇前所未有的大气环境危机。

日趋恶化的大气环境危机给国家发展秩序带来了巨大冲击,中国每年因污染导致的经济损失规模庞大,无法预估,其中主要涉及财产性损失和居民健康损失。前者包括可量化计算的企业的污染物处理成本、农渔业的收成损失等;后者反映的间接损失涵盖广泛,难以精确衡量。同时,环境风险社会的到来更激生出许多的社会矛盾,集中表现为我国环境群体性事件呈现高发、频发态势,已成为继违法征地拆迁、劳资纠纷之后备受社会关注的第三大群体性事件。[②] 总之,转型时期的中国面临着经济发展趋缓和环境风险递增的双重压力,环境治理趋向成为与经济治理价值并重的国家任务。针对此,近年来大气生态环境问题已然跃升为全社会的热点话题,如何在政党领导、政府决策实施和社会共同参与下达成多主体间的环境合作关系,最终实现大气环境污染的有效治理,成为环境风险急遽攀升的国家转型时期的当务之急。

一、问题提出

我国大气环境保护政策由来已久,20 世纪 70 年代初,中央领导就注意到大气环境保护问题,并在全社会的共同努力下取得了一定的生态保护效益,但从总体上来看,我国的大气环境质量依旧呈现出逐年下滑的趋势,特别是生活于共同环境中的民众的直接感观并不乐观。之所以出现这一局面,与改革开放以来中国经济社会快速发展的现实国情不无关系,这一时期由于摒弃了原有的计划经济思维,改以市场经济机制,尊重市场规律、确立市场规则、发展市场权利和培育市场能力,无论是企业组织数量还是居民收入水平都得到了突飞猛进的增长,在此形势下,长期以来的粗放式经济发展模式使大气污染风险激烈爆发。

当前的大气环境治理是一种“中央决策—地方执行”的环境统筹(计划)治

---

① 参见张彬等:《十面“霾”伏发展之痛》,载《经济参考报》2013 年 12 月 30 日,第 A02 版。

② 参见冯洁、汪韬:《“开窗”:求解环境群体性事件》,载《南方周末》2012 年 11 月 29 日,第 B09 版。

理模式,环境决策权集中于中央政府部门,具体的环境执行权则下放于地方政府部门,这种不分地域差异和地方利益主张的中央决断,既降低了各级地方政府治理大气环境的积极性、主动性和创造性,也难免产生央地政府间的政策依赖、改革受阻和利益纷争等问题。

各级政府部门、自由市场、环保组织和企业个人等环境主体治理责任实际上是彼此分立的,中央政府的高度统筹、地方政府的环境治理、市场机制的协力参与和公民的守法遵从未能形成一体连贯的“合作链条”,而是彼此分离甚至孤立。这一主体间权责分离的问题症状具体表现在以下方面:

一是中央政府的环境统筹治理困境重重。处于转型时期的中国,环境治理与经济发展的矛盾对立尤其突出,自改革开放实施以来从上至下达成了“以经济建设为中心”的政策共识,“经济发展优先,环境保护劣后;先污染,后治理”的 GDP 至上发展理念占据主流。为扭转这一思维惯性,中央试图通过在顶层政治话语中突出生态环境的重要性来平衡环境与经济之间的非对称关系,例如,近年来中央领导人的讲话文稿和党政机关发布的大政方针文件中大多都强调了生态环境保护的国家战略位置,同时在环境治理上既严重依赖地方执行,又借助指标考核、运动治理以及巡回督查等手段严格监管地方政府,进而实现其保证全国生态环境质量总体向好的国家意志。

二是地方政府缺乏环境治理的自主权力、能力赋予和责任约束。为创设有利于经济发展的宽松政策环境,地方会根据上级政治压力的松紧度适时调整环境政策,却缺乏治理大气污染的长远规划和经济牺牲准备。大气污染的跨区域流动性,以及地方政府责任和监督机制的单向性,使环境这一公共产品能够轻易摆脱属地责任的限制,最终累积转化为中央政府的统筹治理义务,地方政府的属地治理责任由此被隐性淡化,其所担负的治理责任不过是中央政府强制命令的产物而非辖区内全体居民的共同夙愿。在此情形下,中央集权体制下的环境威权治理当然地成为我国现阶段应对大气环境危机的有效模式,但也由此导致地方自主开展环境治理的权力和能力依然处于规范空白的状态,纵向事权划分不清晰、不合理、不规范,事权与支出责任划分积累了不少矛盾。① 特别是单纯的“对上负责”通道催生了地方政府操纵统计数据、应付上级考核、回避民众诉求等诸多弊病,由于县级以上政府缺乏直接的选举约束,民众监督和司法救

① 参见楼继伟:《中国政府间财政关系再思考》,中国财政经济出版社 2013 年版,第 287 ~ 289 页。

济又难以有效制约政府，从而导致政府间在大气环境治理上的合作失败和信任流失。①

三是共同参与环境治理的市场机能仍较脆弱，自由市场发育滞缓。许多环境资源根本不能通过市场行为进行交换，或者它赖以交换的市场在某些方面是不完备的。② 由于存在潜在的、严重的市场失灵，外加环境污染的负外部性影响，政府就有必要通过生产、资助和监管的方式进行合理干预。③ 但这并非意味着环境治理处于政府管制的决然控制下，实际上从大气污染治理成效显著的发达国家政策演进来看，市场导向型环境政策的黄金时代已然来临，其具有更强的政治和经济上的可行性和可接受性。④ 在治理环境污染方面，政府将市场视作有效化解环境风险的政策手段，而非与政府管制互动互补的平行治理机制。这主要体现在以下两个方面：一方面，政府过多承担了本可由市场解决的事务，设置了过高的门槛，挤压和阻碍了市场的活动空间和自主发展，使市场能够参与大气环境治理的机会大为削减；另一方面，政府出台的大量"命令控制"型环境政策以规制市场行为，避免自由市场无序竞争为主要目标，这无疑给市场发育造成了沉重打击，故促进大气环境政策体系的主导工具由"命令控制型"向"市场激励型"转化实为必要之举。

四是在社会层面上，民众普遍存在"环保靠政府"的观念，缺乏对自我行为的克制。民众对大气环境保护的道德约束力较低，环境的公益属性与个人的私利本性相对立，导致环保部门在执法过程中，企业可能顶风作案、敷衍应付，偷排、漏排、私自篡改大气环境监测数据以及违规申报和使用环保补贴资金等违法乱象屡见不鲜，在狭隘的自利本性下，企业经营者往往倾向于追求短期经济效益而不肯在提升技术和产业升级上投入更多成本。

当然，上述大气环境威权治理所暴露出的种种弊病并非意味着威权治理模式一无是处，甚至可以说我国的大气污染治理所取得的成就与这种治理体制有

① 参见冉冉：《"压力型体制"下的政治激励与地方环境治理》，载《经济社会体制比较》2013年第3期。

② 参见[英]罗杰·珀曼等：《自然资源与环境经济学》，张涛等译，中国经济出版社2002年版，第146页。

③ See Paul A. Grout, Margaret Stevens, *The Assessment: Financing and Managing Public Services*, Oxford, Oxford Review of Economic Policy, 2003, p. 2.

④ 参见[美]保罗·R. 伯特尼、罗伯特·N. 史蒂文斯：《环境保护的公共政策》，穆贤清、方志伟译，上海人民出版社2004年版，第82页。

很大关系,因此,有必要在现有政治体制下通过某种路径来消除权威体制对大气环境治理过程中各主体间合作关系的破坏,从而实现体制与有效治理的最佳组合调适。

二、观点亮明:化解体制弊端的财税法路径

表面来看,财政是大气环境治理当中具有工具性价值,即作为为大气环境治理提供一切开支费用的支撑性工具和作为引导社会向环境友好型转变的调节性工具,但从深层意义上来说,财政体制的变迁牵系一国理财治国之正义实现,以财税为主要内容的经济体制改革成为实现国家治理现代化的现实路径,以财税调节激励市场发育、以财税制度引领社会向善,承载着众多期待的财税领域改革既面临前所未有的机遇,也遭遇来自诸多方面的挑战。大气环境治理是当前国家诸项治理事务中的突出部分,大气环境能否得以有效保护既关系国民感受又牵涉代际发展公平,财政改革的嵌入无疑为传统的行政主导型大气环境治理提供了另一条更优越的可选方案,并在已有的权威型大气环境治理格局下积极发挥公共财政的物质供给、制度供给和精神供给,以期最终形成中央主导、地方责任治理、市场有效驱动和社会民主参与的合作型大气环境治理局面。

1. 物质供给。正如前文所述,国家财政在大气环境治理过程中发挥的最基本功能就是财力给付,物质供给是财政嵌入大气环境治理中的基础作用,但一个有效的财力供给系统意味着如下方面:首先,立足于财力供给但又不能拘束于财力供给,在争取环保开支充足可用的同时,不能以牺牲公民的合法财产权以及违背量能课税原则、受益原则、税收法定主义、信赖利益保护等基本税法正义理念。其次,财力供给的有效性不仅在于供给结果与治理需求之间的量性适配,更在于供给过程与治理正义之间的质性对等,即不能过分强调政府对大气环境治理的支出责任而不关注政府的具体支出过程。最后,府际财权与财力结构配置的适当性是形成大气环境治理有效财力供给系统的关键所在,政府间大气环境事权与支出责任的明确界定必须有与之相一致的财权和财力相配合,从而使政府“应为之、能为之”。

2. 制度供给。相比单向的政府直接规制举措,公共财政为大气环境治理引入了更多间接引导和激励作用的具体财税制度,如环境补贴、税收优惠、税收返还、奖励、绿色税制结构等,同时也有一些与直接规制手段相融合的措施,如环境保护税、排污费、行政罚款、专项基金等,这些环境政策工具整合统一于财税与政治的融并视野当中,除了能够产生惩治环境污染和破坏违法行为的直接效

果外,也能够通过财政的“承上启下”作用激励市场作出符合经济效益的产业结构调整以及渐进引导民众绿色消费和爱护环境。

3. 精神供给。财政对于大气环境治理更重要的作用在于其为之提供了可期的先进精神,这体现在财政在环境治理过程中所供给的自治精神、法治精神和民主精神。首先,在自治精神层面上,财政适度分权的实践能够对大气环境权威治理中的中央集权起到一定缓慢稀释作用;其次,在法治精神层面上,财税法治为大气环境问题提供规范治理的法治思维,随着以税收法定、预算法定等为标志的财税法治变成现实,依法治理环境将成为主旋律,一改以往“重实体结果轻程序正义”的环境行政管理思维;最后,在民主精神层面上,公共财政为大气环境治理注入公众参与的民主因素,预算法中预算公开的全面落实,财税立法中征求公众意见的推行,环境公益诉讼制度的建立等,都预示着民主参与和公共监督是大气环境合作治理当中必不可少的一环。

作为“理财治国之法”的财税法,主要关注立法与行政、中央与地方、政府与市场、国家与纳税人等关系,并在现代民主法治国家当中发挥着多面功能,在政治层面规范政府的理财行为,包括财政收入、支出和监管行为;在社会层面以促进收入公平分配为目标;在经济层面以保障社会经济稳定健康发展为依归。① “财税乃经济政策、政治体制和法律规则的综合载体,全面深化改革的突破口和着力点”,②也是当前从传统行政主导管理模式向现代社会合作治理模式转换下处理国家各类治理事务的主要切入口。具体到大气环境治理这一问题,一方面,财税法是关乎财税制度集群的法律规范,是通过立法的形式确立和实施财政税收制度,从而将财税政策工具的选择和运用规则化,并最终使财税制度的治理效用在大气环境保护中得以完美体现。另一方面,财税法也是财税权力主体与财税权利主体行为互动的规制法律,通过对政府间财政权责(主要是财权、财政事权和支出责任)进行依法合理配置,使府际财政权责划分明晰化、规范化和法治化,形成一个“权责一致、分工合理、决策科学、执行顺畅、监督有力”的现代服务型政府,进而保障各级政府和部门能够“有动力、有能力、有责任心”地去解决关系民众切身利益的大气污染问题。总体上,财税法在其中主要发挥着分配、规制、激励和监管等作用,具体体现在以下四个方面。

---

① 参见刘剑文等:《财税法总论》,北京大学出版社2016年版,第183~189页。

② 熊伟:《中国国家治理的进路选择:财税治理及其模式转换》,载《现代法学》2015年第3期。

1. 财税法是引导资源合理配置的优化分配之法

大气污染治理是一项耗费庞大的公共支出工程,依托政府编制并经国会审议通过的年度预算案而展开,环保预算支出计划直接或间接地导致社会资源向着有利于实现环境保护政策目标的方向进行分配和流动。预算不能排除政治,也不能完全排除理性计算,①因而预算资金分配是兼具政治考量和理性计量的活动。各级政府每年根据大气污染的不同地区形势和全国整体形势,以及对于环境保护的重视程度,经过对大气污染治理成本的计算比对,编制本地区或全国性的政府预算中的节能环保支出项目,作为政府进行大气环境治理的财政支出依据。以法治为核心要义的现代预算法对政府节能环保支出的全过程进行规范和控制,确保各级政府部门合法开支,将财政资金用到民众所希望去向的地方,通过环保预算支出安排的计划性和法定性,可以直接或间接地实现社会资源配置的绿色化,即一方面把财政资金直接用于治理大气污染,对一些污染治理项目加大资金投入力度;另一方面将公共财政投入到节能环保产业,如高新技术产业、新能源产业等,能够吸引社会资源挤向该领域,从而促成整个国家经济结构的优化调整,实现社会资源配置的绿色导向。

2. 财税法是规制权力主体和权利主体行为之法

行为规制是财税法具有的另一重要价值,主要包含对财税权力主体,即政府部门和对财税权利主体即纳税人的行为规制,体现出控制权力和规范行为的双重语义。财税法治理大气污染实质表现为财税权力与权利相互作用、双向互动的过程,政府组织体与市场机制运行有同样的机理,都逃脱不了经济因素的中介连接,因此,财政是贯穿于大气环境治理任务的基本行为逻辑。在此意义下,治理大气污染所内含的规制政府环境治理权力和公众自主行为权利,就必然涉及财政维度上的法律规制手段运用,而这正是财税法的治理意义之所在。显性来看,财税法是实现控权目的的法律规范,其主要体现在对权力主体——政府部门的行为规制上,以期确保政府部门的财政收支行为和管理行为都能依法进行,防范政府权力滥用对公共财政体制的肆意侵扰。更具深层含义的是,财税法也是规制广大纳税人个体行为的行为规范,排污费的征收、环境保护税种的确立、税制结构的绿色化发展趋势,都夹杂着政府利用财税手段间接规制私人行动的治理目标,以赋以课税、行政收费或其他财政收入方式,附加对违背

① 参见武玉坤:《预算资金分配的内在逻辑:政治还是经济?》,载《中山大学学报》(社会科学版)2010 年第 2 期。

生态环境利益的个体自私行为以公共责任成本，通过这种增加成本的方式，能够促使权利主体在保持或增加营利的趋利本性下自主调整行为，逐渐向公共利益指引的方向靠近，从而尽可能地规避或减弱政府对其权利的规制。

3. 财税法具有激励市场主体绿色行动的正向功能

财税法不仅是关涉财税权力与权利之法，也是实现多种政治意旨的政策之法。除规制作用之外，财税法更优越的价值体现为利用财税制度所蕴含的经济诱导功能来激励市场主体作出合乎政策指向的行动。将环境保护的政策目标委与财税调控的过程中，利用财政税收的正向激励功能，通过对一些节能环保的生产和消费行为施加直接性的财政补贴或间接性的税收优惠、税收返回、减免税政策，可以在遵循市场经济运行规律的基础上，诱导市场主体作出符合环境保护政策意图的绿色行动。这种财税激励举措将政府与社会之间的直接性强硬规制关系内化为"直接规制 + 间接引导"的双向治理措施，与直接规制相比更有效的地方在于财税的经济诱导功能把行为的自主决定权交还给了市场主体本身，只不过为同时实现公共意志、避免发生集体行动选择的非理性，政府以财税政策为治理工具，通过给予那些有利于社会整体利益实现的权利主体以财政返还或财政奖励，从而为企业组织和个人作出理性行为选择和安排创设正面的经济诱因。

4. 财税法能够发挥有效监督公共治理过程的作用

作为控权之法的财税法，其实现控权目标的路径除了对财税权力主体的各项权力行为提供规范指引以外，更重要的途径是其具有严密而有效的监管体系。财税法的监督功能主要通过对财政收支全过程的监督而展开，涉及所有行使财政收支权力的政府部门，并且在财税立法和财税司法的权力行使过程中，也并非脱离财政监督的范畴，总之，财税法的监督功能是全过程、全方位的监督，也是行政监督中最切实关键的部分。当然，财政监督只是大气污染治理监督体系的必要一环，除以上对大气污染治理中央地财权、事权分配的监督外，对于其他主体的监督也是研究的重要对象。大气污染治理监督指的是广义上的监督，即包括财税法体系内外的监督。按照大气污染治理央地财权、事权分担的阶段、财税法治理大气污染过程规范阶段以及财税法治理大气污染效果评价阶段的划分，主要分为事前监督、事中监督和事后监督。由此可见，在财税法视野中研究大气污染治理的切口，即在于通过对相关财税行为的监督和约束而达到规范的目的。

三、结构剖析:基于问题导向和理论应用的研究范式

理论研究绝不是凌驾于社会现实问题的空中楼阁,理论的生命力正是在于其来源于现实、服务于现实和超然于现实。本书正是坚持理论与现实相结合的研究路径,以大气污染治理这一当下最为社会关注且极为棘手复杂的问题出发,并选取公共财政这一关键切入点,借助财税法和环境法的有关理论,希冀于在财税法的视野下探索出一条最有效的大气污染治理路径。细言之,本书以大气污染治理为问题导向,力图从财税法治理视角、财税法基本理论和财税行为的法治逻辑出发。一方面,寻求财税政策工具在大气污染治理中发挥最大功效,实现我国环境政策工具系统从行政管制型政策工具为主导向经济激励型和公众参与型为主导,促使当前过多依赖大气污染的事后、被动治理效果更多向事前预防和主动治理转变;另一方面,政府主导大气污染治理归根结底表现为其运用公共财政进行环境公共治理的过程,环境保护和治理作为一项由政府主导负责的公共治理任务,固然被纳入政府预算之中,其中各级政府和部门在大气污染防治这一大事权上的具体事权和分工各有不同,同时也应有相应的支出责任与之对应,若要摆脱当下环境威权治理模式的弊端,转向更有效的环境民主治理模式,就不能忽略财政分权改革的作用,这正是本书讨论的另一化解大气污染危机的动态路径。

从本书的篇章结构来看,主要涵盖两大部分:第一部分从财税法视野阐述了财税法治理大气污染的基本理论,包括第一章(大气环境治理模式转型下的财政嵌入)、第二章(中外治理大气污染的环境政策)、第三章(财税法治理大气污染的法治逻辑),本部分的研究思路主要为从公共财政在环境治理模式转型下的二维嵌入路径到中国以及联邦制和单一制的典型外国治理大气污染的政策演进与现状对比,再到财税法治理大气污染的三条法治逻辑进路,既有理论探讨,特别是环境法与财税法的理论融合,也有历史与现实相结合的研究方法运用,以期最大可能地打通环境法与财税法、理论研究与问题研究的隔膜。第二部分针对我国环境威权治理的现实以及向环境民主治理模式转型的需要,提出了一条有效化解大气污染治理的财税法治化路径,包括第四章(政府治理大气污染的立法规制路径)、第五章(政府治理大气污染的财税体制建构)、第六章(政府治理大气污染的财政分权改革),本部分的研究思路为立法规制路径到财税制度优化建构再到财政分权改革突破,从而使我国的大气污染防治迈向法治化、民主化和科学化的合作型治理模式。

四、研究意义：领域法学视野下学科交叉的新尝试

（一）领域法学视野下环境财政的理论创新

近年来，一种区别于传统的部门法学视域的领域法学范式正兴盛而起，它是“以问题为导向，以特定经济社会领域全部与法律有关的现象为研究对象，融经济学、政治学和社会学等多种研究范式于一体的交叉性、开放性、应用性和整合性的新型法学学科体系、学术体系和话语体系”。[①] 问题导向、综合视角和实质理性构成了领域法学的独特立场，[②]其中问题导向构成了领域法学促进理论与现实互融的基本立足点，“关于国家治理现代化和法治中国建设的理论构想不是抽象的玄思，须以现实存在的问题为导向”。[③] 本书真正体现了理论服务于现实需要，贯穿始终的一个问题——如何实现政府有效治理大气污染的目标？再从财税法与环境法的法际理论融合的研究路径出发，探究财政在大气环境治理中的二维嵌入作用。一是财政的制度性嵌入，为大气污染治理过程中的财力给付、工具运用和权力规范提供必要支撑；二是财政的分权性嵌入，通过财政权责配置来塑造环境主体间的正当角色和合作关系。环境与财政看似联系不够密切的两类事物，一旦具体到治理议题，便因此产生关联，这是由于财政嵌入国家治理的方方面面。在法学的规范语境下，综合环境法与财税法的基础理论，适应法学研究向“理论结合现实”的实用主义转型发展。

（二）政府权责适配下助推大气环境有效治理

梳理国内外现有关于环境与财政的跨学科研究成果，不难发现理论界对于财政在环境治理中所起作用的认识仍陷入工具性思维中。有学者将财政体制视作确保环境法实施责任得以落实的工具保障，[④]另有托马斯·思德纳、杨洪刚、刘丹鹤等学者从环境政策工具的角度将财税政策作为经济激励型工具类型

---

① 刘剑文：《论领域法学：一种立足新兴交叉领域的法学研究范式》，载《政法论丛》2016 年第 5 期。

② 参见熊伟：《问题导向、规范集成与领域法学之精神》，载《政法论丛》2016 年第 6 期。

③ 季卫东：《问题导向的法治中国构思》，载《法制与社会发展》2014 年第 5 期。

④ 参见高利红：《论财政体制与我国环境法的实施责任——以丹江口市为例》，载《法学杂志》2016 年第 3 期。

之一进行研究。[①] 值得肯定的是,就静态层面而言,财税政策确然为一项必不可少的环境治理工具,它在提供环境治理所需的公共资金、培育市场参与治理环境的意愿和能力以及引导社会民众主动采取节能环保行动等方面发挥着不可小觑的作用。然则,国家治理进程中公共财政的社会意义非仅限于资金给付、培育市场、规制权力和引导行为等,更显著地投射于政府财政的动态嵌入层面。立足于我国时下财税体制改革焦点——财政分权的时代进路,从这一维度探讨环境与财政的动态嵌入范式逐渐盛行开来。理论界关于财政动态嵌入环境治理的模式认知主要有"集权派"和"分权派"之分,"集权派"中有学者认为地方环境自主规制会导致扑向底层的竞争(Race to Bottom),主张由中央政府对环境事务统一进行管理;[②]"分权派"以奥茨(Oates)等学者提出的环境联邦主义理论为代表,他们认为,与中央政府相比,地方政府具有信息优势,更加了解自己辖区内公民的偏好和环境状况,因而地区性污染的规制责任适宜于由地方政府承担。[③] 总而言之,现有的环境财政理论研究不啻税费政策工具的静态面向,更延展到国家财政权责集中或分散的政经体制动态改革领域。在我国如何让公共财政全面且深入地嵌入环境治理中尤为迫切,从而既最大限度地发挥预算控制、税费规制、资源配置的财税政策工具功能,又通过财政适度分权改革来厘清府际协同治理环境污染的权责关系,调和央地政府双方的冲突利益,重塑从上至下的政治激励机制,引导形成市场机制和公民共同参与的环境合作局面,最终在现代公共财政的"制度效用"和"权责重构"下嵌入式地促成"政府主导"下的环境共治模式。

(三)提供事权与支出责任划分的样本研究

党的十八届三中全会公报在深入财税体制改革任务中指出要"建立事权和支出责任相适应的制度",2016年国务院印发《关于推进中央与地方财政事权和支出责任划分改革的指导意见》,进一步明确了政府间财政事权和支出责任划分改革的必要性、指导思想、总体要求、划分原则、主要内容、保障和配套措

---

① 参见[瑞典]托马斯·思德纳:《环境与自然资源管理的政策工具》,张蔚文、黄祖辉译,上海三联书店、上海人民出版社2005年版;杨洪刚:《中国环境政策工具的实施效果与优化选择》,复旦大学出版社2011年版;刘丹鹤:《环境规制工具选择及政策启示》,载《北京理工大学学报》(社会科学版)2010年第2期。

② See Stewart R. B., "Pyramids of sacrifice? Problems of federalism in mandating state implementation of national environmental policy", *The Yale Law Journal*, 1977, p. 6.

③ See Oates, "On environmental federalism", *Virginia Law Review*, 1997, p. 7.

施、职责分工和时间安排等,其中就明确了2016年在国防、国家安全、外交、公共安全等基本公共服务领域率先启动财政事权和支出责任划分改革,2017～2018年要争取在教育、医疗卫生、环境保护、交通运输等基本公共服务领域取得突破性进展,2019～2020年基本完成主要领域改革,形成中央与地方财政事权和支出责任划分的清晰框架。由此可见,目前我国的事权与支出责任划分改革已然进入关键期和深化期,具体到环境保护领域,2015年国务院印发了《生态环境监测网络建设方案》,其中提出了明确生态环境监测事权这一改革任务,要求环保部适度上收生态环境质量监测事权。在此之后,财政部、环保部联合发布的《关于支持环境监测体制改革的实施意见》提出,到2018年,全面完成国家监测站点及国控断面的上收工作,国家直管的大气、水、土壤环境质量监测网建立健全。对大气污染防治中的政府财政权责配置的研究,在一定程度上为其他环境污染治理(如水污染治理、固体废弃物治理、土壤污染治理、噪声污染治理等)以及其他领域内的事权与支出责任划分改革提供了理论研究样本,甚至提出了一些可行参照的建议。

上篇　大气污染治理的财税法视角

第一章　大气环境治理模式转型下的财政嵌入

在大气环境问题成为全世界的共同话题之时，寻求一种政府主导、市场驱动、企业施治和公众参与的合作型大气环境治理成了必然选择。在责任制政府理念、环境的公共产品属性和现代国家的公共财政体制下，首先，如何通过行政上的职能分工、责任归属和合作协商建立一个积极有为且富有担当的责任政府体系，形成一股主导国家治理的凝聚力量；其次，如何根据大气环境的公共产品属性，依托地方政府对大气环境治理信息获取的比较优势，建立一个呈网格化治理结构的有效政府；最后，如何通过财政上的合理分权激活从中央到地方上的大气环境保护积极性，确保政府的合宪性财政收支行为既"满足社会给付国家之要求"，又作为"经济责任国家辅助工具与保护手段"，[①]进而建造一个权力有所控制的有限政府。前述三项问题构成当前财税改革嵌入国家治理的突破口，贯穿于我国国家治理的方方面面。基于此，我们试图解决以下问题：在当下中国式分权总体路径当中，如何破除权力的集中与分散的二元隔离对政治与经济之间紧密牵连关系的排斥作用，让二者达成大致的"妥协式

---

① 葛克昌：《税法基本问题（财政宪法篇）》，北京大学出版社2004年版，第71页。

共存”,由此形成既符合我国国情又有利于有效结果产出的大气环境合作治理格局。

第一节 迈向整体合作的大气环境治理格局

国家在大气环境治理过程中发挥着举足轻重的作用,依赖环境政策的科学制定与有效执行来实现大气环境保护目标,实际彰显了权力与权利的互动过程。不同国家依据本国国情采取不同的环境治理方略,有的侧重于强化中央政府的监管责任,表现为上令下从的“单向性、压力型、威权化”的治理模式;有的注重依赖和开拓地方政府的治理责任,表现为“地方自主行动、中央协调监管”的环境联邦主义;还有的不再单一关注政府组织内部的权责划分,以此确保政府上下行动的一致性和有效性,而是将视野进一步拓展到政府与市场、社会组织和公民等政策执行主体之间的互动过程,寄希望于决策主体内部以及决策主体与执行主体达成合作,推动生态环境的共治、善治和法治。其中,突出环境主体共同参与的合作型治理模式是最理想的蓝图设计,但在我国目前环境管制思维依旧盛行,央地关系格局一时难以转变,环境民主理念尚未深入体现和真正贯彻,决策机关与执行主体的双向互动机制还不完善,各环境主体本身也存在诸多发展缺陷。故而,从国家顶层设计层面重塑权力—权力和权利—权力二者之关系尤为必要,事关我国由环境行政管理向环境合作治理,环境威权治理向环境联邦治理的模式转换,关乎环境集中与环境民主体系的理性建构。

一、三元模式:大气环境治理的集权、分权与合作

追溯国家治理的学术史,大致经历了从“统治”到“管理”再到“治理”的话语变迁。现代社会不再苛求政府的绝对理性,而更加强调依靠民主参与来保证决策的科学性和合法性,体现多中心互动治理的发展趋向。现代国家治理是一种集体产物,或多或少带有协商和混杂的特征,①它忌讳政府单方决断,将一己之意志强加给下级政府组织和社会底层民众,政府决策时反而要考虑地方的执行效果和民众的投票支持。更进一步来说,国家治理与公共治理趋近合一,表现为国家治理政策制定的信息公共性、执行过程的射向公共性和实施效果的受

① 参见[法]让·皮埃尔·戈丹:《何谓治理》,钟震宇译,社会科学文献出版社2010年版,第19页。

益公共性等，这决定了面对环境污染这一公共治理问题，不应局限规制者——政府一方，而应同时顾及对受制者——整体社会的影响波及。

目前有关大气环境治理的模式大致有三种，即集权、分权与合作。集权与分权是对于府际权力的集中或者分配，而合作是集权与分权关系协调下最优化政府结构的运行产物。在环境治理问题上，到底是采用中央主导的集权模式好，还是采用地方自治主导的分权模式好，抑或是在适度分权之上的央地合作模式较为适宜，答案一眼明示、毋庸置疑。无论府际权责分配状态的集中与否，其最佳目标都是一致的，即实现环整体合作的大气环境治理格局。受制于世界各国政体形式的不同，权力集中于中央还是向地方倾斜，往往并不由公共治理事项来决定，而更多的是一项政治议题，尽管有关这一问题的争执最终归结于国家治理的成效，但不得不承认，集权抑或分权过多地掺杂了政治考量，鲜有从公共治理角度进行根本性考虑。回到环境污染问题的公共治理任务中来，一个先决条件就是要厘清政府内部权责配置模式，在此之前有必要对三种大气环境治理模式一一分析，最终回到大气环境合作治理模式下政府内部合作关系和政府外部合作关系的同时实现这一课题上来。

（一）集权治理模式：环境威权主义

在公共行政管理语境下，环境治理偏向于从政府权力维度破力，聚焦于通过权责合理划分建构一个组织能动体。其中，政府间权责配置的模式中存在一种集权做法，即将权力集中于中央政府，地方只负责具体执行上级和中央决策，反映到环境治理领域，就是环境集权治理模式。所谓环境集权治理模式，就是主张由中央政府主导对全国环境质量的统一规制，从某种意义上来说，这种中央集权式也可称为中央权威主导的环境治理主义。著名国际政治学家马克·比森在其《环境威权主义的到来》（The coming of environmental authoritarianism）一文中说道，"环境恶化可能导致的一个结果就是威权统治的发展和加强，因为政治精英认为维护政权和内部稳定比政治自由化更加重要"。①与"环境民主"相对立，"环境威权主义"以限制和集中为特征，具体表现在对公民个人自由的限制，对公众参与环境决策的广度和深度的限制，对地方、企业和

① ［澳］马克·比森：《环境威权主义的到来》，冉冉译，载俞可平主编：《中国治理评论》（第2辑），中央编译出版社2012年版，第151～173页。

社会力量的限制，更多地实行中央集权、政府管制和精英治理。[①] 总体来看，环境威权主义的最明显特征就是中央治理，认为地方政府、市场和公民在应对环境问题上都各有不足，地方管辖的区域性与环境质量的统一性，环保公共产品的市场供给失灵与公共需求，公民行动的自私性与环境保护的公益性等之间隔阂严重，因而亟须一个能够在全局上监督地方履行治理责任、补充市场失灵缺陷和强制引导公众保护环境的代表。于是，集中了所有功能优势和多方寄托的中央政府便有了治理的现实基础，它的形成依赖权力的集中赋予，设置一个掌控全局的中央政府就意味着要承受中央集权带来的结果，那便是将各方活动的自主空间和自由权利范围缩减，接受中央的统一部署和要求。

相较地方分权式的环境治理，中央集权式的环境治理在以下三个方面发挥着比较优势：一是解决公地悲剧问题并获取全国性的规模经济效益，形成一国领土范围内环境治理的平衡局面；二是纠正跨区域环境污染时的政府失灵；三是克服环境保护者和污染利益集团之间在政治影响方面的不对等。[②] 一方面，除非拥有有效的监督约束机制，否则一国之内的地方政府难以有效治理本地区环境。另外，就算地方政府官员为本地居民身体健康负责而尽心竭力地治理环境，但地方之间不能保证各自的治理对策和决心彼此协调一致，特别是各地区之间经济发展实力存有差距，每个地方对待环境治理的态度和所能付诸的行动都无法平衡，甚至还会产生地方保护主义下的环境邻避效应，因而势必不能寄希望于依助行政地方的自主治理来解决像大气污染这类跨区域性环境问题。另一方面，地方治理环境难免与本地利益集团产生纠葛，地方的财政收入在很大程度上来源于当地的排污企业，使其很难下定决心采用更有效的管制手段，如施以较大金额罚款、停产整顿、查封关闭等，相反，为留住企业、保住税源，地方会更多地采用柔和性和放任式执法。此外，在利益引诱下，地方也有可能与利益集团共谋，被其俘获。故而我们需要一个能够统一部署、监管和协调全国整体环境保护工作的中央，它既能够实现统一国家领域内的环境治理共同推进，确保整体环境质量的趋向变好，也能够规避地方自主治理本地区环境所存在的诸多弊端，以领导的强制力来有效监管和协调地方，惩处地方可能存在的权力滥用。

---

① 参见冉冉：《中国地方环境政治：政策与执行之间的距离》，中央编译出版社 2015 年版，第 34 ~ 35 页。

② 参见李伯涛、马海涛、龙军：《环境联邦主义理论述评》，载《财贸经济》2009 年第 10 期。

但与此同时，中央集权式的环境威权治理也并不是毫无缺陷的。一个主要的观点是权威体制与有效治理之间存在难以化解的矛盾，集中表现在中央管辖权与地方治理权之间的紧张和不兼容，强调权力、资源的向上集中，削弱了地方政府解决实际问题的能力，进而影响国家治理能力。① 由中央政府来主导环境治理，不仅中央作出的决策无法与各个地方的环境实情相吻合，而且让中央对环境负总体责任，就淡化了地方政府的环保责任意识，更加可能产生地方政府的权力滥用和行政不作为。此外，为保证中央治理的有效开展，除了在政府内部实现权力的向上集中以外，还表现为政府外部从市场、社会组织和公民方面的权力集中，从而使中央不仅控制了地方执行其环境政策的过程与效果，而且还掌握着调动社会资源和发动群众的统筹能力，这使中央领导真正变为现实。但政府向市场和社会过度集权的结果就是环保民主的氛围无法形成，导致环境政策在具体执行过程中不能获得底层配合，甚至演变为底层民众的激烈对抗，近年来数量激增的环境群体性事件可见一斑。

（二）分权治理模式：环境联邦主义

与集权相对立的分权模式，是基于地方政府能够对本辖区民众负责的前提条件下，留给地方政府充分的自主权力，以此来获得地方有效自主治理的良好局面。环境分权治理模式也被称为环境联邦主义，它的积极倡导者奥茨（Oates）指出，环境保护应是一个联合行动，由地方政府对仅限于其辖区范围内的环境事务执行规制控制，而由中央政府承担全国性污染问题的规制责任，并对环境科学和污染控制技术的研究和开发活动这类活动提供支持以及对地方政府提供必要的信息和指导。② 不同于集权治理模式对应"威权政治"，分权治理模式更多反映的是"民主价值"，这不仅体现在政府间纵横权力的内部分配，更表现在国家与社会的权力分享。一方面，针对复杂琐碎的环境治理事务，中央政府不再将权力过分集于一身，而是根据具体事项的治理需求合理地分配给相关部门和地方，中央保留一定的督责权和协调权，防止地方行为偏离环境保护目标。另一方面，它以尊重和保护公民基本权利自由为底线，力求实现权利保障与环境治理的利益平衡和冲突解决，通过赋予公民决策参与权、公共监督

---

① 参见周雪光：《权威体制与有效治理：当代中国国家治理的制度逻辑》，载《开放时代》2011年第10期。

② See Oates W. E., "A Reconsideration of Environmental Federalism", *Discussion Papers*, 2001, pp. 171－197.

权和司法救济权等,调动社会共同参与环境治理的积极性。总之,环境联邦主义并非限于政府纵横方向上的行政性分权,它还包含国家向市场的经济性分权和国家向社会的政治性分权,这些统合构成了环境问题的治理性分权。

长久以来,环境民主观点一直盛行于西方社会,源于其具有的多方优势。罗杰·佩恩从个人权利保护和思想市场的开放性、政府的回应性、民主政府的能力、国际主义和开放市场五个方面论证了只有民主制度才能够更好地保护环境,他认为只有社会民主化才能凝聚人们的环保共识,进而建立环保公益组织来协同和监督政府治理环境,选民也可通过在政治选举中行使投票权来支持更加重视环保的政党和官员,还可以在环境治理中灵活运用市场激励手段,实现环境污染的事前预防,而且民主政府在学习能力、实验能力和创新能力上一定高于权威政府。① 正如托克维尔所言,"中央集权长于保守,而短于创新"。② 权威政府推行的政策大多是基于调查研究分析得出的体现单方意志的结果,底层民众的声音很难受到重视和回应。为维护社会的稳定有序,集权国家不太容易启动改革,而其所进行的改革也总会受到各种利益集团的阻碍,因而在集权制国家改革总是自上而下的,也是谨慎设计的。玛格丽特·温斯洛也总结了环境民主所具有的优点:一是公众参与决策的过程能够增加环境问题被发现和解决的可能性;二是信息的公开透明有助于提升民众的环保意识;三是自发成立的环境公益组织可以帮助民众获取更多信息,监督政府行政过程,甚至直接游说政策制定者,以确保政府行为不至于偏离合法性轨道。③ 此外,更为主要的是,在环境民主的行政维度,分权治理能够让地方政府更有效率地掌握本行政辖区内的环境需求信息,且实施具有针对性的地方环境治理方案,中央政府是一个具有广泛治理对象的最高组织,具有主权领域内的统治权,但环境污染产生和治理有其归属地,中央既无足够的智识能力去收集和处理发生在具体地点的污染事实,也无庞大的自生组织机器去执行具体的环境政策,就算设置一个机构庞杂、垂直管理的"大政府组织",至少在成本效益上也是行不通的。

上述环境民主的理想图景是建立在主体理性的基础上的,但实践中却事与愿违。第一,就地方政府来说,其并非一心对民众负责、对全局负责、对中央负

---

① See Rodger A. Payne, "Freedom and the Environment", *Journal of Democracy*, 1995, pp. 41 – 55.

② [法]托克维尔:《论美国的民主》(上卷),董果良译,商务印书馆1989年版,第112页。

③ See Winslow M., "Is democracy good for the environment?" *Journal of Environmental Planning and Management*, 2005, pp. 771 – 783.

责,特别是在我国,地方保护主义依然严重以及中央决策基本靠地方执行的背景下,地方政府不仅具有权力滥用的很大空间,而且许多政府部门的违法行为只要不被中央注意到就可以用地方自有权力来消解。第二,就市场和社会而言,其行动也并不都是围绕着有益于环保而展开的,开放市场环境下的私有产权和自由竞争市场甚至常常被批评为环境危机的根源之一。[①] 一方面,竞争市场围绕着经济效益开展活动,市场主体采取行动的评价基准就是营利性,这种逐利性实际上正是导致污染问题产生的内在驱动力。可以说,市场的营利性与环境的公益性二者存在天然的矛盾,并且市场在解决环保这类公共产品供给上也具有失灵缺陷,普遍存在"搭便车"的现象。另一方面,公民个人也是依利益而行为,个人利益与公共利益之间既有交叉重合的可能,但也存在矛盾对立的情形,公民希望他人能够自我克制以保证良好的环境质量,但殊不知其自身也可能正在实施与环境保护相违背的自私行动。一言以蔽之,相比环境威权主义,环境联邦主义有进步亦有疏漏,如何更好地发挥中央政府在环境治理当中的领导、协调和监管方面的作用,避免地方政府部门、市场和公民的自主行动偏离环境保护的目标宗旨仍需深入研究。

(三)合作治理模式:环境共治主义

回过头来看,无论是集权还是分权都是侧重从政府管理角度进行的狭义分析,终究还是陷在环境管理的思维当中,未能转换到新的环境治理语境中来。梳理国内外学术界对于"治理"一词的概念界定,包含"互动""协商""合作"等多元混合语义,结合具体领域在不同维度上对治理的解读更是类型多样。例如,在组织治理方面,政府治理、公司治理、多边组织治理等内容成为研究热点;在领域治理方面,财政治理、环境治理、产业治理、金融治理等内容亦成为关注焦点;在治理质量要求上,存在善治、有效治理、更好治理等价值目标;在治理方式上,多中心治理、网络状治理、复合型治理等内容颇为流行。治理代表着观念、技术和行为上的进步,"意味着统治的含义有了变化,意味着一种新的统治过程,意味着统治的条件已经不同于前,或是以新的方法来统治社会"。[②] 就其内涵而言,格力·斯托克提出五个论点:第一,治理指出自政府、但又不限于政府的一套社会公共机构和行为者;第二,治理明确指出在为社会和经济问题寻

---

① 参见冉冉:《政体类型与环境治理绩效:环境政治学的比较研究》,载《国外理论动态》2014年第5期。

② 俞可平:《治理与善治》,社会科学文献出版社2000年版,第2页。

求解答的过程中存在的界线和责任方面的模糊之点；第三，治理明确肯定涉及集体行为的各个社会公共机构之间存在的权力依赖；第四，治理指行为者网络的自主自治；第五，治理认定，办好事情的能力并不在于政府的权力，不在于政府下命令或运用其权威。政府可以动用新的工具和技术来控制和指引，而政府的能力和责任均在于此。① 归咎而言，治理机制体现合作共治的理念，通过合理分权的体制安排形成多样的自治主体，并设计具有激励引导功能的政策工具体系来引导各方共同参与公共治理，在制度安排和执行过程中力求形成多方合作互通的网络状治理结构。

具体到大气环境治理，相较环境威权主义和环境联邦主义的视阈局限性，以合作治理模式的环境共治主义把治理从政府单方面拓展到包括政府、市场、社会组织和公民等多中心主体上。环境共治的前提是形成环境主体间的良性合作关系，这种环境合作关系并不是自发形成的，而是在组织者的制度设计和政策工具下互动实现的，故而共治状态的环境合作格局需要从政府组织结构和政策实施上突破。首先，环境共治的首要之义是央地共治，环境合作的基础命题是府际合作。我国的"央地共治"是一种中央主导、地方参与的状态，秉持"分权—合作"的政治体制，注重公共决策过程中的央地谈判、协商与合作，目标指向发挥央地两个积极性的效果。② 无论中央政府还是地方政府，在大气环境治理上都肩负着各自的职责使命，所谓集权还是分权不过是围绕国家有效治理之所需而采取的不同分工模式，因此，在评论各国对于集权与分权的不同做法时，不应站在意识形态高地，而是要看到一国的集权或分权路径是否与本国国情相适应，是否有利于解决国家治理问题。当然，实现大气环境合作治理，并不局限于央地之间的关系，而是政府纵横方向乃至斜向上的组织体互动关系，这些互动关系固有垂直、水平、大小、轻重、正式与否之分，唯其对于公共事务的推行，经常产生相当关键影响。③ 其次，环境共治的关键节点是政府与市场、社会的合作关系，政府权力划分的适度准确在一定程度上可以实现环境政策制定—执行的政治系统内部畅通有序，行政分权只是开启了环境治理的第一步，

① 参见[英]格里·斯托克：《作为理论的治理：五个论点》，华夏风译，载《国际社会科学杂志》1999年第1期。

② 参见闫帅：《公共决策机制中的"央地共治"——兼论当代中国央地关系发展的三个阶段》，载《华中科技大学学报》(社会科学版)2012年第4期。

③ 参见赵永茂、孙同文、江大树：《府际关系》，台北，元照出版股份有限公司2001年版，第4页。

还需要更进一步的经济分权和社会分权，并依托政府实施的激励型和自愿型环境政策工具，引导政府之外的环境主体配合环境治理、协同环境治理和自觉进行环境保护，形成决策—执行过程中的多元角色合作关系。

如前所述，合作型大气环境治理是未来趋势，府际合作是其中最重要的组成部分，因为政府在大气环境治理当中的主导作用，它们内部之间能否达成一种理想的合作格局是关系到政府主导力量能否有效发挥，也是关系到政府与市场、政府与环保组织、政府与民众之间的合作关系能否达成的关键所在。集权和分权只是理论上的假设，实际上在现实世界中，既没有纯粹的中央集权体制，也没有纯粹的地方分权体制，只是各国中央集权和地方分权的程度不同而已。[①] 笔者认为，这种分权适度应以是否形成府际间最优合作状态为标准，即有关集权还是分权的讨论，最终还是要归于政府间合作型治理体系的构建上。

二、分离困境：基于大气环境主体维度的现实分析

从宏观总体上来看，我国政府、环保组织以及公民个人与企业、其他组织三方主体的行为动机、行为范式以及行为指向均有差异。首先，在行为动机上，呈现出治理意愿逐步递减的趋势，但与此同时，治理需求又反向逐渐递增；其次，在行为范式上，表现为从上至下的政策治理、协调治理与执行治理的分离与合一，三者各有其功能维度并统一于共同的国家大气环境治理当中；最后，在行为指向上，体现从宏观到微观、从整体到局部、从抽象到具体的渐进性作用。在微观层面上，各个主体内部之间也存在个体上的差异化，个人、企业与组织因道德义务感与社会责任意识的群体落差而产生“行动者彼此之间的合作破坏”，环境保护组织的民众自立性治理难以逃脱来自下层的公民人力与资本支持和源自上层的国家体制制约，处于公民与政府之间意思表达与实现的“传感器”，亦不免因政府对其实施的行为自由限制与底层环境信息获取的成本不经济，终而导致“线性合作链条的断裂”，政府及其部门之间也遭受着来自政策与执行之间的行动偏差，集权与分权的尺度把握和模糊边界阻滞了“府际间行政的合作转型”。

具体而言，各参与主体的大气治理责任其实是各自分立的，中央政府的大气环境统筹责任、地方政府的大气环境治理责任、环保公益组织的意志传递责任以及社会层面的大气环境保护责任并没有形成一种合作系统而是彼此分离

① 参见王绍光、胡鞍钢：《中国国家能力报告》，辽宁人民出版社1993年版，第159页。

甚至孤立。其一，中央政府的统筹治理陷入了两难境地，处于经济发展的黄金时期和转轨阶段，中央希望快速地完成经济转型，但又不希望经济发展过分地降速，因而中央在环境保护方面虽然有十分清醒的认识，也有所规划，但面临环境治理的长期性和暂时的经济发展需求，其对于生态环境还是暂时把重点放在短期应急性治理上，并且由于缺乏专属于中央的环境执行体系，中央对地方在大气环境治理上具有强烈而又唯一的依赖，把治理的希望完全寄托于地方政府的有效执行上，通过强化地方政府的责任来实现中央政府的意志，指标考核、运动治理以及巡回督查等成为中央督促地方执行的主要手段。其二，在大气污染的风险特质下，治理举措的"缓慢无力"与气象变化的"快速化解"之间的效果反差让地方政府在治理环境问题上本就不够坚定的内心更加摇摆不定，地方会根据环境状况的转好转坏适时作出环境政策调整，却没有形成治理大气污染的长远规划和经济牺牲。同时，大气污染风险的跨地区流动性，使环境这一公共产品能够摆脱地方责任归属的限制，而最终转化为中央政府的统筹治理义务，如此地方政府的治理责任被集中了，但这种集中也将意味着对地方政府属地治理责任的隐性淡化，由此产生地方政府在执行中央政策时矛盾而又侥幸的心理。此外，中央"压力型体制"下的政治激励模式也会衍生地方政府操纵统计数据、应付上级考核、规避民众诉求，从而引发政府间在大气环境治理问题上的合作失败和信任流失，①加上地方政府缺乏选举约束，民众监督和司法诉讼又难以对政府起到明显制约作用，地方政府更多的是向中央政府而非当地民众负责。其三，环保公益组织作为社会团体组织的功能未能得以充分发挥，尽管新修订的《环境保护法》将环保公益诉权给予环境公益组织，但其行动依然要受到诸多限制，环境保护组织的自治性难以超越源自上层的国家制约和来自下层的民众支持，作为公民与政府之间意志表示的"传达器"，亦不免因政府实施的行为限制与底层民众的不信任，无法建立起在环保公益组织这一中间主体下政府意志与公共意志有效沟通与反馈的良性机制，终而导致"从国家到国民线性合作链条的断裂"。这一点可从近年来屡屡发生的环境群体性事件得以佐证，"群体临时动员"向政府施压体现出浅层的公民性，深层原因在于非政府组织

① 参见冉冉：《"压力型体制"下的政治激励与地方环境治理》，载《经济社会体制比较》2013年第3期。

的功能缺失。[①] 其四，在社会层面上，民众普遍存在"环保靠政府"的观念，[②]缺乏对自我行为的克制，大气环境保护的道德约束力较低，其公益属性与个体的私利本性相对立，例如，地方环保机构在进行环境执法时，企业往往是顶风作案、敷衍应付，一般倾向追求短期经济效益而不肯在提升技术和转型升级上投入更多成本。

综上所述，在以中央政府、地方政府、自由市场、公益组织和底层民众为主要参与主体的大气环境治理过程中，各角色的责任分立使我国当前大气环境治理模式的内部主体结构是相互背离的，由于组织与个人对于公益性目标的重视不同，从上至下对于大气环境保护的行为动机和动力实际上是逐渐递减的，这样中央政府所实施的大气环境保护政策在地方执行的效果被大打折扣，中央政府的执行依赖、地方政府的单向负责、公益组织的功能缺失、底层民众的自私行动等都在反向削减大气环境治理的效果。

三、整体合作：大气环境治理的模式转换与理性建构

大气环境问题爆发出的大自然报复威力让处于其中的个人及组织，"出于社会依存性的需要"而产生合作联系，以此"创建一种全部共同的力量"。[③] 这种环境层面上的集体合作不仅表现为共同预险与抗险救灾的道义互助，还表现为府际间整治和保护自然环境的分工协作，更体现在生存于同一环境之中的所有公民个人、社会组织以及国家机构形成共同参与的合作型环境治理。关于合作型环境治理，有学者认为它在广义上是一种融合工业、公民群体或者地方政府的探讨、协约以及一系列的正式以及非正式的管理的治理类型，[④]既有参与主体的广泛性，又有行动目标的一致性，只要是围绕着对美好环境的共同追求，就要发动一切有合作关系的主体并最终实现以结果为导向的环境正义。

合作型环境治理有不同于其他类型公共事务治理的特质。一是在公民合作意愿达成上，个体的自私行动和"搭便车"心理促成了大多数人结成环保同

① 参见周志家：《环境保护、群体压力还是利益波及——厦门居民 PX 环境运动参与行为的动机分析》，载《社会》2011 年第 1 期。

② 参见洪大用：《公众环境保护的政府指向》，载郑杭生、李路路主编：《中国社会发展研究报告 2005》，中国人民大学出版社 2006 年版，第 279 ~ 282 页。

③ [法]卢梭：《社会契约论》，何兆武译，商务印书馆 2011 年版，第 18 页。

④ [英]蒂姆·佛西：《合作型环境治理：一种新模式》，谢蕾译，载《国家行政学院学报》2004 年第 3 期。

盟，制定集体行动的一致规则，形成对人类生产生活过程中污染和破坏环境的行为规制力量，对人类不恰当消费行为的钳制纠正力量。环境治理的个体合作基础来源于风险社会的到来，是一种建立在自我克制上的被迫性选择。当下大气环境破坏的直接原因就在于被“物欲文明”所支配，①大气环境治理的关键绝非在于事后的积极补救，往往更多的是通过综合运用倡导性规范和诱导性政策工具，如政府所提倡的绿色生活方式，针对高新技术、节能环保等产业的税收优惠措施、减免奖补制度等，培育全社会绿色生产和生活的行为惯性，以此实现对大气环境问题的源头防治。二是在环保组织在开展合作的过程中，承载着民间共同的绿色呼唤成为力量微弱的公民个体的“替代发声器”，以及作为政府治理环境的“合作对象与补充功能”。三是政府在组织社会进行大气环境保护与治理的过程中，面临更复杂的合作难题，大气环境污染的跨地域性特征使现有的政府制度性固化分工难以有效应对，中央与地方在大气环境保护与经济发展上的利益冲突难以消解，在传统行政缔造的僵化央地关系模型下，如何冲破这一政治“瓶颈”、迈入合作行政的全新时代就显得尤为重要。

从各主体扮演的角色来看，合作型大气环境治理表现为多元角色共同参与的整体合作样态。

1. 政府是促成大气环境治理走向整体合作的主导力量

在逻辑上，实现国家保护大气环境义务的路径集合包括立法路径、行政路径和司法路径，②其中最突出的环节就是政府的大气环境行政活动，权力机关的立法路径为大气环境行政之具体展开提供法律依据，司法机关的司法路径对大气环境行政权力形成有效监督，在对待具体的环境治理事务，立法机关和司法机关更多起到事前或事后的辅助作用，行政机关则要负责环境方针制定、政策工具选择与实施以及具体的环境执法，并且政府在解决公共问题上负有当然义务，具有一定的权力和能力对大气环境治理进程作出统一安排和协调，使用强制性措施防止发生道德危机和违法风险。

2. 市场是合作型大气环境治理中最主要的合作对象

戴尔斯(J. H. Dales)，一位积极主张用市场力量来对抗环境污染的先驱曾说道：“如果有可能通过市场机制来实施某项政策，那没有哪位政策制定者

---

① 参见[日]岸根卓郎：《环境论——人类最终的选择》，何鉴译，南京大学出版社1999年版，第8页。

② 参见陈海嵩：《国家环境保护义务的溯源与展开》，载《法学研究》2014年第3期。

能承受得起弃之不用的代价"。一方面,市场并不是只为金钱而服务的,它有时也能够成为政府进行公共管理的力量依靠。虽然不可能完全替代政府,但是在某些领域,它可以帮助政府把工作做得更好。[①] 正如新的政府政策以及旧政策的变化可以用来改善市场功能一样,市场变化和动力同样也可以用来改善政府——"非市场"的功能。[②] 问题的关键是,政府如何设计出一个良好的竞争市场,把资源配置到那些能够最好地利用它的人手里。具体到大气环境治理上,政府的环境管制措施或者偏重事后治理,或者可能对市场自由或公民权利造成不当限制,因此,开发市场的竞争优势和激励功能让市场内的组织和个人行为更符合环境利益,是市场对于政府规制的有效补充。另一方面,自由市场有其缺陷,不能将环境保护事宜全部交予市场来解决,最理想的状态是政府管制与市场激励形成有效的功能互补,实现这一目标的前提是政府应尊重接纳和理性应用市场力量,保持政府干预的谦抑性。

3. 环保公益组织是大气环境合作治理中的辅助力量

在理论界,公益组织或非政府合作组织(Non-Governmental Organizations, NGO)亦被统称为政府和公民之外的第三部门,具有非营利性、独立性、自我治理性、自愿性、公共利益性等特征,相比起拥有权力、便于寻租导致腐败的政府更具有公正性,比起市场化的商业经营,其社会性福利服务在管理上也更具人性。[③] 在人类环境治理的变迁史中,第三部门发挥着日益重要的作用,被认为是政府治理、市场治理之外的第三治理域,特别是在环境公益诉讼中环保公益组织被认为是行使团体诉权的最理想主体。另外,在政府的环境行政和市场的经济活动中,环保公益组织一方面能够积极协助,如进行环保宣传、收集环境信息、反映民众意愿等工作;另一方面也能够对政府和市场的行为进行监督甚至诉诸司法。

4. 公民和经济组织是大气环境合作治理中的管理和合作对象

大气环境问题最终归结为人的问题,大气环境的有效治理既取决于政府管理举措的恰当完善,更取决于底层社会公民道德素质的提升。在利己主义下,

---

① 参见[美]约翰·麦克米兰:《市场设计与环境治理》,载吴敬琏主编:《比较》(第20辑),中信出版社2005年版,第7页。

② 参见[美]查尔斯·沃尔夫:《市场或政府——权衡两种不完善的选择/兰德公司的一项研究》,谢旭译,中国发展出版社1994年版,第144页。

③ 参见王晋:《第三部门:市场与政府的非零和产物——兼论我国第三部门的现状及发展趋势》,载《政治学研究》2004年第3期。

我们每个人都属于“经济人”，个人利益是我们从事经济活动的出发点，但正是长期以来沉湎于“对财富的追求”，才在不知不觉中造就了大气环境污染这一大难题。因而，要想根治大气环境污染问题，最终还是要落到伦理层面上的公民道德合作上。

第二节 大气环境合作治理中的政府主导责任

一、政府主导大气环境治理的理论依据

在合作型大气环境治理中国家担负着统领作用，尽管当前迫切需要实现从行政主导到合作管理的大气环境治理体系转型，但国家在这两种类型中不可减退的治理义务是不容否认的。从理论依据上来讲，国家的大气环境治理义务主要源自于三个方面，就公民主体角度而言，环境权是公民所普遍享有的基本权利范畴；从环境客体角度来看，大气环境质量具有的公共产品属性决定了依靠单一的市场力量解决大气环境问题难以为继；从国家本体角度来说，维护社会利益和解决社会问题构成了国家存在的正当性基础。

在环境权理论方面，有学者总结人权发展经历的三个阶段，即初创期—自由权，发展期—生存权，升华期—环境权，其中环境权的降生过程是十分痛苦的，这种人权是人类不得不接受的。[①] 自由权与生存权是人类利我主义的完美体现，之后在诸多环境教训下引发了一场权利的“渐进性革命”，人类开始走出“以自我为中心”的内心狭隘，接受一种普遍互益的自由权规制和价值观规整，以此获得建立于可持续发展之上的个体价值实现。环境权成为世界公认的人类基本权利类型之一，主要归功于 1972 年斯德哥尔摩发布的《人类环境宣言》，其第 1 条提出“人类享有自由、平等、舒适的生活条件，有在尊严和舒适的环境中生活的基本权利”。近年来学术界有关“环境权入宪”的讨论一直炙热难消，虽然我国目前尚未在《宪法》中明确规定环境权，但同世界大多数国家一样，我国《宪法》当中并不缺乏环境基本国策条款，例如，现行《宪法》第 46 条规定：“国家保护和改善生活环境和生态环境，防治污染和其他公害。国家组织和鼓励植树造林，保护林木。”第 9 条第 2 款规定：“国家保障自然资源的合理利用，保护珍贵的动物和植物。”此外，2004 年修宪所增加的“国家尊重和保护

① 参见徐祥民：《环境权论——人权发展历史分期的视角》，载《中国社会科学》2004 年第 4 期。

人权”的规定，也被视为一种“概括性人权保障条款”①用来作为国家环境治理义务的合宪性辅证理由。

在公共产品理论方面，市场虽然在资源配置中起着决定性作用，但其作用范围并不是无边无际的，在公共产品供给方面，市场机制也会因“搭便车”、外部性等问题而发生失灵。“仅仅依靠市场力量，不能在公共产品和私人物品之间使资源配置达到最优，非排他性直接导致资源配置的价格价值失去作用。受到影响的公共产品，也包括‘一个清洁的环境’。”②特别是对于大气环境质量这一公共产品，大气环境污染和破坏具有负外部性问题，人类在生产生活过程中的污染排放行为所产生的额外成本，被转嫁给整个社会形成外部不经济，而秉承自由理念的市场机制难以产生针对这一危害公共行为的自我规制力量，聚焦于自我利益实现的“经济人”往往过多苛责别人却鲜见自律。市场在解决大气环境问题上的失灵缺陷使迫切需要一个更好体现公共意志的组织代表，政府作为体现公意的国家组成形式理应担当治理大气环境的重任。

在社会利益理论方面，环境利益是关系所有国民生存和发展的公共利益之一。庞德将利益分为个人利益、公共利益和社会利益三个层次，其中社会利益是包含在文明社会的社会生活中并基于这种生活的地位而提出的各种要求、需求和愿望。③ 现代社会良好的大气环境是全体民众的共同期盼和利益所需，政府作为民主意志的集中代表，其合法性与正当性必须建立在体现和维护社会公共利益的基础上，并且接受人民授权的国家权力来源也使国家行为必须以维护公共利益为界限，这就意味着政府对于关系公共利益的大气环境问题担负着不可懈怠的义务和责任。

二、政府主导大气环境治理的具体展开

基于存在“环境利益享受与环境保护责任承担在时间轴上相互背离的趋势”，④为保证统治秩序的长期良性运行，政府作为“法律上的共同体”当然地要

---

① 参见陈海嵩：《国家环境保护义务的溯源与展开》，载《法学研究》2014 年第 3 期。

② [瑞典]托马斯·思德纳：《环境与自然资源管理的政策工具》，张蔚文、黄祖辉译，上海人民出版社 2005 年版，第 39 页。

③ 参见[美]罗斯科·庞德：《通过法律的社会控制、法律的任务》，沈宗灵译，商务印书馆 1984 年版，第 37 页。

④ [日]黑川哲志：《从环境法的角度看国家的作用及对后代人的责任》，王树良、张震译，载《财经法学》2016 年第 4 期。

发挥主导作用，而且是建立在合作型大气环境治理过程中的角色主导，这种角色主导并非意味着更多采取规制等行政管理手段，而是更加强调政府在促成和弥补大气环境治理合作机制方面的主动担责，在内容上既包含了中央政府制定全国统一适用的大气环境法律法规和政策性文件，整合运用大气环境政策工具等，也涉及地方政府对本辖区大气环境实施针对性治理举措，还包括府际和部际间的大气环境治理分工合作与职能对接。总而言之，它并不是府际分治主导而是府际合作主导，不是行政行为主导而是治理责任主导，不是单向命令主导而是多向互动主导。

其一，政府主导大气环境治理意味着要形成最优化的政府组织构造，它并不完全等同于中央集中主导，也不同于地方治理主导，而是建立政府间有效分工、分利和分责之上的府际合作机制，从而实现从中央到地方、从上级到下级、从部门到部门间畅通有序的合作局面，最终形成府际间合作治理大气环境的统一和谐力量。

其二，政府主导大气环境治理意味着要从权力主导向责任主导转变，政府治理大气环境必须以达到人民满意的结果为目标，但政府不能为了达到预期目标而肆无忌惮地采取一切毫无限制的行动，这种以行为主导为特征的治理过程也可能附随着对公民权利的伤害，因而如何同时避免对公民环境与健康权益的"保护不足"与政府的行政规制措施对公民基本权利的"过度侵害"是当前治理大气环境污染的突出问题，[①]为解决这一问题，必须要强调政府在大气环境治理当中的责任主导，政府应当为其所实施的侵害公民基本权利的行为后果承担责任，而不论该行为是否导致了大气环境有效治理的结果，政府所实施的一切行为都应当以尊重和维护公民的基本权利为界限。

其三，政府主导大气环境治理意味着既要发挥政府从上至下的统筹引领作用，也要开拓从下至上的意见吸纳渠道，政府既要有权威性和强制力，更要有亲民性和软制力。一言以蔽之，以往的政府主导大气环境治理更多的是一种行政主导型，在保证中央地位的前提下，通过单向的命令控制模式来确保中央政府、上级政府以及政府的意志得以有效执行，但这种单向命令主导下的环境治理由于不能得到来自地方、下级和底层的信息反馈，容易产生对下层利益、能力和权利的忽视，以致最高决策层的战略部署因执行滞后而归于失败。因此，政府主导大气环境治理要以实现政府内部结构和外部联络间的多向互动为治理手段，

---

① 参见陈海嵩：《雾霾应急的中国实践与环境法理》，载《法学研究》2016 年第 4 期。

不能把全部的大气环境治理权交予中央政府，大体来看，中央应担负治理决策权，地方应负责治理实施权，民众应享有治理参与权。

三、政府主导大气环境治理的财政嵌入

"财政乃庶政之母、施政之源、治国之本。"大气环境问题实际上就是财政问题。政府主导大气环境治理的基本路径就是公共财政的制度嵌入和分权嵌入。一方面，大气环境治理作为公共事务治理的一部分，当然属于公共财政的收支范畴，从静态上可以说大气环境治理也是财政治理的一部分；另一方面，政府在通过财政制度进行大气环境治理时，也会牵涉府际间财权和事权的划分、公权与私权的界限框定，因而从动态上来看，财政分权又是促进政府间合理的环境行政分工，增强政府权力与社会权利互动的重要改革嵌入路径。

公共财政嵌入大气环境治理的第一步，就是如何最大限度地发挥财政在大气环境治理中的作用。首先，在财政收入方面，既要保证征税和收费的激励与规制效应，也要防范行政裁量权过大而对公民财产和自由市场形成越界侵犯；其次，在财政支出方面，既要扩大环保的财政投入广度和深度，也要突出财政支出的绩效性和专项性，杜绝"白花钱、乱花钱"等财政违法行为；最后，在财政监督方面，既要通过财政的民主监督和权力规范来确保政府依法理财治国，也要实现大气环境治理中财税政策工具的功能最大化。

公共财政嵌入大气环境治理的第二步，便是如何通过财政分权改革来配置府际大气环境治理权责，促成政府间财权、财力、事权与支出责任的相互适配，达成府际治理大气环境的合作关系。抽象概念意义上的国家通过隐性的社会契约从民众手中集中权力，并通过权力的纵横方向分配，形成环境公共治理的主导型力量结构。在这一力量结构中，由于治理能力的地域限制性，中央政府难以依靠自身单独的能力去了解一个大国生活的一切细节，[①]因此需要依据地理位置与风土人情的天然同一性进行人为的行政区划，目的就是实现地方有效治理基础上的国家秩序统一，又因为治理事务的信息碎片化，囊括一切职能的"全能型"政府不仅使行政效率低下，还可能导致利维坦的出现，所以需要设计一套涵盖全部职能范围且结构优化的政府组织架构。在进行结构优化设计过程中，以分工、分利与分责为内容载体的分权成为必要路径，其中府际间如何进

---

① 参见[法]托克维尔：《论美国的民主》(上卷)，董果良译，商务印书馆1989年版，第111页。

行合理分权是重中之重，也是当前国家治理大气环境问题的现实困惑所在。在我国现实国情下，政治分权需要经济分权切入达到潜移默化的影响，而财政作为政治与经济的结合域无疑是实现这一目标的重要分权嵌入路径，也是当下我国深化各项体制改革的难点所在。

第三节　公共财政嵌入大气环境治理的静态逻辑

立足当下，我国大气环境保护领域正经历着巨大的压力与挑战，财税体制改革作为国家治理的重要突破口，无疑是解决日益严重的大气环境问题，促使环保理念从规制向治理转型的关键拐点。摒弃长期存在的以行政手段为主导的环境规制理念，向着以财政手段为嵌入的环境治理理念转变，既是公共财政体制的民主国家开展治理的最佳标志，又是为大气环境治理注入财力支持、权力控制和民主制约的切入路径。

一、规制到治理：理念转型下的工具选择

美国自罗斯福新政到20世纪80年代，大量采用政府干预措施，出台了一系列以规制为目的的法律文件，被学者形象地称为“一场权利革命”。① 其中在环境立法上，1970年美国国会制定了《清洁大气法修订案》，该法案大大加强了联邦政府在大气污染治理方面的权力和责任，并整合运用直接管理、补助、收费、征税等手段，形成环境治理的政策工具群。② 规制国的兴起是对自由国度权利无限制的行政性约束，借助于国家的信任形象、指令安排和强制遵从，将政府的治理意识转化为可预期的治理效果。政府干预是应付市场失灵的有效补充，其主要特点是大量运用体现直接规制的政策工具。一方面，行政规制方式能够使得环境问题得到快速解决；另一方面，亦可能发生政府失灵等。在内容构造上，以政府直接规制为主体的环境政策工具体系主要包括以下手段：③一是公共产品的直接供应，在环境治理当中政府除了采取直接规制等利益限制手

---

① 参见［美］凯斯·R.桑斯坦：《权利革命之后——重塑规制国》，钟瑞华译，中国人民大学出版社2008年版，第13页。

② 参见［美］芬德利、法贝尔等：《美国环境法简论》，程正康译，中国环境科学出版社1986年版，第48～55页。

③ 参见［瑞典］托马斯·思德纳：《环境与自然资源管理的政策工具》，张蔚文、黄祖辉译，上海人民出版社2005年版，第107～123页。

段以外,还不能遗漏以利益增进思想为正面导向,①这主要体现为政府的环境公共基础设施供给义务;二是技术规制,所谓技术规制是指政府通过规定有利于环境保护的技术标准,作为行政许可的设立条件或市场准入的限制因素,如对大气污染物排放标准的确立等;三是执行规制,它是对有违环境保护目标的违法行为施加的惩处措施,如行政罚款、资格剥夺、停产整顿、关停企业、强制履行治理义务、追究刑事责任等。

当前,我国正经历从政府单向规制向多中心合作治理转轨,与规制路径不同的是,治理是一个上下互动的过程,主要通过合作、协商来寻求公共事务的有效管理。② 与传统的环境政策工具体系侧重于政府作用有所不同,新型环境政策工具系统更加偏重对市场机制和公民参与的功能开发,前者如通过征税、收费、政府补贴、税收优惠、金融债券等方式的"利用市场型"环境政策工具,以及通过排污权交易等途径的"创建市场型"环境政策工具,后者如环保政府与社会资本合作(Public-Private-Partnership,PPP)模式、环境信息公开和社区环境治理等"民主培育型"环境政策工具。多元环境治理工具的整合互动是在以往"命令—控制"模式的环境行政手段基础上,加入以激励市场为主的环境经济手段和以公众参与为首的环境社会手段,③其中,以公共财政为主要载体的环境经济手段无疑是联通上层政治社会与下层市民社会的关键嵌入路径,如何围绕公共财政的理财治国品性构筑起多元主体合作的现代化环境治理能力和治理体系显得尤为迫切。

二、理财和治国:财政转型下的公共品性

在民主法治因素的推动下,我国国家财政体制已然步入了公共时代,明显区别于封建社会的家计财政和计划经济时期的计划财政,公共财政是与市场经济相适应并为市场提供公共服务的现代国家财政体制,其具有的公共本质属性指明了国家财政所必然肩负的两大使命——"理财"与"治国"。一方面,公共财政过程反映的是国家层面的"理财"活动,主要涉及国家与国民之间、政府内部之间以及国民与国民之间的分配正义问题,通过对财政收支的行为规范和权

---

① 参见张璐:《从利益限制到利益增进——环境资源法研究视角的转换》,载《法学评论》2004 年第 3 期。

② 参见俞可平主编:《治理与善治》,社会科学文献出版社 2000 年版,第 6 页。

③ 参见熊伟:《环境财政、法制创新与生态文明建设》,载《法学论坛》2014 年第 4 期。

力控制，达到依法理财、民主理财和科学理财的理想状态；[①]另一方面，“理财”更为重要的现实意义在于通过财政作用的公共性走向良法善治，即“理财”过程的正当性应当建立在“治国”结果的合目的性基础上。

具体到大气环境治理方面，由于大气环境的公共物品属性，自然被纳入公共财政的治理范围之内，而从我国近期在大气环境治理问题上的策略转变来看，其更为注重以财税领域改革促进大气环境治理新局面，如环境保护税法的立法进行、资源税改革的全面推进、《大气污染防治专项资金管理办法》的制定出台、一定排量乘用车车辆购置税减征等。[②] 环境经济手段特别是环境财政工具的整合运用，能够在环境规制路径之外走出一条更利于整体合作的道路。

三、给付、激励与控权：环境财政之功能

合作型环境治理模式更加倾向于在强硬的行政规制之外，附加公共财政的功能导入和公众参与的意识提升，其中公共财政由于在政府管理作为和公民自觉行动之间起着承上启下的作用，因而成为当下中国环境社会尚待塑造下的主要着力点。公共财政之所以能够嵌入大气环境治理，成为一种主导性政策工具，主要在于环境财政具有的财力给付、市场激励和权力控制功能，这三项功能使政府在治理环境过程中拥有充分的财力支持，不致因为财政乏力而无力应对，同时，还能通过财政的调节功能引导和激励市场资源配置方向不偏离绿色发展的理念要求，以此来间接培育公民的环保意识。另外，公共财政的控权性又使得政府在使用公共财政收入治理环境时，其收支活动必须限定在法治框架内，接受自下的民主监督和自上的宪法制约。

（一）环境财政具有给付财力功能

无论国家处于何种性质的财政体制下，财力给付是国家财政所具有的最基本功能，只不过因财政收入的归属主体不同，而使财政给付的流向有所差别。在封建社会，国家财政与统治阶层的私有财产不无区分，“普天之下莫非王土，率土之滨莫非王臣”，底层百姓只能享受到来自统治者基于维护统治秩序的微

① 参见刘剑文、侯卓：《“理财治国”理念之展开——另一种国家治理模式的探索》，载刘剑文主编：《财税法论丛》（第13卷），法律出版社2013年版，第10～13页。

② 主要文件参见《国务院法制办公室关于〈中华人民共和国环境保护税法（征求意见稿）〉公开征求意见的通知》《财政部、税务总局关于全面推进资源税改革的通知》（财税〔2016〕53号）、《财政部、环境保护部关于印发〈大气污染防治专项资金管理办法〉的通知》（财建〔2016〕600号）、《财政部、国家税务总局关于减征1.6升及以下排量乘用车车辆购置税的通知》（财税〔2016〕136号）。

小优惠，比如，王朝兴起之初百废待兴，一般统治者都会施行仁政，课以轻税薄赋，以此来树立新统治者的德行威望。在计划经济时代，国家财政通常按照计划执行，中央负责统收统支，进而将国家意志转化为切实的行动，因此财政在国家指向发展的逻辑下计划色彩浓重，收支活动也难以与公共意志相契合。在现代民主国家，财政的公共性决定了政府的一切收支行为都必须建立在满足公共需求的基础之上，彰显公共意志和接受民主监督。环境治理是一项开销大、长期性的公共治理项目，确保财政资金的充沛可用是最基本的要求。近年来，随着我国环境问题的日益加剧，节能环保支出金额逐年增多，2015 年全国一般公共预算支出合计 151，785.56 亿元，其中节能环保支出 3815.64 亿元，占总支出的 2.5%，相比 2014 年的 2109 亿元增加了 19.3%，①再加上政府性基金预算收支科目中的节能环保支出以及其他有关节能环保支出的科目，②可见我国对于环境治理方面的投资正随着环境风险的加深而不断增强，而且自 2007 年设立节能环保专项支出以来，足以见证政府在治理环境方面给予的充分财力支持，但同时，这种财力给付又随着中央与地方政府间的分配障碍而存在不尽如人意的状况，地方政府由于财权与事权划分的不相适配往往在承担环境治理事务上缺乏充足财力的支撑，项目治理的倾向又使有的地方陷入“跑部钱进”的困扰。

（二）环境财政具有激励市场功能

财政不仅为公共治理提供直接的资金保障，更重要的是通过财政对市场的间接引导作用来激活整个社会参与共同治理的意识，并塑造市场主体的正面行为范式。这种市场激励功能很大地寄托于各个财政工具的内在特性上，首先，在税收方面，合理设计的绿色税制结构能够有效引导市场作出成本效益最佳的理性判断，环境税的开征可以督促企业创新技术，减少不必要支出的税负成本，以增加盈利，资源税的改革可以促使能耗大、污染型的产业转型升级，开发利用清洁能源和可再生能源，从而实现经济社会的可持续发展，消费税的转型影响民众的消费观念朝向绿色、循环、节约的方向发展。此外，其他税种中的环保导向型税收优惠制度也能起到一定的市场激励作用，例如，《企业所得税法》第 27 条规定：“从事符合条件的环境保护、节能节水项目的所得可以免征、减征企业

---

① 参见《中国统计年鉴 2015》，载中华人民共和国国家统计局：http://www.stats.gov.cn/tjsj/ndsj/2015/indexch.htm，最后访问日期：2017 年 7 月 10 日。

② 例如，一般公共预算收支科目下的援助其他地区支出类（219）中就有节能环保支出款（05），转移性支出类（230）下专项转移支付款（03）中也有节能环保支出项（11）。参见中华人民共和国财政部：《2017 年政府收支分类科目》，中国财政经济出版社 2016 年版，第 104～113 页。

所得税。”《车船税法》第4条规定:“对节约能源、使用新能源的车船可以减征或者免征车船税。”其次,在行政收费上,依据使用者付费或者受益者付费原则征收相应费用,有学者将其分为行政规费、使用规费和特许费用三种类型。此外,还存在受益费和特别公课之情形,①与税收本质上作为无对待给付的公法债务所不同,规费与受益费、特别公课均属于税收之外的强制性公课。② 基于此,行政收费的方式一般在环境污染问题发生之后或在提供环境公共设施的过程中,对相关责任主体和受益者进行经济追偿或受益负担,因而往往体现出环境的事后治理和加重公众负担的劣势,但和较为特殊的环境使用费一起共同起到平衡及管制诱导的意义。③ 目前,按照我国《排污费征收使用管理条例》的规定,对大气污染、海洋污染、水污染、固体废弃物污染、环境噪声污染四类情形征收排污费,④在污染防治专项基金方面,先后出台了《水污染防治专项资金管理办法》和《大气污染防治专项资金管理办法》。最后,除了税费外,还大量存在针对某一行业或治理领域的政府补贴,但资金项目治理的不规范性使很多补贴并不能流向应该去往的地方。据媒体报道,每年政府给电企的脱硫脱硝等环保补贴都多达上千亿元,但有不少电企却存在享受脱硫电价补贴但脱硫设施不正常运行等问题,“骗补”屡禁不止。⑤ 综合前述三种财政工具对比来看,现实当中所具有的市场激励功能是逐个递减的,这就需要未来对各个工具进一步调整,以期获得环境财政工具系统的最优化效果。

---

① 参见陈清秀:《税法总论》,台北,元照出版股份有限公司2012年版,第80~86页。

② 参见刘剑文、熊伟:《税法基础理论》,北京大学出版社2004年版,第17页。

③ 同上书,第19页。

④ 相关条款参见《排污费征收使用管理条例》第12条的规定:“排污者应当按照下列规定缴纳排污费:(一)依照大气污染防治法、海洋环境保护法的规定,向大气、海洋排放污染物的,按照排放污染物的种类、数量缴纳排污费。(二)依照水污染防治法的规定,向水体排放污染物的,按照排放污染物的种类、数量缴纳排污费;向水体排放污染物超过国家或者地方规定的排放标准的,按照排放污染物的种类、数量加倍缴纳排污费。(三)依照固体废物污染环境防治法的规定,没有建设工业固体废物贮存或者处置的设施、场所,或者工业固体废物贮存或者处置的设施、场所不符合环境保护标准的,按照排放污染物的种类、数量缴纳排污费;以填埋方式处置危险废物不符合国家有关规定的,按照排放污染物的种类、数量缴纳危险废物排污费。(四)依照环境噪声污染防治法的规定,产生环境噪声污染超过国家环境噪声标准的,按照排放噪声的超标声级缴纳排污费。排污者缴纳排污费,不免除其防治污染、赔偿污染损害的责任和法律、行政法规规定的其他责任。”

⑤ 参见李春莲:《42家电企获30亿元政府补贴遭煤企吐槽,每年拿上千亿元环保补贴却难阻“骗补”》,载《证券日报》2016年4月21日,第C02版。

（三）环境财政具有规范权力功能

自党的十八届三中全会提出“财政是国家治理的基础和重要支柱”以来，财税改革已成为全面深化改革的重要组成部分和有力突破口，结合党的十八届四中全会所提出的“法治中国”战略，以体现权力控制、民主参与为基本要义的财税法治正逐步推进。《预算法》的修订通过、《税收征收管理法》的加速修订、《立法法》中税收法定主义条款的修正、落实税收法定路线图的制定，以及《烟叶税法》《船舶吨税法》《环境保护税法》等税种立法的现实推进等，都昭示着我国进入了依法治理财税的新时期。公共财政既是作为环境治理的革新手段，又是防控政府权力腐败和引入公民参与的可靠途径。公共财政的公共品性至少发挥三层功用：一是支出公共效用，政府收取的公共财政收入应当“取之于民、用之于民”；二是权力公共效用，政府对财权的取得建立于财政作用的权力性和公共性之上；①三是权利公共效用，在权力为民所有的民主国家，公民享有监督财政收支活动的正当性权利。

第四节　财政分权嵌入大气环境治理的动态范式

公共财政在大气环境治理迈向多元主体合作当中扮演着制度嵌入角色，它主要通过财政与政治、社会的紧密关联性来融合政府治理与社会治理，实现大气环境治理的整体协调互动。从这一点上，国家对财政体制施加何种改革影响将直接关系大气环境治理的好坏与否，同时在我国权威型大气环境治理格局下，中央政府的决策部署如何能够得到地方的有效执行是当前的问题焦点，强调地方政府在大气环境治理上的主体责任并给予充足的财力保障是解决该问题的“钥匙”，这就构成了以财权、事权与支出责任划分为主要内容的财政分权议题。大体表现为在中国式财政分权模式下，如何实现大气环境治理的地方政府被动履行向地方政府主动作为改变，强化地方政府对辖区民众优良生活环境的保障责任意识，顾及各个地方大气环境问题的差异性给予地方政府自主自立的权力与能力。在财政分权的思路下，对政府间大气环境治理的事权与财权进行合理配置，按照“一级政府、一级事权、一级支出责任”的划分思路，明晰各级政府及相关职能部门间的具体事权、支出责任与责任后果，达到同时发挥中央与地方积极性的理想状态。

---

① 参见蔡茂寅：《财政作用之权力性与公共性——兼论建立财政法学之必要性》，载《台大法学论丛》第25卷第4期。

一、联邦主义下的大气环境与政府财政

随着大气环境成为全球治理的共同问题，同样的风险压力迫使政体类型不一致的国家向着适度集权与分权组合的最佳切入模式——联邦体制变迁，在某种意义上，联邦主义代表着中央集权和极端分权政府形式的折中，①而各国统治者根据各自的统治需求、意识形态以及国情民情不同，对集权与分权采取的策略并不相同，中央集权更多的国家可能更倾向于向地方政府分权，地方自治程度更高的国家可能在强化中央政府权力上更有所作为，但基于维护政治统治秩序的大体稳定，鲜有从政体变革上进行分权，尽管这种行政分权路径能够更为快速有效地实现目标，但也是中央政府的统治禁忌，大多数国家会通过财税方面的改革来补充政治集权或分权的体制短缺，因而，世界普遍存在政体形态依旧未有改观，但总体上保持向财政联邦主义过渡的趋势。

财政联邦主义理论不仅在国别范围上不断扩张，更延伸到公共治理的过程当中。在这一思想影响下，环境联邦主义兴盛而起，它是在环境治理问题上对不同级别政府扮演不同角色进行的一项合理安排，②可以说，环境联邦主义是财政联邦主义思想嵌入环境治理的结果，二者都认同对央地间的权力进行合理划分，以此形成府际间良好的合作关系，所不同的是，环境联邦主义是指向财政联邦主义基础上的公共治理，它既涵盖了府际环境财政事权、财权和支出责任划分等经济分权议题，也涉及府际环境治理的立法权、行政权与司法权分配等政治分权议题，因此，具体到大气环境治理方面，环境联邦主义来源财政联邦主义但又不限于财政联邦主义，需要从政治与经济两个方面采取集权和分权的不同路径，同时这种二元权力分配思路相互协调互动，并最终服务于治理大气环境这一国家任务。

二、大气环境威权治理的中国实践

我国的大气环境治理呈现威权治理的面向，政府规制在大气环境政策工具体系中占据主导地位，相较市场驱动和公民参与，政府的规制措施在大气环境治理对策中比重较大，更多地依靠政府权力的权威性和强制性而非市场机制的激

① [美]华莱士·E. 奥茨：《财政联邦主义》，陆符嘉译，译林出版社2012年版，第19页。

② See Oates. W. E.，“On environmental federalism”，*Virginia Law Review*，1997，pp. 1321 - 1329.

励功能和社会的道德重塑，终而使我国的大气环境治理一直停留于事后治理。

在行政规制主导的环境政策工具体系中，政府主要从技术标准和绩效标准两个方面进行规制，以“命令—控制”的行政方式要求企业禁止使用某种技术，必须达到某类标准，或设定绩效目标，规定企业必须达到。这种规制路径使我们在环境治理上过度依赖政府干预，忽视了法律系统认知能力的有限性和其他社会子系统的独特运作逻辑，①更忽视了环境治理中政府干预过滥可能产生的弊端——政府依赖症和权威决断主义。一方面，我们将大气环境治理责任全部推诿给公意的代表者——政府，既在毫无避讳地制造污染，又将治理责任推到公共机构，规避内心的原罪感，却往往忘记我们自己才是造成大气环境风险的真正始作俑者。人类为追求自由、生存和发展等个体权利的自我价值实现过程也附加了对公共利益的不当侵犯，“解铃还须系铃人”，只有回归人类本身，反思并改变自己的不当行为，才能够让污染问题得以有效缓解。当然，大气环境污染是人类面临的永恒话题，只不过其影响深度和广度不尽一致，关键在于如何平衡人类发展权与大气环境利益的关系，顺利转换到环保型经济的永续发展道路上来。民众对政府治理大气环境的心理依赖，既为政府强化干预提供了民意基础，又通过将治理责任转移给公共部门来降低内心的道德负罪感，从而导致政府干预的父爱主义和环境伦理的架空转移。另一方面，大气环境治理的权威决断主义，降低了各级地方政府治理大气环境的积极性、主动性和创造性，党和中央政府的意志逐渐成为下级地方机构执行的依据和标准，这种不分地域差异和地方利益主张的统筹环境治理模式，在地方执行的过程中难免产生政策依赖、改革受阻和利益纷争等问题，同时，党中央对大气环境治理的权威决断也就意味着国家干预权力的扩张，必然对解决大气环境问题的另一不可忽视的力量——市场机制的自主空间造成挤压，既加重了政府公共职责的负担，也不利于整个市场经济的发展完善，影响市场主体私有利益的有效提升。

三、大气环境民主治理的分权出路

一直以来，世界各国都在力图通过国家体制改革重塑政府内部之间以及政府与外部的新型治理关系。特别是大气环境污染已然成为一种“超国界的全球性风险”，②代表着大气环境治理的两种价值取向——权威主义和民主主义

① 参见谭冰霖：《环境规制的反身法路向》，载《中外法学》2016年第6期。

② ［德］乌尔里希·贝克：《风险社会》，何博闻译，译林出版社2004年版，第4页。

之间的政治隔阂越来越小。实际上,大气环境威权治理与大气环境民主治理代表着不同体制形态国家的两种应然选择,各有优劣之分。其一,大气环境治理问题的专业性与复杂性以及权威主义所具有的统一性和强制性使其备受青睐,但权威主义依赖政府行政管控,加之政府在环境治理上的动力和能力先天不足,使人们对该模式"既爱又恨"。① 其二,以分权为载体的环境治理,代表了一种迈向民主社会的重要策略,兼具优势性和危险性,分权型治理在权力相互制衡、创造更多市民空间、培育民主治理能力、扩大行政回应范围、满足公众多元化需求、感知政策有效性、创设地方发展机遇等方面优势突出,同时,在催生不负责任政府行为以及被地方利益集团俘获等方面的危险大为增加。② 因此,立足于中国现实而言,以理性主义为命题的大气环境威权治理模式常常因政府的自利性、技术理性的有限性与不确定性而归于失败,③有必要通过分权改革植入民主价值,而财政分权对于发展大气环境民主治理无疑具有十分重要的动态嵌入意义。

结合本国政治实践与基本国情,各国的财政分权路径不相一致。具体到我国,采取的是"政治放权"而非"法治分权"的路径,宪法中对中央与地方政府间的权力分配主要依据"两个积极性"的原则,缺乏政府间权力划分的专门规范和协调机制,这就使中央跟地方只能通过一些非制度性的途径(如强制、谈判和互惠)来达成一种行为联邦制。④ 从中央政府角度来看,存在向地方谨慎而又随意的权力下放,这意味着中央政府不会给地方过多的自主权,而且随时可以根据情势变化把地方权力再次集中到自己手中;从地方政府角度来看,中央在权力集中时一般控制住关键性权力,同时留给地方较大的自由空间,权力划分不够清晰科学使地方在缺乏权力配置支撑的情况下依然能够自主决定,而中央看似集中了大部分权力却又面临地方执行隔离的困扰。这种纠结突出体现在财政方面,1994 年分税制解决了央地之间的税收收入分享,化解了中央政府的财力危机,却遗漏了事权与支出责任划分这一根本性问题,当前我国的财政事权与支出责任划分改革正是解决分税制改革未尽的课题,由此国务院出台了

① 张继兰、虞崇胜:《环境治理:权威主义还是民主主义?》,载《学习与实践》2015 年第 9 期。

② 参见[美]艾伦·罗森博姆:《分权、治理与民主》,王诞庆、高秦伟译,载《国家行政学院学报》2001 年第 4 期。

③ 参见虞崇胜、张继兰:《环境理性主义抑或环境民主主义——对中国环境治理价值取向的反思》,载《行政论坛》2014 年第 5 期。

④ 参见郑永年:《中国的行为联邦制——中央地方关系的变革与动力》,邱道隆译,东方出版社 2013 年,第 47 页。

《关于推进中央与地方财政事权和支出责任划分改革的指导意见》，这份文件成为指导我国未来财政分权的纲领性文件。

我国的财政分权有着较为特殊的地方，分税制改革主要是"分税收"而不是"分税权"，眼下的事权与支出责任改革又显示出"分工"而不是"分权"，这是因为按照该指导意见的内容，中央不仅主导事权划分，而且也是央地事权划分争议的裁定者，这无疑体现出我国的财政分权是一种央地治理分工和责任明确。结合我国当前的大气污染治理实践来看，确实有如此趋势，无论是从全局部署，还是到地方执行，都有中央的指示要求和权力渗透，地方政府囿于经济发展和环境保护之间的矛盾，在治理大气污染问题上并没有中央政府那样的坚定决心，因此，地方政府往往在执行下发的环境政策时会与中央所设想的存在偏差，这种行为偏差也反向证明了中央看似集中了大部分权力，但由于考虑过分集权可能给地方带来的自主空间挤压，所以在许多不涉及政治统一的地方治理方面还是保持隐忍，但随着大气污染日益严重，中央再也不能够容忍地方以经济发展为"挡箭牌"荒废环保职责，要求地方政府在治理大气污染问题上态度认真负责，并以指标考核、落实责任主体、巡回式环保督查等方式督促地方有效执行中央的环境政策。

为实现大气环境治理由权威型向民主型的模式转化，我们应当从财政分权的法治理念、本土适用以及角色塑造三个层面寻求突破，力图建构起适合中国环境国情的分权嵌入路径。

1. 财政分权的法治理念

央地财政关系关涉政治、文化和法律三大面相，为实现大气环境治理上的府际最优合作关系，必须摆脱政治化色彩过浓、文化虚无的窠臼，驶入法治化的轨道。[①] 故财政分权嵌入大气环境治理的出路就是坚持法治分权的基本路径，厘清政府间大气环境权责归属，对于要适时调整的权责事项也要在法治程序下进行，并反映实体法的原则法定，避免将财政分权变为一项单纯的政治议题，政治因素的过多参与会大为降低政府间权责结构的稳定性，进而影响整个大气环境治理过程的顺利进行。

2. 财政分权的本土适用

转型期的中国治理是一种"保留式、妥协式、调适性的'准分权结构'"，[②]

---

① 参见黎江虹：《大陆央地财政关系的法律面相》，载《月旦财经法杂志》2016年总第38期。

② 何艳玲、汪广龙：《中国转型秩序及其制度逻辑》，载《中国社会科学》2016年第6期。

在此情形下，特别是在大气环境恶化和对经济发展预期下降的情况下，中央的大气环境威权治理模式仍有现实意义，因而需要通过财政分权的嵌入作用来渐进地影响中央政府，使其在保持基本权威的前提下更加以一种法治化的思维来处理与地方政府之间的关系，中央既要讲权威，更要讲法度；渐进地影响地方政府，使其在获得财力自主的同时，从现有的对中央负责更多地向对公众负责转变，地方既要讲自主，更要讲责任；渐进地影响自由市场，使其在谋求自由营利的价值同时，也要注重其对社会责任的驱动功能，市场既要讲自由营利，也要讲社会责任；渐进地影响普通民众，使其在行使民主参与和监督权利的同时，更加注重对自身不道德甚至违法行为的克制，公民既要讲权利，也要讲义务。

3. 财政分权的角色塑造

首先，在中央政府方面，强调中央权威的同时，还要明晰其治理大气环境的职责所在，并且在处理与地方政府有关的争议时，可设立一个独立于央地政府之外的专门性机构，以保证中央与地方政府争议的中立性解决。当前的权威型大气环境治理模式并不是完全失败的，甚至可以说在一定程度上有着突出的效率，如“奥运蓝”“APEC 蓝”“阅兵蓝”等短期性优良环境的出现都离不开中央权威主导下的治污行动，①但由于过度依赖中央权威在大气环境治理当中的强制性作用，不仅不能形成环大气境治理的常态性，导致“入冬霾来盼风吹”的危机循环，而且环境分权和环境民主的缺失也使央地之间难以达成合作共识，民众意见也难以得到反馈。因而，一个破解的方案就是，在政府间大气环境治理问题上引入分权视角，厘清各自的职能和责任，中央政府作为最高监督者，有权追究地方政府失职的相应责任，同时，引入民主要素，发挥社会监督的力量，从而建构起从上至下的大气环境监督体系，确保地方政府治理大气环境的有为且有畏。

其次，在地方政府方面，除了要明确其对中央政府和地方民众担负的大气环境治理责任外，还要留给地方政府治理大气环境的足够能力，在强调国家能力的同时也要兼顾到对地方能力的保证，这种地方能力一方面体现在对地方政府自主事权的赋予，例如，省、市、县、乡每一级政府的大气环境事权应当如何分配，政府纵横环境权责又如何划分，这不仅是合作行政的前提要件，还是国家治理的结构性秩序保障；另一方面体现在对地方政府财力的充分供给上，不仅要

---

① 参见贺璇、王冰：《“运动式”治污：中国的环境威权主义及其效果检视》，载《人文杂志》2016 年第 10 期。

让地方政府知道要做什么，还要让地方政府有能力做什么，因而必须建立完善的地方税体系，规范财政转移支付制度，设立专门的环境基金等。此外，还要注意对其能力进行应有的限制，这种限制体现在通过设立严格的预算程序约束地方财政收支过程，以预算公开来发挥公民监督作用，以人事权和政治问责来实现中央控制。

最后，在自由市场和社会公众方面，一方面，要通过财政政策工具的嵌入作用来完善和创设节能环保导向的自主市场机制，运用税费等手段来激励和规制市场主体的生产生活行为，同时建立排污权交易制度，鼓励发展节能环保型产业，积极发挥大气环境治理的市场驱动功能。另一方面，除了对社会公众进行行为规制之外，主要还是通过宣传教育在全社会塑造爱护环境的良好道德风尚，借助财税制度引导社会绿色发展，对一些环保型企业施以物质或精神奖励、给予财政补贴、税收返还或税收优惠等，依托市场运行规律促使市场向着绿色环保方向转变。此外，还要强化公众对大气政府治理环境财政收支过程的依法参与和监督，全面实现预算公开，推动参与式预算体系的确立和完善，确保环保组织和检察机关依法行使公益诉权，通过社会监督和公益诉权的保障来倒逼政府对本地居民负责，引起全社会的普遍关注，进而推动地方政府履行大气环境保护职能。

第二章　中外治理大气污染的环境政策

第一节　我国防治大气污染的公共政策演进

一、中国大气环境危机及风险特质

改革开放30余年以来,中国经济发展速度和发展规模令世界瞩目,但长久以来国家的高速经济增长却是以忽视甚至牺牲环境为代价的,催发了日益严重的环境问题。进入21世纪,环境问题已然成为阻挠我国经济社会可持续发展的绊脚石,严重制约着国民经济发展的速度和质量。2007年世界银行与中国国务院发展研究中心合作完成的《中国污染的代价:人身损害的经济评估》报告中指出,中国每年因污染导致的经济损失达人民币0.6万亿~1.8万亿元,占GDP的5.8%。另外,人类生存环境状况的恶化也对人体健康造成了不可估量的消极影响,空气污染、噪声污染、水体污染、土壤污染、固体废弃物污染等不断侵蚀着中国人的身心健康。单就大气污染一项,有研究机构分析得出,2010年中国的室外空气污染在很大程度上导致了超过120万人的过早死亡,不过卫生部原部长、现中国科学院陈竺院士等专家在《中国积极应对空气污染健康影响》一文中对此提出异议,指出该数字应在35万~50万人。纵然目前缺乏对环境污染造成健康损失程度的权威数据统计,但环境污染直接或间接地危害人体健康已然成为公认事实。此外,频频发生的环境污染事件也在不断逾越和践踏着社会底线,触发各类社会问题,环境问题已然成为影响社会秩序安定团结的重要部分。近年来,环境群体性事件屡见报端,据统计,自1996年来以来,环境群体性事件一直保持年均29%的增速,其中环境污染在所有万人以上群体性事件中占50%,成为大规模群体性事件发生的主要原因。

自党的十八大提出"五位一体"的战略布局、"美丽中国"的环境目标及"绿色发展"的执政理念以来,在中央的高度关注、统一部署和积极领导下,全国上下开展了一场以"保护与治理"为双向主题的"环境友好"运动,并取得了值得肯定的成绩,以大气污染为例,经过有关部门的中期评估,自2013年国务院印发《大气污染防治行动计划》(以下简称《大气十条》)以来,全国城市空气质量总体改善,PM2.5、PM10、二氧化氮(NO_2)、二氧化硫(SO_2)和一氧化碳(CO)年均浓度和超标率均逐年下降,大多数城市重污染天数减少。① 但严峻的环境形势依然无法有效缓解。

大气污染具有不同于其他环境污染类型的风险特质,它主要是在一定气象条件下人类过度排污的行为后果,特别是重污染天气的发生往往伴随着气象与人为两个方面因素的结合,大气的无边界、流动性和易变性特质使污染颗粒物的累积、扩散和消解无法进行有效的人为控制,加上长期排污行为的累积效应,造成不利气象条件下重污染天气的产生。具体表现在三个方面:

第一,从时间分布来看,冬季重污染问题突出,范围广、持续久、程度深的重污染天气屡屡发生且难以人为控制。2016年12月16日至21日,京津冀及周边地区出现大范围持续性雾霾天气,触发23个大中城市发布重污染天气红色预警。雾霾天气之所以集中多发于冬季且难以改善,与冬季污染物排放的体量叠加效应和气象条件的扩散能力减弱有关,既有的工业及机动车排放加上冬季集中供暖所产生的排放,此"三大元凶"造成污染物排放的季节性叠加,再加上冬季易产生不利于污染物扩散的气象条件,大气环境的自净能力呈现季节性减退,从冬季雾霾天气有效治理的目前情况来看,其最终化解往往并非人为地对污染物排放的紧急控制,而系靠气象环境的自然切换。

第二,从区域分布来看,区域大气污染状况差异显著。当前,我国重污染天气的频发区和重灾区主要分布在京津冀及其周边地区,2016年环保部发布1~

① 参见张楠:《〈大气污染防治行动计划〉实施情况中期评估报告》,载《中国环境报》2016年7月6日,第1版。

10月全国城市空气质量状况，其中京津冀及其周边地区城市占据了排行榜后10位的绝大多数席位。

第三，从污染物类型来看，除了已有的PM2.5、PM10等可吸入颗粒物污染、粉尘污染、有害气体污染等以外，重点区域大气臭氧(O_3)污染问题也开始显现。据全国74个城市空气质量统计显示，2015年6月所有超标天数中，以臭氧为首要污染物的天数最多，超过了以PM2.5为首要污染物的天数。① 总言之，我国大气污染呈现的季节性恶化、区域性差异和扩围性发展等特点，不仅使我们在防治大气污染的道路上依旧挑战重重，也促使着政府治理大气污染的决心和举措不断强化与革新。

二、中华人民共和国成立以来防治大气污染的政策变迁

(一)政府管制：改革开放前环境管理的起航

自中华人民共和国成立到20世纪70年代初期，无论中央领导层还是底层民众都对环境保护缺乏基本认识，在以阶级斗争为纲的历史时期，全国上下普遍认为"环境污染是资本主义的事情，社会主义要解决吃饭问题"。随着1972年国内相继发生诸如大连湾滩涂养殖业污染、北京官厅水库鱼污染、松花江水系污染等几起环境事件，加之国外环境保护运动的积极推进，我国开始逐渐重视环境保护。而真正起到转折意义的事件发生于1972年中国政府派代表团参加在瑞典斯德哥尔摩召开的人类环境会议，由此拉开了中国政府关注环境保护的历史序幕。次年，中央以国务院名义首次召开了全国环境保护会议，审议通过了中国第一个具有法规性质的环境保护文件——《关于保护和改善环境的若干规定(试行)》，其中规定了"全面规划、合理布局、综合利用、化害为利、依靠群众、大家动手、保护环境、造福人民"的32字环保工作方针。改革开放前我国环境保护处于开创时期，主要以"三同时"制度、限期治理问题的提出、环保机构的建立、环境保护规划的编制、环保法规的出台、环保群众运动的兴起等为标志。② 由于改革开放之前我国经济社会发展受到动乱影响，环境污染问题并不突出，但亦随着个别性污染事件的发生，中央决策层开始认识到环境保护的重要性。

---

① 参见李牧鸣：《臭氧污染看不见，却比PM2.5更可怕》，载《人民周刊》2016年第12期。

② 参见周宏春、季曦：《改革开放三十年中国环境保护政策演变》，载《南京大学学报》(哲学人文科学社会科学)2009年第1期。

在此期间,由于环境问题尚且不太突出,政府出台的环境政策主要侧重于对"三废"污染的统一规定,不仅缺乏具有针对性的治理举措,而且行政管理色彩浓厚。具体到大气污染领域,1973 年的《关于保护和改善环境的若干规定(试行)》中有"排放有毒废气,不得设在城镇的上风向""各单位的排烟装置,都要采取行之有效的消烟除尘措施""工业设备和交通运输工具的设计尽量减少三废的排放"等相关规定,但并未作专门的具体规定,可操作性不强。1973 年 4 月我国颁布了《关于进一步开展烟囱除尘工作的意见》,同年 11 月 17 日国家计委、国家建委、卫生部联合颁布第一个环境标准——《工业"三废"排放试行标准》,规定二氧化碳、一氧化碳等 13 种工业污染源废气中有害物质的排放标准。1974 年 9 月国家建委在沈阳召开全国消烟除尘经验交流会,并作《关于全国消烟除尘经验交流会的情况报告》,提出大气污染防治的目标和一些重要措施。

中华人民共和国成立至改革开放之前,我国工业化逐渐恢复和扩大生产,工业生产与环境之间的矛盾日益显露,政府解决环境污染问题缺乏先进的管理经验,政策目标不清晰且出台的措施以行政管制为主,主要表现为制定排放标准,重点控制工业点源污染,以防治工业"三废"为主要工作内容,目的在于保护劳动环境、安全生产和保持城乡环境卫生。这一时期,我国的大气污染防治尚处于起步阶段,既未进入政府专项治理的决策议程之中,又缺乏有科学性和针对性的规划,治理政策及技术工具也较为匮乏,社会各界对大气污染防治问题的重视程度和认知水平有限。① 总之,政府管制思维突出,体现市场功能的财税政策尚未成为环境工具,而且这一时期我国实行计划财政体制,政府征收上来的赋税和费用围绕着计划经济下的资源分配而展开,尚未转入到现代意义上的公共财政,财政收支服务于中央的统一计划安排而非公共社会需要。

(二)引导参与:法制准备期内环境政策创新

1978 年改革开放至 1992 年确立社会主义市场经济期间内,我国的环境保护逐渐走上了政策支持、制度构建和法制准备的发展阶段。首先,在政策支持方面,1981 年 4 月 24 日,国务院作出《关于在国民经济调整时期加强环境保护工作的决定》,其中明确指出,"管理好我国的环境,合理地开发利用自然资源,是现代化建设的一项基本任务"。1983 年全国第二次环境保护工作会议召开,

① 参见冯贵霞:《中国大气污染防治政策变迁的逻辑——基于政策网络的视角》,山东大学政治学与公共管理学院 2016 年博士学位论文,第 29 页。

正式确立"环境保护是现代化建设事业中的一项基本国策",并提出"同步发展方针",①即要求"经济建设、城乡建设、环境建设同步规划、同步实施、同步发展,经济效益、社会效益、环境效益相统一"。其次,在制度建构方面,1989年召开的第三次全国环境会议上提出了环境保护的"三大政策"(预防为主、防治结合;谁污染谁治理;强化环境管理)和"八项制度"(环境影响评价制度、城市环境综合整治定量考核制、三同时制度、排污收费制度、环境目标责任制、排污许可证制、限期治理制、集中控制)。最后,在法制准备方面,1978年2月第五届全国人民代表大会第一次会议通过了我国《宪法》,明确规定"国家保护环境和自然资源,防治污染和其他公害",环境保护入宪拉开了我国环境保护法制化的序幕。之后,1979年5月全国人大通过《环境保护法(试行)》,1989年最终通过并确立《环境保护法》。此外,根据《环境保护法》的规定,国务院及有关部门制定实施了一系列环境保护的行政法规和规章。

具体到大气污染领域,这一时期表现为管制措施的具体领域化、技术标准的针对性和政策工具的创新化。首先,在环境管制措施上,呈现具体领域化的趋势。针对大气污染领域,早在20世纪50年代,我国就注意到大气污染问题,并相继作出了一些规定,此后七八十年代我国主要通过出台排放标准政策来试图控制空气污染物排放,直至1979年我国颁布实施《环境保护法(试行)》,环境保护开始走上了全面法治化之路。然而,由于缺乏专门的大气污染防治法,没能构成一个完整的大气环境保护法体系。② 截至80年代,我国才开启了大气污染防治法的立法工作,经过数年研究、起草、论证和修订,在1987年6月11日的全国人大常委会上,当时的城乡建设环境保护部部长叶如棠受国务院的委托,就大气污染防治法草案作了说明,他指出:"因大气污染问题引起的纠纷时有发生,已在一定程度上给我国的经济、社会发展和安定团结带来不利影响。所以,大气污染是我国环境保护中的一个突出问题。"最终,1987年9月5日,经第六届全国人民代表大会常务委员会第二十二次会议通过《大气污染防治法》,于1988年6月1日起施行,并于1991年经国务院批准公布了《大气污染

---

① 值得关注的是,我国所提出的"同步发展方针"早于联合国专家委员会提出的"可持续发展"概念近五年,可见我国虽然对于环境保护的认识晚于很多发达国家,但中央对于环境保护的政策思路却并不滞后。参见郭薇:《中国环境政策思路的演变与发展——访原全国人大环资委主任委员曲格平》,载《环境保护》2009年第23期。

② 参见[美]白兰:《简评〈中华人民共和国大气污染防治法〉》,载《法学评论》1989年第2期。

防治法实施细则》。另外,为解决不同来源的大气污染问题,国务院及相关部委也先后出台了《关于发展民用型煤的暂行办法》《城市烟尘控制区管理办法》《汽车排气污染监督管理办法》等。

其次,在环境的技术标准上,更为细致和具有针对性。1982 年中国第一个环境空气质量标准——《大气环境质量标准》由国务院发布,将大气环境质量进行分级、分区管理。针对各种类型的污染物,也制定实施了相应的排放标准,如 1983、1989 年分别颁布的第一批、第二批机动车尾气排放标准,1984 年的《锅炉烟尘排放标准》《汽油车怠速污染物排放标准》《硫酸工业污染物排放标准》等。

最后,在政策工具的创新方面,以财税政策为主的市场激励型工具开始兴起。1979 年的《环境保护法(试行)》中就规定,"国家对企业利用废气、废水、废渣作主要原料生产的产品,给予减税、免税和价格政策上的照顾,盈利所得不上交,由企业用于治理污染和改善环境"。1982 年国务院出台《征收排污费暂行办法》,积极回应《环境保护法(试行)》第 18 条关于"超过国家规定的标准排放污染物,要按照排放污染物的数量和浓度,根据规定收取排污费"的规定。此外,这一时期,公众参与型政策工具也得以蓬勃发展,1973 年我国召开的第一次环境保护会议中就提出了"依靠群众,大家动手"的政策方针。此后,政府对环境宣传教育投入了更多重视,既在高等院校设置了环保专业,也设立了环境专业图书出版机构,国家环保局还设立了环境宣传教育司。1990 年和 1992 年国家环保局又分别召开了全国第一次环境宣传工作会议和环境教育工作会议等。环境宣传教育的形式丰富多样,并且由封闭式转向开放式,由系统内部推向全社会,[①]通过提升公民的环保意识,培育拥护环境正义的社会,鼓励和引导公民自觉采取环保行动。

(三)市场兴起:经济激励型政策的流行

1994 年我国确立社会主义市场经济体制至 2013 年国务院印发《大气十条》,这一时期内,随着我国"市场在资源配置中起基础性作用"的确立以及市场经济体制的逐步确立和不断完善,政府日益重视市场机制在环境治理当中的作用。首先,税费制度越来越贴合大气环境的治理需求。我国在应对环境问题的财税手段经历了由费转税的发展演变,从 1982 年制定实施的《征收排污费暂

① 参见《中国环境保护行政二十年》编委会编:《中国环境保护行政二十年》,中国环境科学出版社 1994 年版,第 296 ~ 298 页。

行办法》到2002年制定通过《排污费征收使用管理条例》，基本上处于排污收费的行政时代，而自从我国现有的税种体系基本同1994年分税制改革一同生效实施后，在社会主义市场经济体制下，借助于税收手段实现环境治理逐渐成为一种潮流趋向，呈现出税费结合下的环境财政工具构造。特别是自21世纪以来，借鉴国外环境税收制度上的先进经验，面对日益恶化的大气污染问题，我国逐步走上了一条税制绿化的道路。一是在消费税、资源税、车船税中都涵盖有针对产生大气污染的汽车、能源等税目；二是为鼓励能耗低、污染少的高新技术产业发展，以及推广清洁性新能源汽车，我国还对其出台了相应的税收优惠政策；三是对给予有助于控制污染排放的技术设备以直接的折扣、返还或免税等财税政策。其次，除了环境经济手段中的税费革新以外，一些新型的经济政策工具也相继出现，如排污权交易制度、押金返还制度以及环境污染责任保险制度等，如2007年国家环境保护总局、中国保监会印发的《关于环境污染责任保险工作的指导意见》，以及国务院有关部门组织天津、河北、内蒙古等11个省(区、市)开展排污权有偿使用和交易试点，但总体上该类创建市场型环境政策工具尚且起步，这一时期还是偏向注重以财税政策为主要的利用市场型政策工具。

(四)综合治理:迈向体系化的环境政策

2013年《大气十条》出台以来，我国在防治大气污染上逐步走向综合手段的治理格局，迈向了环境政策的体系化。依照《大气十条》的规定，主要包括污染物类型的综合治理、产业结构优化升级、企业技术改造、能源结构调整、严格节能环保准入、完善环境经济政策、严格依法监督管理、统筹区域环境治理、建立预警应急机制、明确责任动员全民参与十项要求。此后，2014年修订通过的《环境保护法》也明确提出应坚持“保护优先、预防为主、综合治理、公众参与、损害担责”的原则。大气污染的综合治理要求表现在以下方面：

(1)大气环境污染类型的全面规制和突出区域与重污染天气的重点规制。大气污染主要来源于工业排放、生活排放和交通排放，涉及固定源污染和移动源污染两种类型，要实现环境质量的整体提升就要对超标排放的各种污染来源进行管理。通观整个新《环境保护法》，最为显著的特点就是创新和强化了政府管制环境的方式与力度，体现在对制定环境质量标准和研究环境基准的统一规定，跨区域污染联合防治协调机制的建立，赋予环保部门实施查封扣押等行政强制措施的权力，通过目标责任制、考核评价机制和环境报告义务督促地方政府积极履行环境治理责任，实行重点污染物排放总量控制制度、排污许可制度和产品淘汰制度等。2015 年修订通过的《大气污染防治法》更是十分突出政府规制的主导地位,分有大气污染防治标准和限期达标规划、监督管理,主要大气污染物的防治措施,重点区域大气污染联合防治和重污染天气应对等几个章节,从而体现了当前我国政府规制非但未有减弱反而愈加受到重视,为尽快达到政府治理环境的效果,对于污染严重的区域和重污染天气应实行重点防治。

(2)环境主体的共同参与。政府、企业、市场和公民都是治理大气污染的共同力量,各自扮演着不同角色和享有相应的权利(力)与义务,只有在政府主导下,加大执法监管力度,确保企业积极履行治理责任,强化市场激励引导绿色生产和消费的驱动力,提升公益机构维护环境公共利益的组织功能,培育具有环保观念的道德公民,才可有效化解大气污染危机。无论是新《环境保护法》、新《大气污染防治法》,还是《大气十条》,都规定了各级政府和部门、企业事业单位和公民在大气环境保护中承担各自相应的责任和义务,其中《大气十条》总体要求中提出要形成“政府统领、企业施治、市场驱动、公众参与”的大气污染防治新机制,更是很好地概括了环境合作治理的理想模式。

(3)环境政策工具的综合运用。大气污染的有效治理绝非单纯靠一项政策工具就可完成,而是多元复合政策工具的共同发力,形成相互补充、协调互动的政策工具体系。《大气十条》中还提出的一项总体要求是“坚持政府调控与市场调节相结合”,积极回应了党的十八届三中全会提出的“市场在资源配置过程中起决定性作用”这一新理念。此外新《环境保护法》第 21 条还明确规定“国家采取财政、税收、价格、政府采购等方面的政策和措施”,第 31 条提出要“建立健全生态保护补偿制度,通过协商或者按照市场规则进行生态保护补偿”,第 52 条指明“国家鼓励投保环境污染责任保险”等。这一时期内政府着力利用市场、优化市场和建设市场,出台了一系列市场调节型环境政策。例如,2014 年国务院办公厅印发的《关于进一步推进排污权有偿使用和交易试点工作的指导意见》提出,到 2017 年,在试点地区基本建立起排污权有偿使用和交易制度。2014 年修订通过的《政府采购法》第 9 条规定,“政府采购应当有助于实现国家的经济和社会发展政策目标,包括保护环境,扶持不发达地区和少数民族地区,促进中小企业发展等”,由此可见绿色采购已然被政府所吸纳。另外,在技术性举措上,国家环保部门先后印发了一些环境技术政策、指南、方案、规则等,如《环境空气细颗粒物污染综合防治技术政策》《大气污染防治先进技术汇编》《大气污染防治重点工业行业清洁生产技术推行方案》《重点行业二噁英污染防治技术政策》《火电厂污染防治技术政策》等。同时,为响应新《环境保护法》提出的展开环保基准方面的研究，2017 年环保部还专门发布《国家环境基准管理办法(试行)》，环境基准作为一项强调“以人(生物)为本”及自然和谐的理念，科学理论上人与自然“希望维持的标准”，①更好地将环境保护与人类健康相联系。此外，公众参与型政策工具也逐步得到运用和发展，2014 年环境保护部办公厅印发的《关于推进环境保护公众参与的指导意见》中提出要“坚持以人为本，尊重和保障公众的环境知情权、参与权、表达权和监督权，积极构建全民参与环境保护的社会行动体系”，大力推进在环境法规和政策制定、环境决策、环境监督、环境影响评价和环境宣传教育等方面的公众参与。2015 年环保部又专门制定了《环境保护公众参与办法》，其中规定了一些引导公众参与的有效方法，如环保相关活动的公开征求意见，环境听证，保证公民举报环境问题的路径畅通，设立环境保护有奖举报专项资金，支持符合条件的公益组织提起环境公益诉讼，加强环保宣传教育，通过项目资助、购买服务等方式支持、引导社会组织参与环境保护活动等。

三、环境公共政策的演变逻辑与现状反思

纵观我国的整个大气污染防治政策变迁史，就是一部不断趋于科学理性，逐渐迈向多维整体合作的生态文明史。随着大气污染问题愈加复杂恶化，环境风险日益提升，尤其是雾霾极端天气的常见多发，促使我们想尽一切方法来认清大气污染的产生原因和主要来源，并开始寻求更加强硬和更为有效的政策工具，以此获得一个更令人满意的大气环境。值得肯定的是，我国政府对于大气环境污染风险的认识和采取针对性行动相对较早，使我国的大气环境很少像许多发达国家一样出现过大规模的环境灾害，但近年来空气污染的累积效应已然开始显露和爆发，也对民众的身心健康造成了潜缓的侵害。虽然国家在治理环境上的认识和决心值得称许，但自新中国成立特别是改革开放以来，环境保护的任务重要性和实施效果并非完美无缺，以经济建设为中心始终占据着国家政治话语的主导地位，经济发展优先于环境保护的观念深植于大多数政府官员心中，从而在我国更多表现为先污染后治理的环境管理模式，不仅地方政府为获得地区间竞争的相对经济优势，对管辖区域内的污染问题不加以重视，而且中央政府基于国家经济发展之需要对地方的软性环境执法也很少予以追究，中央与地方在经济发展与环境保护二者之间一致偏向前者，尽管二者的态度表示方

① 《环境基准研究亟待加强》，载《中国环境报》2014 年 5 月 8 日，第 8 版。

式不尽相同,但重经济、轻环保的政治脉象比较清晰。建立于这一政治脉象上的环境政治运作系统和政策工具体系当然难以发挥有效治理大气污染的功效,甚至会出现事倍功半的效果,例如,地方官员会借环境治理的借口随意侵扰市场,排污费违规征收,普遍存在不征、少征或超征等问题,环境执法俨然成为政府权力滥用的多发领域。

就算中央已经制定了较呈体系化的环境公共政策,但命令控制型政策工具依然在环境治理中起着主要作用,全体社会形成了对"环保看政府,中央靠地方"的行政管制模式的强烈心理寄托和行为依赖,过度强调政府干预和上令下从,挤压了市场调节的空间和挫伤了地方自主治理的积极性,从而大大降低了环境治理的有效性、灵活性和创新性。值得欣慰的是,自党的十八届三中全会以来,我国政府正逐渐认识到市场在资源配置中的决定性地位,开始利用、优化和创制市场机制形成用多项经济政策激励市场主体主动减少污染排放量,但由于政府对实施已久的各项制度采取较保守的渐进改革路径,一些留存的制度弊端继续阻隔着制度效力的正常发挥,导致环境政策非理性设计的继续存在。另外,公众参与机制还不够成熟完善,环境权既未成为我国宪法中明确规定的公民基本权利之一,而且国家在保障公民环境权和引导公民履行环境保护义务的制度建设上还不够全面深入,特别是在司法体制方面还有长远的发展空间。总之,当前我国的环境公共政策呈现出政府管制比重过大,指向环境污染预先防控的经济激励和公众参与等政策工具刚刚起步,政府对这种新型环境政策的认识还不够深入,运用得也有失科学,如何准确认知并整合完善这两种环境政策工具对于我们这样的规制国家既是必要任务,也是巨大挑战。当然,任何政策的制定和实施都得依赖于权力机构的政治运行逻辑,在我国,地方政府真正可以自主决定的空间比较有限,同时权力相对集中于政府,市场和社会拥有的自治权力容易受到政府干预的滋扰,这些使我国的环境政策既要注重执行效果,也要强调执行过程的合法性控制。

第二节 国家治理大气污染的政治样态

一、横向决策层治理大气污染的威权型

在我国政党的领导权和政协的参政议政权是不可忽视的。值得肯定的是,近年来党在环境保护方面提出的各项方针、政策、战略和理念适应了时代所需,先后提出了可持续发展战略、科学发展观、生态文明建设和全面发展理念。特

别是党的十八届三中全会以来提出的创新、协调、绿色、开放、共享五大发展理念,解决了环境保护与经济发展之间的固有矛盾,为实现传统污染经济向现代环保经济转型提供了新思维。尽管党在政治话语上竭力彰显绿色发展、环境保护、生态建设等词汇,但现实中,目前的环境治理仍处于追求工具理性的阶段,没有过渡到通过法治路径来塑造全体参与者的价值理性。更加偏向行政规制的环境政策工具,体现治理互动的市场激励型和自愿型政策工具居于次要位置。

通观我国的整个环境政治生态系统,从中央层面环境权力的横向配置来看,主要涉及党、人大、政协、政府和法院五个机关,其中党领导环境工作,在环境保护方面提出环境方针、发展理念、原则取向及政策目标等,其余国家机关的环境工作要在党的统一领导下分别展开。

依照我国宪法规定,我国的国家机构坚持民主集中制原则,这种民主集中制不仅体现在横向上的立法机关、行政机关和司法机关关系,纵向上的中央与地方关系,更体现在中国共产党领导下的多党合作和政治协商这一特色制度。中国人民政治协商会议是政治协商制度的主要机构,根据我国《政治协商会议组织法》的规定,政协会议的职权主要有针对本机构的立法权、选举权以及对于人大、政府的提案权等,其中,关于人民政协会议的提案权,规定其“在普选的全国人民代表大会召开以前,就有关全国人民民主革命事业或国家建设事业的根本大计或重要措施,向中华人民共和国中央人民政府委员会提出决议案;召开之后,就有关国家建设事业的根本大计或重要措施,向全国人民代表大会或中央人民政府委员会提出建议案”。中国人民政协会议在中央设全国委员会,在中心城市、重要地区及省会设立中国人民政协地方委员会。1982 年我国通过了《中国人民政治协商会议章程》,此后经过 1994 年、2000 年和 2004 年 3 次修订,明确了中国人民政治协商会议全国委员会和地方委员会的主要职能是政治协商、民主监督、参政议政。具体到政协会议在环境保护方面的作用,也主要围绕这 3 个职能展开,并且在政协会议全国委员会的组成机构中设置有人口资源环境委员会。但从现实来看,人民政协的参政议政职能行使仍有欠缺。

一般而言,立法、行政和司法构成了国家权力的基本面向,它们构成了大气环境治理与保护的具体决策主体,在立法层面上,各级人大及其常委会制定相关环境法律法规,从而提供大气环境治理的法制支撑;在行政层面上,中央及各级地方政府和部门出台详细的大气环境治理对策,整合运用各类环境政策工具,积极开展环境执法,调动社会力量参与到环境保护的共同行动中来;在司法层面上，司法机关为环境侵权案件的受害者提供权利救济的渠道，监督政府实施的环境行政行为，以化解环境问题引起的社会矛盾纠纷，践行环境正义理念为神圣使命。但从我国目前的大气污染防治现状来看，不仅这3项权力主体行动备受掣肘，而且我国现有的环境立法、环境行政和环境司法都各自存在诸多问题，导致我国的大气污染防治难以产生横向、纵向以及斜向上的环境政策网络性互动。

首先，在环境立法方面，值得肯定的是，我国环境立法取得了如下进步：一是环境立法起步较早。早在改革开放之初我国就将环境立法列入议事议程，1978年通过的《宪法》中就明确规定了“国家保护环境和自然资源，防治污染和其他公害”，这一条在1982年制定通过的现行《宪法》中得以延续并修订。此外，有关水污染防治、大气污染防治、海洋环保等专门环境法律也于20世纪80年代初相继问世，相比其他部门，环境立法起步较早。二是环境法律框架基本形成。自宪法赋予国家的环境保护义务以来，我国在环境保护领域的规范立法正加速进行，环境立法速度居各部门法之首。截至2012年，全国人大常委会制定了环境保护法律10件、资源保护法律20件。此外，《刑法》《侵权责任法》设立专门章节，分别规定了“破坏环境资源保护罪”和“环境污染责任”。国务院颁布了环保行政法规25件。地方人大和政府制定了地方性环保法规和规章700余件，国务院有关部门制定环保规章数百件，其中环境保护部的部门规章69件。国家还制定了1000余项环境标准。全国人大常委会和国务院批准、签署了《生物多样性公约》等多边国际环境条约50余件。最高人民法院和最高人民检察院还分别作出了关于惩治环境犯罪法律适用的司法解释。三是环境保护主要领域基本有法可依。在综合立法方面、污染防治领域、生态保护领域以及核与辐射安全领域，制定了相应的专门法律法规等。四是环境保护主要法律制度基本建立。从事前预防到事中行为规制再到事后救济，一应俱全，形成了保护与治理、预防和管制相协调、同向发力的综合环境保护制度。①

具体到防治大气污染方面的法律法规体系已渐趋成熟，就效力层次而言，我国的大气污染防治法律体系主要由以下几部分构成：(1)宪法。我国现行《宪法》有关环境保护的规定只有第26条，即明确了国家环境保护的义务（保护和改善生活和生态环境、防治污染和其他公害、组织和鼓励植树造林、保护林

① 参见杨朝飞：《我国环境法律制度与环境保护》，载中国人大网：http://www.npc.gov.cn/npc/zgrdzz/2012-12/03/content_1744456.htm，最后访问日期：2017年4月23日。

木)。但在公民权利义务方面,现行宪法既未确认公民的环境权,也未指出公民应当履行保护环境的社会责任和义务,这使我国的各项法律中确立的公民保护环境义务缺乏宪法根基。(2)环境基本法律。这部分包括环境保护法、环境影响评价法、循环经济促进法、节约能源法、可再生能源法、清洁生产促进法等。(3)大气环境专门立法。这主要针对的是《大气污染防治法》,该法最早于1987年制定,后经历了3次修订,现行有效的文本为2015年最新修订,从篇幅上来看,相比其他污染物防治法,一共八章,129个条文、近两万字的条文规模远胜其他类型污染物防治法律,相较之前的版本规定也更详细。总之,近年来,随着依法治国理念的深入贯彻实施,大气污染防治相关的法律法规快速推进,但总体上我国的环境立法仍然面临着法治性不足、政治性突出,立法不精细、可操作性不足,政府管制色彩浓郁、市场调节和社会参与方面的规定相对单薄等现实困境。

在环境行政方面,在横向上,中央和地方政府分别存在决策职能和执行职能的碎片化,环保政策制定和执行的职能被碎片化地分散给环保部(局)、发改委、公安部(局)等十几个政府部门,"多头共管、九龙治水"的环境行政权力配置结构使环境行政无法统一发挥效力,甚至因为部门间利益冲突导致环境政策的制定更多流露出政治妥协的意味;在纵向上,中央政府给予地方的政治激励实偏经济虚重环保,导致地方官员基于仕途升迁的利益所需倾向于维护本地企业,催生了地方保护主义,地方政府与辖区内的企业保持千丝万缕的联系,这种联系实质上就是地方的政治利益与企业的经济利益之间的血脉牵连,唯独缺乏对社会利益的应有考量和关注。在斜向上,地方政府在处理合作规则与信任关系构建、信息与技术共享等问题上仍面临着合作困境,府际间合作出现碎片化、表面化等问题。[①] 具体表现为同级政府之间由于经济发展水平和产业结构以及资源禀赋和环境容量的不同,各自制定的环境标准和秉持的环境治理理念有所差异,再加上建立于具体行政区划下的行政分工和权责配置的割裂性,使斜向政府间在开展环境合作治理上承受着来自各个方向上的阻力,再加上各个地方之间实际处于竞争关系状态,本身就存在利益冲突,因为缺乏政治互信的原因支撑,斜向府际间在环境方面的信息共享、合作治理无法顺利进行,故而需要发挥中央和上级政府以及政府部门的协调功能,建构起政府间环境合作的协商

① 参见王洛忠、丁颖:《京津冀雾霾合作治理困境及其解决途径》,载《中共中央党校学报》2016年第3期。

机制。

在环境司法方面，在我国的“政府主导型”环境法治下，一直存在“重管理，轻公众参与；重行政包揽，轻司法监督”等问题。司法机关非但未能在保护个人权益方面发挥“最后一道正义防线”的作用，而且还在保障公共利益上受到诸多限制。这主要体现在司法机关逃避职责和行动徘徊，不作为的孱头主义与见风使舵的机会主义严重泛滥。[①] 由于地方政府掌握了当地法院的人员编制、定级、物资的计划调配、基本建设和财政拨款，司法行动很容易受到行政权力的不当干预，而有的地方政府为了留住地方经济发展的税收来源，很多时候站在排污企业一方，甚至司法机关在办理环境侵权案件时就会自觉加入政治判断，考虑裁判结果是否会对当地经济造成蝴蝶式效应。另外，在环境公益诉讼当中，司法权的角色剧烈转换，也可能导致其介入行政权的权力范围，造成司法权和行政权的角色混淆，引起二者之间在权限划分和功能定位上的张力乃至冲突。[②] 因此，行政机关与司法机关如何在环境公共治理和环境私权保障功能之间合理定位，发挥各自的组织效用，分清彼此的权力界限，确立互不干扰、衔接互动的独立品格下的合作关系尤为重要。

二、纵向执行层治理大气污染的压力型

（一）运动型治理

2015 年 9 月 3 日，中国人民抗日战争暨世界反法西斯战争胜利 70 周年纪念活动在北京举行，为了保证纪念活动期间的空气质量，维护国家和首都的形象，在纪念活动筹备期间北京市政府制定了《中国人民抗日战争暨世界反法西斯战争胜利 70 周年纪念活动北京市空气质量保障方案》（以下简称《方案》），协调北京周边 6 省、区、市（天津、河北、山西、山东、内蒙古、河南）共同加大减排力度，经过为期近 1 个月的“运动式”治污，纪念活动期间首都北京的空气质量明显提升，被媒体公众形象称为“阅兵蓝”。“阅兵蓝”现象的产生是政治任务下的短期性政府环境管制手段强化，根据《方案》规定：一是要求在纪念活动前（8 月 20 日前）提前完成主要工程和任务，以尽早产生环境效益；二是纪念活

① 参见张晏：《中国环境司法的现状与未来》，载《中国地质大学学报》（社会科学版）2009 年第 5 期。

② 参见王明远：《论我国环境公益诉讼的发展方向：基于行政权与司法权关系理论的分析》，载《中国法学》2016 年第 1 期。

动期间(8 月 20 日至 9 月 4 日),重点在机动车、工业企业、燃煤锅炉、建设施工等方面实施临时性管控措施,各职能部门和地方政府分工负责、协同作战,调动全体社会共同参与,形成环境治理的短期高压态势。近年来,这种基于政治任务下的运动式环境治理在我国已较为常见,从 2008 年的“奥运蓝”到 2014 年的“APEC 蓝”再到每年的“两会蓝”,从媒体公众对此现象的专门命名可以反观运动式治理的一时性效果已触发社会对于环境问题常发性的诸多不满,运动式治理只能解一时之困而不能从长远上根治大气污染。

一方面,现有的考核机制错位,中央给予地方的激励匮乏,对地方的事后问责以及民主监督机制的不完善,使地方政府及其部门不太注重环境治理,更加热衷于经济建设,从而各级地方在应对大气污染问题上明显动力不足。造成了地方有限财力下无法将更多的财政收入投向环境治理领域。地方政府在防治大气污染上的动力不足和能力受限,更多地涉及顶层体制设计,解除这种困境,必然要以“运动”这种非常规方式才能快速打破现有的体制束缚。另一方面,运动式治理的起因归于一定时期内的政治需求,如维护国家形象、保持中央权威的存在性或向地方施加压力,它更多建立于阶段性需要,在该时期内环境质量水平快速提升,大大超出人们的平常感受,但该需求一旦散失淡去,国家的环境保护便又回到往日水准。政治需求是非常态性的、不可控的,更是充满着强大的政治任务压力,它与公共需求有着不相一致的地方。前者体现从上而下的权力强制;后者表现为从下至上的权利反馈。

地方在大气污染运动治理中承受着超量的压力,这个压力既有来自上级和中央施加的政治压力,还有来自于社会回应的行政压力。实际上,在运动型治理中地方政府处于十分尴尬两难的境地,他们力图应付来自上、下两个方面的压力,却又无法使任何一方满意。一方面,对于上级和中央下派的政治任务,地方务必服从并全部完成,没有与之讨价还价的余地,中央只要求地方提交大气环境治理的结果,并根据地方的分数进行政绩考核,很少在乎和过问地方环境整治过程中的具体手段如何。另一方面,长期治理无果的大气环境状态使地方在有限时间内难以按照常规性措施进行治理,必然要突破现有的规则程度甚至制度框架,无法保证不对治理对象造成权利侵犯。故而在大气污染累积严重的情形下,短期大气环境质量目标的尽速实现往往伴随政府权力的扩张和膨胀,在只对上级和中央负责下,地方政府会更无顾虑地采取针对自由市场与公民个人的强力管制和权利限制,这种只顾追求结果的行政过程往往伴随政府干预权力的扩张,从而不免出现因非常规性手段的运用而失于合法性,最终,结果超越了过程的合法性。

（二）指标式治理

从我国现有对大气污染治理的绩效评价机制来看，存在中央指标考核的诸多弊端。

一是资金管理属地化与总体绩效目标之间可能存在错位。根据规定，各个省份专项资金的预算额度是依据各地大气污染治理任务量和颗粒物削减目标而定的，并依据地方的任务完成情况和空气改善情况进行奖惩问责，同时提出到2017年大气污染问题最为突出的3个地区（京津冀、长三角、珠三角）的细颗粒物浓度要分别比2013年下降25%、20%和15%左右。为贯彻落实《大气污染防治行动计划》，2014年环境保护部还与全国31个省（区、市）签署了《大气污染防治目标责任书》，明确了各地空气质量改善目标（见表2.1）和重点工作任务，进一步落实了地方政府环境保护责任，为实现全国环境空气质量改善目标提供了坚实保障。总体来看，中央实行地方目标和区域目标相结合的绩效考核机制。资金管理的属地化将导致区域治理目标的虚设性，因为各级地方政

表2.1 各省、市空气质量改善目标①

空气质量改善目标	数值	各省（市、区）
PM2.5年均浓度下降目标	-25%	北京、天津、河北
	-20%	山西、山东、上海、江苏、浙江
	-15%	广东、重庆
	-10%	内蒙古
PM10年均浓度下降目标	-15%	河南、陕西、青海、新疆
	-12%	甘肃、湖北
	-10%	四川、辽宁、吉林、湖南、安徽、宁夏
	-5%	广西、福建、江西、贵州、黑龙江
	持续改善	海南、西藏、云南

① 参见《环境保护部与31个省（区、市）签署〈大气污染防治目标责任书〉》，载中华人民共和国环境保护部网站：http://www.zhb.gov.cn/gkml/hbb/qt/201401/t20140107_266123.htm，最后访问日期：2017年7月10日。

府分别只负责本地方的治理效果,涉及跨省市的区域治理效果地方既无动力也无能力保证,中央也无法追责,这样看来,其所提出的区域治理目标更多的是资金利用政策的理想目标,而非基于预算运行的效果产出。

二是指标考核重结果而轻过程,政治色彩浓郁而法治色彩淡薄。指标考核被认为是一种政治化的手段,适度的指标考核能够发挥激励与约束作用,但过度运用也将影响政府行政行为的合法性。① 近年来,一些地方政府为了减轻大气污染治理的考核压力、大气环境质量达标等目的,指使监测站编造、篡改监测数据的情况时有发生。为此环境保护部于2015年专门出台了《环境监测数据弄虚作假行为判定及处理办法》,针对地方篡改、伪造或者指使篡改、伪造环境监测数据等行为,取消其环境保护荣誉称号甚至减少或取消财政转移支付,并依法追究相关人员的责任。

三是经济指标在官员政绩考核体系中占据主导。改革开放以来政治锦标赛的最实质性的变化是考核标准的变化,地方首长在任期内的经济绩效取代了过去的政治忠诚,②并在尚处于发展中国家阶段的中国一直得以延续,"重经济指标、轻其他指标",只要经济建设搞上去了一切都好,像环保、民生、教育等都在经济发展之下。长久以来,这种GDP指标唯上的政绩考核体系在带来地方经济繁荣发展的同时,也积累下如空气污染、民生教育水平滞后等诸多社会问题,人民未能感受到地方经济发展所带来的幸福感和满足感。为适应全面协调发展的需要,2013年中组部出台《关于改进地方党政领导班子和领导干部政绩考核工作的通知》,提出政绩考核要突出科学发展导向,不能把地区经济生产总值和增长率作为政绩考核的唯一指标,要适应经济、政治、文化、社会和生态文明五位一体建设的需要。但概括来看,中央推进的政绩考核体系和方法改革并不是建立在废除经济发展指标考核的基础之上,"只是降低GDP增长率这一指标的比重,增加其他反映经济增长质量、效益和代价的指标的权重"。③ 2015~2016年,中央先后印发《党政领导干部生态环境损害责任追究办法(试

① 参见万江:《指标控制与依法行政:双重治理模式的实证研究》,载《法学家》2017年第1期。

② 参见周黎安:《转型中的地方政府:官员激励与治理》,格致出版社、上海人民出版社2008年版,第91页。

③ 《以政绩考核促进发展观念的转变——聚焦中组部干部政绩考核新规》,载新华网:http://renshi.people.com.cn/n/2013/1211/c139617-23815386.html,最后访问日期:2017年4月8日。

行)》《生态文明建设目标评价考核办法》,将生态环境保护指标提升到与经济发展建设指标同等重要的位置,从而一改地方偏重经济建设的固化思维,纠正地方对“发展就是硬道理”中“发展”二字的狭义理解。

(三)专项化治理

目前,我国地方政府用于执行环境政策的主要资金来源是,地方政府的财政预算、中央政府的转移支付、银行贷款、非政府组织和国外援助等,①但这部分资金投入规模十分有限,与地方政府承担较多的事权与支出责任不相匹配。特别是延续已久的“财权上收、事权下移”的府际权责结构,割裂了地方环境污染的治理责任与财力供给间的内在联系,未能给予激励地方积极执行中央环保政策的充分物质条件,从而导致府际间合作治理环境的关系破裂。为解决因财政权责配置不适当而引起的地方防治大气污染的资金短缺、动力不足等问题,中央和省市级政府分别设立环境保护财政专项资金,在强调地方财政投入为主导的同时加大中央和上级政府的财政援助。在中央环境保护专项资金层面上,主要涵盖综合性专项资金、特定区域性专项资金和特定领域与要素类专项资金3类,具体包括主要污染物减排专项资金、中央农村环境保护专项资金、国家级自然保护区能力建设专项资金、环境监察执法专项资金等。此外,一些地方还设有环境保护以奖代补资金等。总体来看,以体现“项目治理”的专项资金申请—拨付模式构成了地方环保预算支出之外的主要资金来源,也是中央环境保护支出的基本模式。②

在中央与地方设置的诸多环境保护专项资金中,大气污染专项资金是中央和省市政府针对大气环境这一特定领域出台的专项资金,在大气污染防治中显得尤为重要。有关大气污染专项资金管理规定的政策文件见于财政部、环保部于2016年修订发布的《大气污染防治专项资金管理办法》(以下简称《管理办法》)。另外,一些省市地方也出台了地方环保专项资金的管理细则。近年来,一方面,尽管中央财政逐年加大对大气污染防治专项资金的投入规模,2013～2015年中央分别安排50亿元、98亿元、106亿元专项资金,但与空气污染治理的现实需求仍存在巨大差距,专项资金的项目化治理催生出“跑部钱进”等设

① 参见冉冉:《中国地方环境政治:政策与执行之间的距离》,中央编译出版社2015年版,第114页。

② 有实证分析指出,我国“十一五”发展期间中央环境保护财政专项资金占中央政府环境保护资金总额的一半左右,且各年度内相对稳定。参见吴舜泽等:《中国环境保护投资研究》,中国环境出版社2014年版,第289页。

租、寻租乱象;另一方面,经中央查实的地方违规使用专项资金的案件屡有发生,2016 年 12 月 12 日财政部发布《防治大气污染必须堵住资金流失漏洞——关于中央大气污染防治专项资金检查典型案例的通报》,经过对京津冀等 9 个省(区、市)2013 ~ 2015 年中央大气污染防治专项资金管理使用情况的审计检查,发现大气污染防治专项资金被地方挪用的情况较突出。按理说,专项资金的设立本身就是中央出于对地方财力不济的考虑,可在实际运行过程中却给地方设置了新的行动障碍和财政诱惑,专项资金的支出针对性非但没有充分展示,而且成为官员腐败违法滋生的"温床"。

依照《中央对地方专项转移支付管理办法》第 2 条对"专项转移支付"的定义,"中央政府为实现特定的经济和社会发展目标无偿给予地方政府,由接受转移支付的政府按照中央政府规定的用途安排使用的预算资金",并且《政府性基金管理暂行办法》第 2 条规定,政府性基金是指各级人民政府及其所属部门根据法律、行政法规和中共中央、国务院文件规定,为支持特定公共基础设施建设和公共事业发展,向公民、法人和其他组织无偿征收的具有专项用途的财政资金。结合这两个概念的定义来看,不难发现财政专项资金与政府性基金至少存在下述不同:(1)立足点不同。财政专项资金侧重从预算支出的角度,政府性基金则偏向财政收入的维度。(2)资金来源不同。财政专项资金的来源包括一般公共预算、政府性基金预算和国有资本经营预算,而政府性基金的收入来源于专项征收。总而言之,财政专项资金与政府性基金有所区别,侧重点不同,但都具有支出用途的专项性,二者甚至存在重合的领域。在我国的立法实践中却将二者相混同,如根据《排污费征收使用管理条例》第 18 条的规定,排污费必须纳入财政预算,列入环境保护专项资金进行管理,而排污费完全符合政府性基金的特征,是一种建立在肇因者付费原则基础上的特别公课,①在收入层面上,排污费的征收完全应当纳入政府性基金预算来管理,至于之后的环保专项资金,是基于支出层面,表现为专款专用的特质。因此,财政专项资金构成了大气污染防治专项资金运营的总体特点,表现为支出面向上的项目治理和专款专用,归根结底是中央对地方的专项转移支付行为。

首先,项目治理组成了大气污染防治专项资金运行的基本模式。依据《管理办法》的规定,大气污染防治专项资金由中央根据大气污染的地区严重程度,先拨付给省级财政部门,再由省级财政部门分解下达到有关部门或项目承

---

① 参见熊伟:《专款专用的政府性基金及其预算特质》,载《交大法学》2012 年第 1 期。

担单位,同时将资金分配结果上报财政部和环境保护部备案,并抄送财政部驻当地财政监察专员办事处。一方面,这种项目治理的方式能够引导地方更有针对性地治理大气污染,优先解决重点突出问题,尽快减缓大气污染的恶化趋势。更为主要的是,按照"发包"运作的逻辑,中央自上而下以专项转移支付方式投入项目,可以有效地指导、动员和控制地方财政投入,①借助集权财政体制实现对地方行为的控制。另一方面,体现"项目治理"的专项转移支付分配模式极易与预算相脱节,中央部门和上级政府部门层层掌握着财政转移支付的审批权和分配权,多头管理的局面耗费了地方精力,再加上资金的数量有限和严格的绩效考核,使地方对专项资金爱恨交加,污染治理的财力紧缺使其不得不依赖于中央的转移支付,同时要经受来自资金分配方的种种磨难,既要"跑部公关",又得承受上级财政监督部门的审计监察。

其次,专款专用构成了大气污染防治专项资金管理的规范取向。不同于用于均衡地区财力差距的一般性转移支付,专项转移支付是就某一领域投入的专项资金,只能用于设立该专项资金的政策范围内。《管理办法》中明确了大气污染防治专项资金的设立只能用于支持地方开展大气污染防治工作,坚持突出重点原则,根据大气污染的分布情况倾向治理任务重、社会关注度高的地区,并且必须保证资金的专款专用,不得截留、挪用、骗取专项资金,一律不得用于财政补助单位人员经费和运转经费,以及楼堂馆所等国务院明令禁止的相关项目建设。为确保专项资金的专款专用,《管理办法》中建立了财政监管制度、绩效评价制度和信息公开制度等,力图让地方使用专项资金停留在规范轨道上。但事与愿违的是,尽管中央加大了监督力度,但地方挪用专项资金以作他用仍无法禁绝,专款专用的初始设想被打破,非但未能发挥专项资金应有的助力作用,更成为地方偏离中央环境政策的一个经济诱因。仔细思考发现,实际上导致地方违背专款专用要求,主要不在于专项资金的管理问题,而系地方财政的非自主性、地方官员的经济激励导向、公众监督等复合结果。分税制以后财权逐步上收集中到中央,地方财力汲取的主要渠道来自中央和上级政府的转移支付、税收返还等,但同时地方又承担了繁杂的事权与支出责任,这导致地方陷入了"财力饥渴"和"非自主性财政"的双重困境。另外,在以经济发展为中心的激励机制下,地方官员围绕政绩考核内容更多的是开展"税收规模竞争、经济发

① 参见折晓叶、陈婴婴:《项目制的分级运作机制和治理逻辑——对"项目进村"案例的社会学分析》,载《中国社会科学》2011 年第 4 期。

展竞争、地方形象竞争”等,而对于大气污染治理往往是一拖再拖,怠于解决,因为对污染开战就要耗费巨大的经济转型成本,地方所能汲取的财源本身就十分有限,若再加大对排污企业的规制力度,难免会造成地方经济发展水平下降,自主财力规模缩小,甚至还会滋生大量的社会问题。

最后,激励监督提供了大气污染防治专项资金使用的效益保证。专款专用的内涵除了对专项资金使用的规范性提出严格要求外,还包括资金使用的安全性和有效性,三者构成了《管理办法》中提出的绩效评价主体内容。为实现专项资金支持和引导地方积极防治大气污染的良好效果,一方面,应建立相应的奖惩激励机制,对未完成任务的省份扣减资金,对完成大气治理任务出色的省份给予奖励;另一方面,强化对专项资金的全过程监管,主要采取先预拨后清算的办法、财政环保监督检查、财政投资评审机构核查、专项资金绩效评价、社会监督等。专项资金作为一项预算支出安排,在其具体执行的过程中理应符合预算的规范性和有效性。回顾整个西方国家的公共预算演进史,19 世纪建立现代公共预算时,各国的主要任务就是建立一种便于控制的公共预算制度,防止决策者将公共资金用于私人目的,①进入到 20 世纪 50 年代,美国开始了绩效预算改革,希望建构一个规范且有效地使用资金满足公民需要的责任政府和能力政府,之后又在西方国家掀起了一场将支出与结果联系起来的新绩效预算改革。在当下,现代国家的公共预算不再局限于对行政权力的规范和控制,而是包含了财政总额控制、资源配置效率和管理运作效率的基本职能和目标。②2014 年修订通过的《预算法》第 12 条提出,“各级预算应当遵循统筹兼顾、勤俭节约、量力而行、讲求绩效和收支平衡的原则”。可见,对大气污染防治专项资金使用的有效性要求亦是回应我国的绩效预算改革趋势。

三、府际合作治理大气污染的协商型

大气环境治理中的府际关系表现为多个面向,既包括中央政府与地方政府、上下级地方政府之间的纵向关系,也包括同一层级地方政府之间的横向关系,还涉及互不行政隶属的不同层级地方政府之间的斜向关系,而且还牵涉上、下级相对应政府部门之间的条条关系、地方政府不同政府部门之间的块块关系

---

① 参见马骏:《公共预算:比较研究》,中央编译出版社 2011 年版,第 291 页。

② 参见[美]艾伦·希克:《当代公共支出管理方法》,王卫星译,经济管理出版社 2000 年,第 12 页。

等。① 它们构成了大气环境污染的网络状治理结构，其中基于空气污染的跨区域流动特性引发相同或不同层级地方政府间的合作治理，以及基于空气污染治理的复杂难度和多元领域而造就的多部门协作执法，是大气环境政治网络系统中最为错综繁难的部分。它们不像横向决策层面或纵向执行层面有着逻辑清晰的权责分工和运行规则，在同一或不同层级的政府或行政部门间，虽然都有上级政府或部门以及中央的领导监管，但由于相互间存在行政割裂和利益冲突，以致府际间合作关系的达成颇具难度。

为治愈以行政区域和行政职能划分造就的府际行政困局，指向合作治理的行政协商制度便呼之欲出。行政协商包含两重含义：一是行政机关与行政相对人之间平等协商沟通，从而促使相对人从心理上接受、理解，行动上配合、支持行政机关，实现行政目的的柔和型执法形式；二是行政机关内部间的协商民主，它力求让相关政府和部门在共同的公共治理议题上通过协商谈判达成合作，以此为解决区域性问题提供协调机制。当前，我国大气污染的一个显著特点就是呈现出区域高发性和地区差异性，为解决特定区域内的大气污染问题，新《环境保护法》第 20 条提出建立跨行政区域的重点区域大气环境污染联合防治协调机制，实行统一规划、统一标准、统一的防治措施；《大气污染防治法》第五章针对重点区域内的大气污染提出建立联防联控机制，建立了区域内政府间合作的一系列制度举措，主要包括划定大气污染防治重点区域，定期召开环境联席会议，国家环保主管部门加强指导、督促，制定重点区域大气污染联合防治行动计划，环境规划的组织间会商，环境信息共享和联合执法机制等；《大气污染防治行动计划》提出建立区域协作机制，由区域内省级人民政府和国务院有关部门参加，协调解决区域突出环境问题，组织实施环评会商、联合执法、信息共享、预警应急等大气污染防治措施。从府际环境合作机制和实践行为涵盖的空间范围指向来看，少有仅仅限于跨界地区的，多是包括跨界地区在内的数个行政区地域的总和。② 中央划定重点污染防治区并进行重点考核，在环境考核压力和协同治污需求下，区域地方政府和部门共同协商，通过协调各方利益，商定统一标准，制定统一行动、跨界配合和交叉执法的行政合作方案，以府际合作治理环境来履行区域对中央的整体责任。不过，由于地方之间存在多种利益冲突，加上地方只对本地区内的环境质量负责，地方政府一般不会主动寻求与其他同

① 参见黄爱宝：《论府际环境治理中的协作与合作》，载《云南行政学院学报》2009 年第 5 期。

② 参见杨龙、刘建军：《环境治理中府际合作的逻辑》，载《中国环境管理》2012 年第 3 期。

级地方政府的合作。同样地,虽然各地的环保部门同时向地方政府和上级主管部门负责,但其执法活动更多受制于当地政府,听从地方政府的安排和指挥,因而环保部门也十分怠于同相邻地区环保部门展开合作,这并不同于公安机关跨界执法要求异地协助,由于大气污染特别是 PM2.5 等细颗粒物污染的跨界影响在很多时候并不是直接可见的,也很难举证污染物的具体来源何在,一个区域内的雾霾天气实际上是各组成地方排污的联合产物,因为空气是流通的,无边界的,每个地方上空的空气无不是本地固有空气与外地流动空气的混合体,这导致若非发生大规模跨区域环境灾害事件,就很难触发联合行政执法的积极性。当然,在中央的统一部署下,地方间也会被动地接触和协商合作,但并不存在维持这一状态的长久稳定机制。鉴于地方间在环境合作上的天然惰性,为建构起大气污染联防联控机制,就有必要发挥权威或牵头作用,因此,《大气污染防治法》提出的召开环境联席会议、国务院有关部门参与协调省级地方间的区域环境协作,或者是确立轮值主持单位牵头协商,或者是由中央或上级政府和部门实行权威协调。总之,府际防治大气污染的合作机制建立在政治逻辑而非法治逻辑之上,这不仅让府际合作关系缺乏法理支柱,而且因为其运行更多出于政治责任,只能由政治规则来规范和惩处,体现民主监督的法律规范无法涉足行政协商过程中,公民参与和公共救济也被排斥于外。

第三节　域外治理大气污染的典型介绍

空气污染古已有之,人类对其施以控制也并非近现代才有的事情。最早对空气污染出台政府管控措施见于西方国家,早在 13 世纪的英格兰,当时的国王爱德华一世就明文禁止在伦敦燃烧污染过重的煤炭。工业革命以来,随着机器设备的发明创造和煤炭石油等能源的启用,在西方发达资本主义国家逐渐兴起了兴业办厂的浪潮,在带来经济社会全面进步的同时环境污染和破坏问题也随之而来,其中较为典型的国家有英国、美国、德国、日本等。众所周知,当今世界各国中较流行的国家结构形式有两种,即单一制和联邦制,这两种国家形态的主要区别就在于央地关系上,而这又是大气污染治理中最具争论的地方。故而本节从联邦制和单一制国家中分别选取一个典型国家为域外经验介绍范本,这两个国家(美国与日本)既是世界上最庞大的经济体之一,同时是遭受环境污染较早,污染程度较严重,也是出台防治举措较多,环境立法比较完善,环境治理成效也十分显著的国家之一,以这两个国家为范本,可以了解单一制与联邦制国家在环境治理上的有益做法和府际关系机理。

一、联邦制国家典范：美国

工业革命时期，因空气污染相关的司法诉讼日渐增多，使美国立法机关和行政部门开始投入关注。1881 年针对火炉和蒸汽机车头产生的烟尘，在芝加哥市和辛辛那提市诞生了美国最早的空气污染法规。此后，从州到市县地方，掀起了大气环境立法的一轮又一轮高潮。特别是从 20 世纪 50 年代开始，联邦政府开始主导大气环境立法。1955 年通过的《空气污染控制法案》便是联邦政府初涉大气污染控制领域的立法成果，并先后于 1959 年和 1962 年两次进行了拓展修订。进入 20 世纪 60 年代中期，《清洁空气法案》《机动车辆空气污染控制法案》《空气质量法案》3 部法令的通过，为后来更为激进的联邦空气污染控制权力重组作了铺垫。① 在此之后，《清洁空气法》先后经历了 1965 年、1970 年、1977 年和 1990 年等多次修订，总计逾百个章节、数十万字，其立法文本的精细化是许多国家难以望其项背的。1999 年美国环保局又颁布了《区域霾条例》，强调在区域范围开展颗粒物污染控制，鼓励各州之间开展合作，采取措施共同减少 PM2.5 和其他降低能见度的污染物的排放。

细观美国的整个环境立法演进史，最显著的就是环境政策工具的不断优化创新，贯穿其中的一条主线逻辑就是经济激励型政策工具和方法的应用，不再完全依赖命令—控制型政策工具约束人们行为，而是更加注重通过市场机制引导和激励人的行为动机。基于美国的大气污染防治史，其对应的环境管制政策大致经历着从激进发展到缓步消退的演变轨迹，以 1970 年为分界线，美国联邦政府作用显著提升，直至 20 世纪 90 年代中后期才摆回到州与地方政府一方。这一时期主要运用的管制举措包括：(1) 制定统一的排放标准。最早确立的是针对机动车的排放标准，1965 年通过的《机动车辆空气污染控制法案》中允许设立机动车尾气排放标准，但由于该标准制定的非强制性导致其未能得到有效执行，故而 1965 年国会对《清洁空气法案》进行了修正，强制责令联邦健康、教育与福利机构制定出首版机动车排放标准。统一的国家环境空气质量标准设立首见于 1970 年《清洁空气法》的再次修订中，并分为初级标准（以人身健康为基础）和二级标准（以人身健康之外的其他非健康价值为基础）。(2) 建立空

---

① 参见［美］保罗·R. 伯特尼、罗伯特·N. 史蒂文斯：《环境保护的公共政策》，穆贤清、方志伟译，上海人民出版社 2004 年版，第 112 ~ 114 页。

气质量控制区。1967年通过的《空气质量法案》中要求各州建立“空气质量控制区”，并推动各州建立相应的空气质量标准，强化各州在环境保护上的责任义务。(3)对移动污染源、固定污染源和点面污染源进行区别管制。首先，对于机动车等移动污染源，由联邦制定统一的排放标准，1970年的《清洁空气法案》就将轿车、卡车与公共汽车的排放标准制定权统一于联邦政府手中，之后又扩围到采油机大巴、无路径发动机等。此外，还在能源供给、技术创新上进行了管制。其次，在大型排污设施等固定污染源上，主要通过制定联合排放标准、建立跨州空气质量管理区、经营许可证制度等途径实现污染控制目标。最后，在一些规模较小的点面污染源方面，通过制定消费品生产指导原则来进行规范。

然而，“命令—控制”型的环境管制将标准不加区分地统一适用于每个企业，不考虑企业的成本差异，造成政府规制市场行为的目标错乱，并且阻碍了污染控制技术的提升创新，未能激励市场形成以绿色环保为新发展理念的技术竞争氛围，终而导致大气污染无法从源头上有效根治。为此，美国于1990年开始，重新反思政府规制与市场调节间的主次关系，以市场导向型的环境政策工具被大量创制和启用，主要包括四大类型——排污税费制度、排污许可交易制度、降低市场壁垒和削减政府补贴，通过利用市场、创制市场和提升市场等方式发挥市场的激励功能，一改政府规制的强制性和被动性为市场调节的自治性和主动性。

第一，排污税费制度。美国在排污方面的税费政策颇为丰富，主要有废弃物收费、押金返还制度、使用者付费、保险费税、销售税、行政性收费等。首先，在污染收费项目上，主要针对公众的排污行为和利用环境资源的行为进行收费。一方面，收费政策可以增加民众的生活成本，从而引导他们减少废弃物的排放数量；另一方面，对于国家的环境公共资源如公园等公共基础设施实行有偿使用，将该部分的环境维护成本加入到门票价格中，1996年国会通过了一项为期3年的“娱乐收费示范项目”，允许特定的公园提高门票收费并可保留部分收入。其次，在税收种类方面，主要有开采税、针对引发环境污染的商品(如汽车、臭氧层损害化学品等)征收销售税、货物税、环境收入税等，其中环境收入税是1986年美国国会通过的《超级基金修正案》中规定的，企业的相关经营收益凡是超过200万美元以上的法人均应按超过部分纳税。最后，还有一项特殊的押金返还制度，即将特定的排污收费与可返还的支付相结合，能够有效激励企业为减少成本而去生产更环保的替代物和对原材料进行回收、循环利用，从而从源头上减少污染物排放量。

第二,排污许可交易制度。从 1974 年开始,美国相继实施大气环境排污交易、铅排放交易、含氯氟烃排放交易、SO_2 排放许可证交易等,为减少区域内特定污染物的排放水平,还允许在固定污染源和流动污染源之间进行排污许可交易。

第三,降低政府壁垒举措。这主要表现在创建市场、责任制度和信息披露 3 个方面:其一,在市场创建上,政府积极促进新市场的发育,破除旧市场资源配置不合理的弊端。其二,在责任落实上,1980 年的《综合环境响应、赔偿及责任法案》建立了责任追溯条款,其他的环境法律法规也有相应的责任条款,从而为环境司法裁判提供充分的法条依据。其三,在信息披露上,主要通过加贴环保标签和环境信息报告,以此满足公众的环境知情权。

第四,削减政府补贴。由于各种类型的政府补贴以反税收的形式介入到市场之中,突出表现为政府运用公共财政实现经济诱导意图,非但无法确保补贴发放过程的合法控制,而且以直接性的补贴形式容易引发市场内的道德不自律甚至违法风险,这实际上加剧了经济上的无效率和环境上的不可持续。因此,美国削减了政府环保补贴的类型和规模,反而另辟蹊径,从差别性征税、税收减免等方面进行间接返还。

在联邦政府与州及地方政府的环境管理分工及组织设置上,就算在地方自治程度较高的联邦主义国家——美国,其在环境污染治理方面也是逐渐加大联邦政府的作用,先后于里根总统时期设立联邦环境保护局(Environmental Protection Agency,EPA)和国家环境质量委员会(Council on Environmeneal Quality,CEQ),于克林顿总统时期设立了对总统直接负责的事务协调机构——联邦环境执行官办公室,此外,内政部、农业部等也都负有一定的环境保护职责。① 中央环保机构的专门设立也体现出在强调州的自主权的同时,亦不断强化地方对国家环境标准的严格执行。同时,为解决跨界污染问题,联邦政府也竭力促使州政府联合开展环境治理。一方面,联邦政府在促进州际政府间环境合作中发挥着重要作用,在立法层面上,美国的联邦环境法律大都规定了鼓励州际合作的条款。另一方面,虽然联邦政府对于各州之间的环境合作并无直接命令权,但联邦可以通过制度设计来引导州际间达成合作,如加大对州际环境合作委员会的预算支持力度,严格环境执法形成巨大政治压力,展开对环境治

① 参见汪劲、严厚福、孙晓璞编译:《环境正义:丧钟为谁而鸣——美国联邦法院环境诉讼经典判例选》,北京大学出版社 2006 年版,第 4 ~ 8 页。

理不济的州的司法审查等。[①] 在美国,各州之间通过签订联合环境协定的方式联合治理环境,早在1920年,纽约州、新泽西州就建立了一个联合委员会来专门控制与减少水污染,1941年涅狄格州加入了联邦协定,成立了"三州卫生协定"。经过多年的努力,协定所划定区域的环境质量有了很大提高。2000年,经美国国会批准,正式改名为"州际联合环境协定"。

在经历20世纪30年代的第一轮政府管制运动后,美国的联邦管制行动几乎处于停滞状态,但在20世纪六七十年代美国又重新迎来了联邦管制行动的第二次高潮。[②] 1969年美国国会通过《环境政策法》,设置了环境质量委员会,该机构直属于总统,其成员须由总统提名,国会批准,主要负责环境问题的监督、协调和咨询工作。1970年尼克松总统时期开启的政府机构重组改革中,将当时的内政部、健康管理构、教育与福利机构、农业部门、原子能委员会、联邦辐射管理机构以及环境质量管理机构等多项职能集于新成立的环境保护局(Environment Protection Agency,EPA),实现了环境统一管理。EPA总部下设12个主管办公室,其中执法与守法保障办公室是专门的执法机构,并在全国设立了10个区域办公室作为联邦与州的衔接机构,监督检查州环境保护部门的执法情况(见图2.1)。相较美国的其他联邦管理部门,EPA具有更大的权限,表现为内设有行政执法法庭和执法官,拥有绿色警察(Green police)作为自己的独立机构,具有联邦环境法律的最大授权等。

在州以下地方,各州政府也建立了相应的环境保护机构,主要有两种建制模式:(1)州政府环境执法机构直接管辖地方;(2)在地方建立环境执法机构,政府同时设立派出机构对地方执法机构进行监管。具体到市县地方政府的环境保护部门内部也通常设有环境和资源管理部。州际之间针对跨区域环境治理,主要通过州政府之间签订州际协定(interstate compact)或州际协议(interstate agreement)的方式约定各方的权力和义务,在履行完各州议会审批程序后协定生效,在这一过程中联邦政府有时也会参与其中,协调各方展开环境合作。为保证州际政府间环境合作的顺利推进,大多数州际协定中都设置了专门机构(一般被称为州际环境合作委员会)负责具体实施,其余少数协定中

---

① 参见邓可祝:《美国州际环境合作及启示》,载《环境保护》2012年第18期。

② 参见[美]保罗·R.伯特尼、罗伯特·N.史蒂文斯:《环境保护的公共政策》,穆贤清、方志伟译,上海人民出版社2004年版,第14页。

仍然由各州的现有机构来负责实施。①

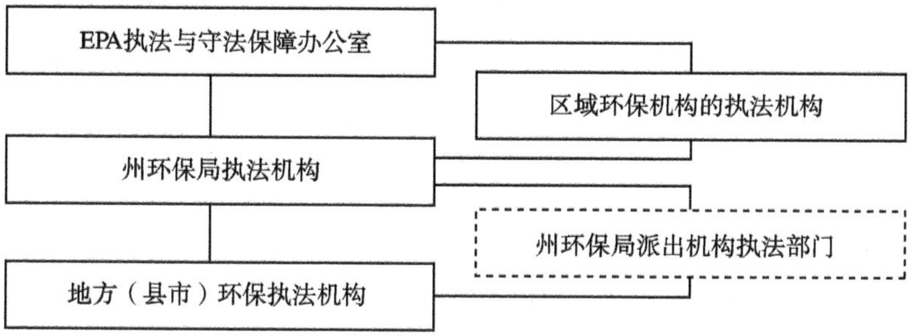

图 2.1　美国的环境执法机构②

二、单一制国家代表:日本

日本国土狭小,人口众多,对环境污染的承受能力有限,环境风险爆发迅猛,危害较深。早在工业社会初期,日本就经历了一些环境公害事件,如 1887 年的足尾铜矿山的矿毒事件、1897 年的别子铜矿山的烟害事件等,只不过当时日本将其视作经济繁荣的象征,和许多国家一样不认为这是公害而未加以重视。第二次世界大战之后日本经济迅速崛起的进程中自然环境加剧恶化,环境污染高峰见于 20 世纪五六十年代,各类污染问题普遍且突出,使日本公害如同炸药爆炸一样,引起种种连锁反应。第二次世界大战之后日本一直将重心放在国家经济恢复建设上,全体社会无视环境问题的结果就是遭受着前有未有的自然报复。有"日本公害研究第一人"之称的宫本宪一在其著作《战后日本公害史论》中指出,战后公害成为日本最大的社会问题,主要就是"政官财学复合体"所导致的,无论是日本政界还是学界都未能给予公害问题以重视或研究,疏于寻求明确的事故原因及有效地防止对策,造成了公害极度恶化,严重威胁到民众身心健康。

(一)环境立法:层次叠进的法律系统

环境质量的日趋恶化使日本政府开始重视环境治理和保护,特别是先后发生的臭名昭著的"四日气喘""痛痛病""水俣病"等环境公害事件,造成了民众

① See Office USGA, Interstate Compacts: An Overview of the Structure and Governance of Environment and Natural Resource Compacts, 2007, p. 4.

② 参见张黎黎:《美国环境执法机构设置及其启示》,载《广州环境科学》2008 年第 4 期。

健康水准的大大下降,因环境污染而增加的死亡率明显上升,例如,“四日气喘”事件中,数百人因此患病,甚至出现了一些气喘病患者不堪忍受痛苦而自杀的现象。连续爆发的各类污染灾难引发了民众的极为不满,一方面,环境侵权诉讼案件数量激增;另一方面,环境民权运动大范围展开,社会对于环境公害的普遍关注使政府无法再轻视这一问题,相继颁布了一系列环境法律法规,这一时期的环境立法主要集中于20世纪60年代后半段到70年代上半段,仅在1970年召开的有关环境的特别会议上就制定通过了14项环境法律,故而这次会议也被称为“公害国会”。[①] 具体到环境立法内容来看,既有相应的环境基本法也有针对各污染领域的环境专门法,在很短的时间内日本就形成了初具规模的环境法规体系(见表2.2)。

在环境基本法方面,日本政府于1967年制定《公害对策基本法》,分为总则部分(第一章),规定了立法目的、公害定义及各环境主体的责任分担等;在防治公害的基本对策部分(第二章),规定了环境标准、国家对策、地方政府应采取的措施、特定地区的防治公害、处理公害纠纷的损害救济;在费用负担和财政措施部分(第三章),规定了费用负担、对地方政府的财政措施、对企业的资助;在公害对策会议和公害对策审议会部分(第四章),规定了机构的职权、组成以及其他事宜等。此后,《公害对策基本法》先后经历1970年、1971年、1973年、1974年和1983年五次修订,主要的修订突破在于立法目的删除了“与经济协调”的条款;扩大公害的定义(增加土壤污染等);明确促进废弃物处理对策为公害对策;规定了关于自然环境的保护,把它与公害对策作为环境政策的两大原则;授予都道府县知事以设立环境标准的权限等。之后日本又于1972年制定《自然环境保护全法》,明确规定了自然环境保护的立法目的、基本理念、与财产权和相关公益的调整、各主体(国家、地方公共团体、企业和公民)分别对应的职责、基本方针、自然环境保护审议会的组建以及各级政府间关于自然环境保护的职能分工和工作协调等,又分别针对原始自然保护区和自然环境保护区进行规范。这两部基本法奠定了日本初期的环境保护的原则要理,对于有效缓解环境污染带来的社会压力起到了奠基性作用。其中,提出了一些比较有特色的规定,如建立了自然环境保全基础调查制度,国家每5年要对地形、地质、植物及野生动物进行一次必要的基础调查,以研究和制定自然保全的方针政策,该调查又称“绿色国势调查”等。

① 参见徐家骝:《日本环境污染的对策和治理》,中国环境科学出版社1990年版,第11页。

日本《公害对策基本法》和《自然环境保护全法》是公害防治和自然保护方面的平行基本法，因而日本初期的环境立法仍存有一大缺憾，即缺乏一个建立于统一环境保护理念下的最高基本法。故而，进入到20世纪90年代，日本又颁布了《环境基本法》(1993年)，确立了对整体环境(包括环境污染、自然资源、原生环境等)进行保护的法律框架，成为第一个完全融合的、综合性的环境基本法，[①]这在日本环境法发展史上具有里程碑式意义。相较日本《公害对策基本法》和《自然环境保护全法》，日本《环境基本法》在理念跃迁、政策创新等方面都有所进步。首先，在理念跃迁上，日本《环境基本法》提出了三大基本理念，即"环境恩惠的享受和继承""建设对环境负荷小、可持续发展的社会""积极促进建立在国际协调基础之上的全球环境保护"，不仅将关注点聚焦于国内，更放眼于环境保护的国际性。其次，在政策创新方面，相比前两部基本法体现末端控制为主、被动应付式的环境治理模式，日本《环境基本法》更加注重运用经济手段和引导自愿行动，确立了污染者负担和受益者负担两项原则，要求拟订环境基本计划，加强环境方面的教育和学习，支持民间的自发环保公益活动等。

具体到各污染物治理的专门立法方面，日本集中于这一时期内在应对空气污染、水污染、噪声、振动、恶臭污染、地层下沉及土壤污染等方面相继出台了大量法规文件(见表2.2)。此外，还针对各污染物制定了相应的排放基准，如针对空气污染的《硫氧化物环境基准》《一氧化碳环境基准》《悬浮微粒环境基准》《大气污染环境基准》，针对水污染的《水质污染环境基准》，指向噪声污染的《噪声环境基准》《航空机噪声环境基准》《新干线铁道噪声环境基准》等。

表2.2 战后日本环境保护立法梳理[②]

规制领域	法规名称	制定日期
空气污染	《煤烟控制法》	1962年6月
	《空气污染防治法》	1968年6月

① 参见杜群:《日本环境基本法的发展及我国对其的借鉴》,载《比较法研究》2002年第4期。

② 参见徐家骝:《日本环境污染的对策和治理》,中国环境科学出版社1990年版,第9~11页。

续表

规制领域	法规名称	制定日期
水质污染	《公用水域水质保全法》	1958 年 12 月
	《工厂排水规制法》	1958 年 12 月
	《下水道法》	1958 年 12 月
	《水质污染控制法及海洋污染控制法》	1970 年 12 月
噪声、振动、恶臭污染	《噪声控制法》	1968 年 6 月
	《恶臭防止法》	1971 年 6 月
	《振动控制法》	1976 年 6 月
地层下沉及土壤污染	《工业用水法》	1956 年 6 月
	《建筑物用的地下水采取规则》	1962 年 5 月
	《农业用地土壤污染法》	1970 年 12 月
其他方面	《公害被害者救济特别措置法》	1969 年 12 月
	《废物处理及环卫清扫法》	1970 年 12 月
	《公害纠纷处理法》	1970 年 5 月
	《人身健康之公害犯罪处罚法》	1970 年 12 月
	《公害防止事业费事业主负担法》	1970 年 2 月
	《特定工厂公害防止组织整备法》	1971 年 6 月
	《无过失损害赔偿责任法》	1972 年 6 月
	《公害健康被害补偿法》	1973 年 10 月

(二)策略工具:由政府管制向综合治理

在解决大气污染问题上,同许多发达资本主义一样,日本也大体经历了3个阶段,从大力解决烟尘再到二氧化硫最后到氮氧化物和光化学烟雾,主要污染物的种类变化与日本经济发展背后的结构变迁息息相关,这包含了能源结构层面从煤炭到石油,污染来源层面从工业污染到交通污染的演变。这决定了不同经济发展阶段中,日本对于大气污染有着不同的侧重点和治理对策。从战后恢复时期直到20世纪60年代初,日本国内的空气污染主要来自工业用煤,煤炭燃烧造成的大量烟尘和二氧化硫使日本国内空气污染日趋恶化,一些城市在冬天经常出现能见度极低的浓烟雾。对此,日本政府于1962年制定通过了《烟煤控制法》,力图控制烟煤污染物的排放量,主要措施有以下3点:一是指定控制地区,对城市下达污染物的控制指标;二是指定烟煤发生设施,对于一些排污规模较大的造污设施实行对象控制;三是进行排污技术改造,大量采用除尘设备,并以石油来代替煤炭,推动能源革命。然而,随着煤炭逐渐退出能源舞台,烟尘污染得以有效控制,但含硫石油的大量使用使二氧化硫排放量激增,1970年硫氧化物的排放量达到历史顶峰,甚至比1955年增加了5倍之多。为解决二氧化硫污染问题,1968年日本国会通过《空气污染控制法》,一方面,力求实现对具体排污设备排污量的公平控制,使用体现排放量控制和浓度控制相结合的K值控制方式,对单个烟源根据其排放口高度,依照特定公式来计算容许排放量,根据不同地区的空气污染和人口密集程度,将全国分为16类地区,K值从3.0到17.5,共分为16个等级,从而实现了不同地区间排污标准与经济发展间的大体平衡。另一方面,在能源结构和技术革新上积极努力,通过进口含硫量较低的石油,更新使用新能源(天然气、核电),鼓励企业研究开发脱硫技术。此外,1974年在对日本《空气污染控制法》的修订文本中,还正式导入了总量控制的规定,各污染控制区内的地方长官要确定该地区空气污染物的容许排放总量以及燃料使用标准,为确保污染物排放总量控制目标的实现,还制定了罚款、拘留甚至监禁等强制性的惩罚制度。20世纪70年代日本进入到发达资本主义阶段,成为仅次于美国的资本主义世界第二号经济大国,国家经济实力和民众富裕水平有了突飞猛进式的增长,这在很大程度上体现在国内汽车拥有量的极大增加,日本的乘用车保有量在1972年就超过了1000万辆,相当于每100个人中有10个人拥有私家车,私有汽车量的激增也带来了氮氧化物污染,针对大气污染这一新变化,日本政府主要从汽车本身的排污控制、技术改造,从车辆行驶状况的规范和对私家车交通流量的控制等方面进行改进,并且还对道路系统实行绿化、强化环境污染监测体制和开发汽车尾气治理技术等。综上,日本初期的大气污染防治偏向使用"命令—控制"式的环境政策工具,政府在其中发挥着主导性作用,主要从控制污染排放、促进结构优化和引导技术创新等方面实现环保突围。

当然,日本初期的环境政策工具也并非纯粹的行政控制型,也有体现市场激励的经济手段和教育引导的自愿行动,只不过相较行政控制手段,后两种较少得以规模适用。一方面,在经济激励型环境政策工具上,日本在两项基本法中都规定了原因者付费或受益者支付负担金模式,其中日本《公害对策基本法》第21条第1款还规定,"国家和地方应努力采取必要的金融和税收措施,鼓励企业修建和改进公害防治设施”。在金融方面，银行可以对企业用于治理污染的专门费用部门实行绿色贷款政策；在税收方面，政府既对治污设备的固定资产折旧费实行减税，也对污染税率实行逐年递增的措施，以及对汽车、大型客机等征收排气税或着陆费等。另一方面，在自愿型环境政策工具上，日本《公害对策基本法》和《自然环境保护全法》均规定了环境保护是国家、地方公共团体、企业和国民的职责，国家负责制定及施行基本的、综合的公害防治和自然保护的方针政策；地方公共团体（地方政府）可按照当地自然、社会等条件，制定妥善的保护自然环境措施，并负有实施的职责；企业既要自行采取环保行动，更要协助和配合国家、地方公共团体施行的环境方针政策；国民也要积极主动开展和配合相关的环保行动。为了引导和激励企业主和国民积极配合国家环境保护，基本法都坚持了维护国民财产权和与公益相协调的基本原则，公害治理和自然保护都要在公民基本权利和社会公益价值的双重语境下展开。但总体而言，该时期内经济手段和社会自愿依然构不成环境政策工具体系中的主要部分，这也导致日本初期的环境危机虽然得到了快速化解，但仍然无法从污染源层面实现排放控制。

1993 年日本《环境基本法》的制定通过，拉开了其环境保护的新篇章，该法既延续了以往环境行政规制的经验，也在经济激励型和自愿型环境政策工具方面有所突破。其一，在管制型政策工具方面，实行环境基本计划、环境影响评价等新举措，一方面，由政府有计划地制定统一的环境保护方针政策、预期目标和工具措施，它包括国家预期的环境应有状态（环境质量目标）和国家为实现这种状态采取的政策措施（环境行动方案），明确中央和地方公共团体、事业者、公民等各个社会主体的环境保护任务；另一方面，明确工程建设的启动必须同时进行环境影响评价，这一规定也直接导致后续《环境影响评价法》的出台。其二，在经济激励型政策工具方面，日本《环境基本法》第 22 条规定，“国家应当努力采取必要的措施，并在考虑其经济状况的基础上，实行必要而适当的经济资助”“国家通过对实施负荷活动的人课以适当的且公平的经济负担，实施引导他们自己去降低其负荷活动对环境负荷的影响为目的的政策，期待能有效地防止发生环境污染”。其三，在自愿型政策工具方面，日本《环境基本法》第 25 条、第 26 条分别规定了有关环境保护的宣传教育及组织学习，以及促进民间团体自发开展绿化活动、再生资源的回收活动及其他有关环境保护的活动。为唤起国民对环保活动价值正当性的自觉、认同与实践的意欲，日本在 2003 年制定的《环境保全意欲增进及环境教育推进法》中确立了“社会参与”的激励原则，它包含公民社会的"意识参与"和"行为参与"两个方面。为引导社会参与环境保护，日本不仅在法律规范上对环境教育作出要求，一直十分注重"环境学习"(见表2.3)，更通过形成国家与社会成员之间的协力合作关系、尊重并激发个体环境保护意识、促成各角色的合理分工、鼓励社会资本参与、协调各项公共利益等多个方面进行配合。①

表 2.3　日本环保教育推进史②

时间	内容
20 世纪 70 年代	将环境教育纳入国民教育体系
1987 年	文部省发表了关于环境教育的白皮书，提出"以社会科和理科为中心，对学生进行环境知识的指导，加深对环境问题的认识和理解"
1991 年	文部科学省开始陆续出版教师用书《环境教育指导资料》，提出在学校教育中推进环境教育的具体观点和方法，以期为各科教师提供参照，有计划地促进环境教育与学科课程的融合
1996 年	文部科学省归纳总结了创建绿色校园的基本思想和方案，并列举实例，导入了学校设施中的各种环保技术和方法
2004 年	将"面向可持续发展的教育"作为环境教育的重要理念
2006 年	修改日本《教育基本法》。将"培养尊重生命、爱护自然、为环保做贡献的态度"定为教育的目标之一。环境教育的实施主体包括家庭、社会和学校
2007 年	修改的日本《学校教育法》规定，推进校内外的自然体验活动，培养学生尊重生命与自然的精神、为环保做贡献的态度是义务教育阶段的目标之一

① 参见宋宁而、姜春洁：《论日本环境教育立法中的"社会参与"激励原则》，载《科学与管理》2010 年第 5 期。

② 参见《探秘日本如何开展环境教育》，载搜狐网：http://www.sohu.com/a/54807089_180608，最后访问日期：2017 年 7 月 10 日。

（三）环境管理：组织变迁与权责设置

在环境管理初期，日本就重视中央与地方间的分工合作，一是明确国家（中央政府）的职责为制定基本的、统一的环境方针政策，地方公共团体（地方政府）根据当地具体情况制定相应的措施。在日本《自然环境保护全法》中，中央能够制定的自然环境保护基本方针，主要包括关于自然环境保护的基本规划，关于原始自然环境保护区、自然环境保护区的指定以及其他有关这些地区的自然环境保护的方针政策标准等基本事项，关于都、道、府、县自然环境保护区的指定标准以及其他有关该地区自然环境保护的方针政策标准的基本事项，基于自然公园法及其他有关地区调整的基本方针及其他关于保护自然环境的重要事项等。二是明确了中央与地方在环境治理投入上的财政分担。在《自然环境保护全法》中，在优先领取负担金及滞纳金特权的顺序上，国税优先于地方税。同时规定中央对地方的环境保护实施国家补助，“国家在预算范围内，根据政令规定，对于执行保护事业的都、道、府、县可补助执行该保护事业所需要的部分费用”。三是环境厅长官的权限可以行政委托给地方知事，并且还建立了环境行政协商机制。这包括环境厅长官与地方长官的协商，还包括其他国家机关与环境厅长官的协商。四是给予地方因环境保护引起的债务的适当照顾。日本《自然环境保护全法》第 52 条规定：“对于都、道、府、县为了补充保护自然环境事业所需要的经费而引起的地方债务，在法合规定的范围内，根据资金情况和该都、道、县财政状况，应给予适当照顾。”

日本环境管理的组织变迁大致经历了三个阶段：第一阶段（1971 年前），主要是地方政府和公众推动阶段，国家职能弱而分散。1970 年成立由首相直接领导的公害防治总部，并成立了直属总理府的“中央公害等调整委员会”，公害防治职能被广泛地分散在厚生省（大臣官房国立公园部、环境卫生局公害部）、通商产业省（公害保安局公害部）、经济企划厅（国民生活局的一部分）、林业厅（指导部造林保护课一部）等几个省、厅之内，环境职权分散而不统一，经常出现部门间权责交叉，相互掣肘等问题。对此，1971 年日本成立环境保护厅，将分散于各省、厅的环保职能集中整合到一个部门，并直接向总理府报告。第二阶段（1971 ~ 2000 年），随着日本政府大部制改革的推进，国家环境管理职能不但未减弱反而更强化。自 2001 年 1 月起，日本环境厅升格为内阁部，加强了环境与经济一体化管理，并形成了统一决策与监督下的多部门合作的环境管理体制。第三阶段（2001 年以来），国家环境管理组织体系进一步优化。2001 年环境厅改置为环境省。2005 年 10 月修订日本《环境省设置法》，设置水和大气环境局,在地球环境局增加了应对气候变化的课室,并在全国设置 7 个地方环境事务所,将已有的 11 个自然保护事务所和 9 个地方环境对策调查官事务所合并重组,作为连接环境省和地方的核心,可以委授法令权限及预算执行权限的地方分支部门。根据现有日本环境省组织机构图,共设有大臣官房(旨在顺利推进环境行政)、废弃物和再生利用对策部(旨在构筑循环型社会)、综合环境政策局(旨在鼓励和引导所有的社会主体自发地参与环保活动)、环境保健部(旨在预防化学物质对人及生态系统造成影响)、地球环境局(旨在把自然丰沛的地球环境留给下一代)、水和大气环境局(努力实现清爽的空气、清澈的水质、安全的大地)、自然环境局(力争实现自然和人类的和谐共生)以及 7 处(北海道、东北、关东、中部、近畿、四国、九州)地方环境事务所等机构。

三、启示

通过对美国和日本的环境史与大气污染防治举措的经验介绍,我们发现虽然单一制国家与联邦制国家在环境管理方面的央地关系模式等并不相同,但可以看出政府管制在治理环境污染的早期被大量采用,但随着环境治理越来越深入,财税政策等与市场关联的手段日益得到政府采用,成为环境治理的新方向和新工具。这对于我国而言,具有十分有益的启示,当前我国的环境污染问题已十分接近发达资本主义国家早期状态,这预示着采用大量的政府管制措施十分具有现实必要性,但必须注意的是,我国也处于经济高速发展和过渡转型时期,因而,建构起市场驱动型的环境治理模式尤为迫切,它关系未来大气污染能否走向一个有效治理的理想状态。总之,立足于当下中国大气污染的现实困境,理性选择就是在规范并强化政府管制举措的同时,着力培育并应用经济激励型环境政策工具,此外还应从引导公民参与上努力,从而既能够快速化解眼下的雾霾危机,也能够实现环境污染源头防治的远期目标。此外,单一制和联邦制国家关于大气污染治理的政府间职责分工与合作形式也有所不同,我国作为单一制国家,自然与联邦制国家有所区别,但与很多单一制国家也存在许多差异,从而自然有着不同的府际环境合作关系。

第三章　财税法治理大气污染的法治逻辑

第一节　财税法治理大气污染的功能塑造逻辑

公共政策作为解决公共治理事务的政府权力对策，是一系列关联政策工具的优化组合，形成针对某一治理事项的政策网络系统，公共治理所针对的一切对象都被纳入该网络框架中，“每一个行动者的利益、角色、功能、地位都会在政策具体展开的过程中加以重新界定、安排和赋予”。① 与政策网络强调单向执行有所不同，治理网络更加注重社会网络结构中各参与角色间的多向互动，尽管政府在规划拟定公共政策时，必须从底层社会汲取信息和听取意见，从而确保政策制定的科学性和民主性，避免执行遇阻、政策受挫。相较而言，公共政策网络实际上是构成治理网络的政策层面，虽然二者在一定程度上存在目标上的统一，即实现公共事务的有效治理，但总体来看，二者所立足的基点并不一致，前者体现权力优先下的依赖性，后者倾向于权利平等下的互动性。现代国家普遍追求的治理形态是一种互动式治理、参与式治理、合作式治理，它是对以

① 李勇军：《政策网络与治理网络：概念辨析与研究维度》，载《广东行政学院学报》2013 年第 1 期。

往自上而下的权威性统治和政策性管理的民主反推,将国家治理能力建设的焦点从政府本身逐渐转移到市场机制和社会层面上来。

从政策维度来看,防治大气污染是一个复杂的公共政策问题,其所适用的多样性对策措施彼此联系、集结形成政策网络结构,内容方面既涉及经济政策、技术政策和社会政策等抽象维度,也涵盖了财税政策、金融政策、产业政策、能源政策等具体领域。① 从治理维度上来看,防治大气污染又是一项由政府主导、市场参与和社会配合的多中心公共治理事务,一方面,环境保护作为公共产品,具有非排他性、非竞争性等特征,不可能完全交予自由市场去解决,政府作为维护公共利益的"行动者"和治理公共事务的"责任人",其存在意义便在于通过借助公共财政的治理功能,力图保证政府财政收支过程的规范性和结果的有效性,因而要想保护好环境,政府就必须加入进来,填补市场失灵的空白;另一方面,环境治理又非政府单独一方的责任和义务,每个个人和企业组织都有可能成为大气污染问题的制造者和责任方,并且这一潜在假设也正转为不容否认的残酷事实。政府绝非纯粹"理性人",亦可能存在官员贪污腐败、底层执行偏差、获取信息不对称等政府失灵问题,况且,"市场并不是只为钱服务的,有时候一个设计良好的竞争市场也是可以为公共部门服务的"。② 此外,制定良好的政策成功之关键在于指向对象须依法遵从,除了市场参与为政府主导环境治理提供辅助力量以外,当然离不开社会层面的积极配合。

在政府主导型环境合作治理格局下,值得关注和深思的问题是"政府如何主导环境治理"以及"政府如何达成与市场和社会共同治理环境问题的合作关系",前者主要立足于政府一方,思考环境公共政策制定之科学性与规范性,它关系政府治理能力的"合规则性";后者则统一于环境共治的三方角色体系,力求实现环境公共政策的适用性和有效性,它涉及政府治理能力的"合现实性"。当然,公共决策的拟定过程难免要参酌规则现实运行之合现实性,规则执行过程中出现的诸多问题亦会对合规则性提出挑战。长期以来,我国政府主要依靠行政手段主导大气污染治理,体现出运动式、指标式、专项化等行政色彩,这不仅导致中央决策越位和下级执行错位,也表现出市场机制缺位和社会行为背

① 参见冯贵霞:《中国大气污染防治政策变迁的逻辑——基于政策网络的视角》,山东大学政治学与公共管理学院2016年博士学位论文,第22页。

② [美]约翰·麦克米兰:《市场设计与环境治理》,载吴敬琏主编:《比较》(第20辑),中信出版社2005年版,第7页。

离。当前,我国的大气污染治理存在着3大问题:一是政府内部纵横方向上的决策—执行偏差;二是政府与市场合作关系的破败;三是环境政策社会遵从度的下滑。要想搬除此“三座大山”,唯有从承接政府、市场和社会三方关系的国家上层体制革新上破力才行,而财政体制作为经济与政治的结合域,既包括中央与地方政府间财政关系的行政处理,也涵盖了政府对市场和社会的间接规制、引导培育的经济调节,故由于公共财政牵涉政治与经济的共性部分和在国家治理当中的支撑地位和间接作用,通过财税体制改革无疑是当前破解大气污染治理3大难题的有力突破点,财税法治理大气污染所起的作用远非限于“治理”二字,其更重要的意义在于进一步厘清央地政府间关系、政府与市场关系以及政府与社会关系,促使我国大气污染从行政主导下的权威型治理模式向政府主导下的合作型治理模式转轨,在政府主导结构内部合理配置纵横方向上的财政权责,进而打破政府间在环境治理事务上的权责不清、职责同构、权能不适配等行政隔阂,在政府主导结构之外激发和培育市场参与环境治理的动机、权能,提升和引导社会配合环境保护的意识、行为。

财税既作为国家顶层机制的组成部分,又是政府常用的政策工具,还是公共治理的手段之一。尽管防治大气污染是一项复杂的公共治理事务,需要依靠多元主体、多种手段和多个领域的一并发力,但对处于全面转型时期下的中国而言,财税法治理无疑发挥着日益重要的作用,亟须从财税领域寻求政府内部和政府与外部良性合作的共同利益。借助财税体制改革在权责结构配置、政策工具整合及治理能力优化等方面的触发效应,通过侧重“财税治污”来进一步厘清大气污染防治过程中中央与地方政府的事权、财权和支出责任界限,整合发展大气污染治理的多元政策工具系统,形成政府主导、市场辅助和社会自主的综合性国家环境治理能力,最终形成政府、市场和社会合作治理大气污染的紧密结合力量。

一、“财税治污”的政策工具整合

政府主要通过公共政策来履行环境治理的主导责任,并且随着环境问题的日趋严重,单独依靠某一种类型的公共政策难以为继,环境治理的复杂性引发国家对政策类型的多样需求,呈现出政策生长(policy growth)快速提升的发展趋势,由此基于治理目标的一致性,不同类型的公共政策之间关联结合而成政策网络。政策网络理论兴起于国家政策主体结构的碎片化、部门化与分权化趋势以及整个社会去中心化的趋势,[①]关于政策网络的概念界定,理论界总体表现出四种倾向,即分别从政策主体视角、资源依赖角度、国家自主性视角和治理视角来阐释,但基本达成以下特征共识:一是多元的关系主体;二是复杂的关系联结;三是互相依赖的行动者。[②] 总而言之,公共政策作为政府治理公共事务的对策形式,其并非单向意义上的行政决断,而是要顾及决策过程中主体间的关系联结和双向互动。

具体到大气污染治理的公共政策网络体系,我国目前主要存在命令型环境政策、经济型环境政策和自愿型环境政策三种形式,其中经济型环境政策旨在激发市场调节资源配置的作用,试图实现市场均衡状态以达到环境管制的最终目的,[③]主要包括财税政策、信贷政策、保险政策、生态补偿政策、贸易政策等类型。而环境财税政策是组建和架构经济型环境政策的重要部分,它是综合运用价格、税收、收费等经济手段,按照价值规律要求,调节或影响经济主体的市场行为,目的是实现经济社会发展与自然、生态环境相互协调,主要包括以体现"绿色支出"为导向的财政政策和激励约束功能的税收政策两个方面。[④] 当前,命令型环境政策已然暴露出种种弊端,如执行偏离、效率低下、管制成本高等,综观中外环境政策演变历史和发展方向,经济型环境政策和自愿型环境政策成为大气污染治理的关键拐点,其中财税政策设计得成熟与否事关环境政策网络整体结构的稳定性和适用性。

从经济型环境政策工具体系来看,其包含多种类型,而财税政策是其中最为重要的组成部分。财税制度具有多个面向,既有基于工具主义的公共治理面向,也有立足于规范主义的权力制约面向,还有朝向价值主义的公私关系面向。其中,在现代民主国家,政府财政越来越显示其在公共治理方面杰出的工具性价值,这表现为:(1)财税制度是为公共治理提供支持的资本工具。大气污染等公共治理事务本身就是政府财政作用之对象,由于私人不情愿支付个人财产去投资一项让他人无偿受益的公共产品,基于市场行为的趋利性,理性的经济

---

① See Guilarte M., Marin B., "Mayntz R, Policy Network: Empirical Evidence and Theoretical Considerations", *Contemporary Sociology*, 1994, p. 425.

② 参见石凯、胡伟:《政策网络理论:政策过程的新范式》,载《国外社会科学》2006 年第 3 期。

③ 参见李伟伟:《中国环境政策的演变与政策工具分析》,载《中国人口·资源与环境》2014 年第 5 期。

④ 参见张玉:《财税政策的环境治理效应研究》,山东大学经济学院 2014 年博士学位论文,第 34 页。

人不会做亏本买卖,因而环境治理更多地依赖于公共财政的支持。这也相当符合公共财政的公共财产属性,一方面,大气污染问题因公众生产生活行为而起,尽管并非全部公众都是污染的制造者,但是生活于同一生态环境中的每个人都是环境保护的受益者,因而无论基于污染者担责还是受益者付费,都应当让纳税人支付治理污染的金钱代价;另一方面,为强化污染者的责任,政府应将责任承担和受益均摊相分离,在用纳税人上缴的财政收入治理环境的同时不抛却污染者应当担负的治理责任,不能让大部分群体为一小部分人的超标排污而分摊治理成本。(2)财税制度是被用于引导市场理性行为的激励工具。不同于政府的直接性管制,强制要求市场做或不做某些行为,财税体制更多地体现为对市场的间接性干预。虽然财税政策也是政府设计出来用于调控市场的行政手段,但政府只是规则的缔造者,其效力发挥归功于政府对市场规律的熟稔运用,它要求政府创制出规范明确且导向正确的税制体系,最大可能地激励市场作出政策所希望达到的理性行为状态。结合大气污染治理,作为激励型政策工具的财税制度,其治理逻辑就在于借助理性经济人根据成本效益判断标准进行选择的行为规律,以课税的形式加重与环境相关的成本负担,或者以税收优惠、财政补贴的方式给予治污有方的排污者以奖励,从而激励和引导企业通过改造技术或加大环保投入来缩减该部分税负或者从政府那里获取相应补助,最终从源头上让企业减少污染排放。(3)财税制度是制约政府权力的法治工具。公共财政的收支过程无不浸透着公权力的行使,制约政府权力的方式有政治、经济、法律和文化等多种,其中财税制度是经济性规制政府权力的有力武器。这源于财税制度本身之特性,由于国家财政之公共财产属性,财政之收支行为必须以彰显公共意志、尊重公共权利和满足公共需求为底色韵律,实体诉求和程序要义在财税法领域得到极力张扬,以预算法定、税收法定、财政监督等构成的财税法治为民主制约、依法规范和公共监督政府权力提供了特殊工具和特有理念。

二、"财税治污"的主体关系优化

政策设计和政策执行的循环过程往往并不像科学那般可测,而是夹杂着权力和责任异化的不确定因子。政策制定得再科学,也难免受制于政策实施过程中权力义务分配对于可得利益的损害。财税政策治理大气污染的逻辑之一就是建构主体间的权力义务结构关系,形成环境政策"权力界限清晰、责任归属有别、利益冲突调和"的内在机理,厘清政府内部纵横主体的行为边界,让政府"知其所为、能有所为、担其所为",廓清政府与市场的角色分工,打造社会共同参与环境保护的合作环境与利益链条。

(一)公共政府:财税权力的政治维度

环境财政政策主要从静态和动态两个方面嵌入大气污染治理过程中,尤其是在以侧重权责分配的财税体制改革当下,从动态分权来重构中央与地方、政府与市场、政府与社会三方关系是一条必要路径。就行政维度上而言,纵横层级上政府的权责配置首当其冲,它关系现代政府能否在公共事务问题上达成府际合作治理的良性关系。一方面,在政府的纵向权责配置中,中央政府与地方政府应对防治大气污染承担哪些责任,拥有哪些权力,政府间环境事权与事责的分配厘清是形成府际间环境合作治理的前提基础;另一方面,大气环境治理既要有专门负责的环保主管部门,也需要其他政府部门的行政配合,这既包括非环保主管部门制定的本部门政策要满足环境保护的现实需求,也涉及在环境执法过程中多部门协力执法,从而实现源头防治和污染治理的双向结合。在大气污染防治方面,解决行政维度上的政府间权责配置是最关键的一步,厘清政府间财权、事权与事责关系才能让他们在了解彼此行动界域和后果的基础上进一步协商合作。主体间合作的一个逻辑要素就是他们之间的界限是相对明晰的,否则若彼此相混同,则完全缺乏合作之独立性基础,这样的合作实际上是无法长期存在的,因为相互之间权责同构,势必在协商谈判时不能做出妥协,“谁都是权力者,谁也都是责任方,你的是我的,我的也是你的”,这本身就是一种内生型合作关系,而并非我们通常所言之外促型合作关系。总之,财税法治理大气污染的分权路径关键部分就是政府间环境治理权责的正当性划分,它是基于公共事务治理对公共政府所提出之行政细节性分工,借助于现代财政的公共品性,实现财权与事权,财力与支出责任等权责关系的重构。

(二)竞争市场:财税法调控的经济维度

不容置喙,政府与市场在资源配置中各有优缺,为有效治理大气污染,我们需要发挥二者各自的调节功能,同时相互补足对方之短处,正所谓“取长补短”。从经济维度来看,财税法治理大气污染的权责配置逻辑就表现为政府与市场间的分权,这是进行府际财政分权的第一道闸门,在厘清政府之间如何有效分工和达成合作,即政府如何做事之前,有必要先认清作为整体的政府应该做些什么,能够做些什么以及不得做些什么。这就意味着我们首先需要确立市场优先原则,即秉持优先发挥市场机制调节作用的市场基础原则,国家干预与市场失灵相适应原则以及无法判断是否市场失灵时由市场现行原则。[①] 在应对大气污染问题上，虽然市场更多表现为负外部性、"搭便车"等失灵缺陷，政府干预色彩显著，但并不意味着市场机制在解决大气污染方面一无是处。实际上，防治大气污染中政府干预也表现为两种途径：一种是直接性管制手段，依托行政强制力惩处排污行为；另一种是间接性干预手段，即通过对市场功能的纠正和刺激进而恢复和引导市场主体行为有利于环境保护。可以说，政府干预的前提是市场失灵或缺陷，政府干预的目标是恢复或重塑市场能力。因而，化解大气污染危机的最有效的方案就是激活和再造一个环境友好型的竞争市场机制，让市场内的竞争秩序以更多围绕绿色环保而展开，开发针对环境污染治理的竞争性产业。

（三）公民参与：财税法治理的社会维度

美国学者加雷特哈特在其 1968 年发表的《公地的悲剧》一文中借用草场与畜群的关系模型为研究环境污染的负外部性问题提供了著名的范例，在一片公有的草原上，每个牧民都将为追求个人利益最大化而尽可能地增加自己的牲畜头数，但每多一头牲畜的代价便是给有限承载能力的草场增添上一笔损害负担，一旦突破草场的牲畜承载极限，就会导致草场毁灭，所有牧民的预期利益便会消失殆尽。哈特所提出的这一公地悲剧原理，形象地揭示了环境与个体之间潜在的利益冲突，每个个体基于自我利益实现的理性行为集结合成的整体行动就有可能充满着无数的非理性，因为环境承载力有限而人的欲望无限，个体采取行动总是利益考量的结果使然，在自由追逐个人利益的过程中无法保证不对他人产生影响，甚至有时这种影响意味着整体社会的灭顶之灾。

政府与市场都是从整体层面指向大气污染治理，它们是治理手段的集中体现，然而具体而言，从规制对象、治理参与者和治理受益方来看，其都离不开公民参与。公民参与是防治大气污染中不可缺失的政策手段，通过保障公民的基本权利和自由，鼓励公民自主治理，将环境正义、可持续发展等理念植入公民道德体系中去，才能建立起大气环境治理的公民参与机制。就治理之语义而言，其本身就体现了国家与社会的互动性，国家所为之环境保护最根本的就是解决人所产生的问题，也是创造与人相关的社会福利。

---

① 参见刘大洪：《论经济法上的市场优先原则：内涵与适用》，载《法商研究》2017 年第 2 期。

三、"财税治污"的组织能力建设

良好的管理能力是政府主导环境治理的内在原因，立足于政府组织管理过程的不同要素，其能力体现在"情境认知能力""组织调适能力"和"社会治理能力"三个方面，具体指政府在直面社会环境系统的各项挑战和机遇而生成的认知能力，并在认知基础上根据环境因素的变化而调整政府管理的理念、方式与行为的调适能力，最终服务于政府对社会系统的有效治理能力。① 这三种管理能力是政府作为组织构成的优势所在，组织的特点就是具有稳定的组成架构、确定的运行规则和强大的调控功能，它能够促发集体行动，调配社会资源和动员民间力量。政府作为最大的组织形态，其组成规模的庞大，运行规则的严格和调控能力的强劲无疑是所有组织中最突出的，因而政府的组织管理能力相较其他权力组织颇具优势。结合前述三种能力，这种优势表现得十分明显：(1)在情境认知能力上，由于在信息获取上具有的比较优势，政府对社会环境的认知和判断也相较单一个体或社会组织为佳，基于维护统治秩序之长久稳定，政府的认知趋向理性民主，为了避免角色所限导致的认知缺漏，它会在作出决策时寻求专家意见和听取公众建议。(2)在组织调适能力上，政府通过对政策法令的更改，以及赋予政治官员和执法者以变通空间和裁量权力，能够根据环境情势变化适时做出策略调整或方式改进。(3)在社会治理能力上，拥有较为理性全面的认知能力和灵活决策的调适能力的政府组织，在解决社会治理问题上当然地取得了能力优势，也必然地能够取得行之有效的治理结果。但作为组织的政府也并不是毫无缺陷的，其最大的缺陷就是要防止"集体的恶"的出现，因而规范、控制和监督权力一直是公共治理当中的焦点话题。

政府在社会治理上的优点与弊端并存，这使其组织能力陷入了一种僵局——既不能脱离政府管理的作用，也无法将全部希望寄托于政府。结合财税法治理大气污染而言，政府负责的任何公共治理事项都离不开财政支出，但也并非全然是公共财政的支出项目，由于公共财政不仅仅对应环境治理这一项，它还涵盖维持政府运行，提供社会福利以及其他公共治理事项，而随着规制政府、福利国家和风险社会的来临，规模有限且扩张受限的公共财政已然不能全然满足社会的全部需求，财政汲取之有限性与社会需求之无限性之间存在无法

---

① 参见刘祖云、杨华锋：《政府的"三种能力"：情境认知、组织调适与社会治理》，载《上海行政学院学报》2009 年第 1 期。

等量填补的鸿沟,从而纵然环境风险再为急迫,我们都不能将大部分甚至全部财政收入专门用于环境治理,用于治理大气污染的只能是财政收入之一小部分。在有限的财政供给下,政府要想有效治理大气污染,就不能过度依赖财政给付,要发挥政府的组织动员和资源调配能力,将治理成本转移给污染制造者和潜在的合作方,因而可以看到当前财税法治理大气污染最微弱的功能实际上就是直接性给付,其更大的价值就在于迫使政府重新创制减少财政拨付的其他代偿性机制,如排污者付费、排污者缴税或环保 PPP 模式等。从这一点来看,财税法治理大气污染的组织能力塑造表现为正向和反向两个层次,在正向上财政具有财力给付的功能,在反向上财政具有倒逼创新的功能。

财税法治理大气污染的组织能力塑造逻辑另外表现为结构优化下的组织合力,政府并非单一的组织构成体,而是由若干个大小组织组合而成的组织合成体,这在治理大气污染中必然涉及各个分组织体功能的最大化。如何在分组织体充分发挥自主治理的权力的同时,确保各部分治理效果的最终总和状态契合整体组织体的治理目标至关重要。这就好比一张由很多个结点织就的网络,而财政无疑是串联该网络的主线,因为所有组织体的运行都仰赖于财政。

近年来,频发的雾霾天气考验着政府的环境治理能力,并冲击着国民对于清洁空气的美好期盼。理性而言,大气污染问题逐渐恶化成政府治理环境的一大顽疾,其缘由并不在于中央政府对待大气污染问题的态度暧昧或政策失当,相反,在党的施政理念和中央的政策举措中环境保护已然成为国策基调,追及根源,困扰我国环境治理的核心问题在于政策执行偏差(Policy Implemen-tation Gap)。[①] 地方政府对于中央环境政策产生的执行偏差,主要表现在政府间治理大气污染事权与支出责任分配滞后,给纵横层级的政府及环保相关部门正常履行职责造成阻碍。“权力混乱、职责不清、权限不详”的结果便是给地方政府在大气污染治理问题上本就摇摆和消极的心理提供了“镇静剂”,对其权力滥用和违法活动给予了“催化剂”。一些地方政府为汲取税源、拉动投资、提升就业和带动当地经济发展,在引进投资时只重视产业规模带来的经济效应和社会效应,而忽视环境效应,提供各种税收优惠、税收减免、财政补贴、信贷支持等政策福利,对待企业的超标排污行为往往也是“睁一只眼闭一只眼”“打游击战”,缺乏积极执行中央决策的行为激励和责任意识。此外,一些地方挪用专项资金用

① 参见冉冉:《中国环境政治中的政策框架特征与执行偏差》,载《教学与研究》2014 年第 5 期。

于他途、违背中央意志的违法行为也并不鲜见,2016 年财政部就公布了 5 起地方政府部门违规使用大气污染防治专项资金的典型案例。① 综上所述,随着大气污染危机愈加严重,政府面临的社会治理风险愈加高涨,一旦无法合理配置府际权责结构进而获得一个主导环境治理的统一力量,实现政府间防治大气污染的明确分工和相互配合,以此转向政府间主导环境治理的合作关系模式,则雾霾问题便会一直萦绕国人心头,一时难以消散。

第二节　财税法治理大气污染的监管实施逻辑

一、财政监督范畴的狭义与广义

关于财政监督范畴的理论探讨,其中最具代表性的观点是,以监督主体为划分标准,将财政监督分为社会公众对政府财政行为的监督、人大对政府财政行为的监督、政府财政部门对预算单位的财政监督以及政府财政部门的自我监督、政府财税部门对纳税人的财税行为的监督四个层次,不同类型的财政监督各有其实现目标。财政监督的目标之一就是要监督公共财政是否用于和在多大程度上用于社会公共领域;公共财政监督的最终目的是要调整和优化财政支出结构,维护财政预算的完整性和严肃性,促进经济社会的发展。在我们看来,财政监督是为实现财政管理目标而建立的一种约束财政主体行为的制度安排。财政监督的核心是对政府财力的约束与规范,是对政府收支活动的约束、规范、督察与促进,它确保政府收支活动具有真实性、合规性和效率性,阻止财政活动中的低效浪费、贪污腐败等现象。

其中,财政监督有广义和狭义之分。狭义的财政监督是财政部门对财政资金的运行及其实施效果的一种监督。虽然每一个政府部门都有相应的职能,但政府部门都是作为一个整体提供公共服务的,统揽政府的收支事实上是财政部门最基本、最重要的功能,因此,行政层面上财政管理和监督权的统一很重要,资金的调配权和对资金使用的监督权都属于财政部门。而广义的财政监督强调公民社会对财政资金的运行及其实施效果的一种监督。不仅包括人们普遍认同的政府作为受托人对自己代民理财行为的自我控制和评价,以及政府对纳税人服从财政管理的情况进行的控制和评价,而且包括纳税人对政府财政责任

---

① 参见《财政部通报 5 起中央大气污染防治专项资金检查典型案例》,载人民网:http://politics.people.com.cn/n1/2016/1212/c1001-28943596.html,最后访问日期:2017 年 3 月 10 日。

履行情况进行的控制和评价。简言之,广义的财政监督包括了"财政监督"和"监督财政"。"监督财政"的实质则是财政的民主化,即纳税人行使其对财政活动的知情权、参与权和监督权。

二、"大监管"语境下的大气污染治理

财税法对大气污染治理的监督源于财税法禀赋中的监管功能,这种功能源自财税民主原则,授权于委托—代理形式。关于财税法监督的范围存在广义和狭义之分,这种区别主要存在于监管的主体选择。基于一系列理论与实践考量,本书选择了"大监管"的理论语境。在选择了恰当的监管范围后,监管载体,即财税法律法规的选择成为有效实施监督的利器。这些法律法规针对相关行为的不同阶段而展开,从大气污染治理的决策及资金使用上大致可以分为事前监管、事中监管和事后监管。与此相对应,预算法律法规属于事前监管,财政监管方面的法律法规属于事中监管,而审计方面的法律法规属于事后监管,它们之间相互衔接,共同促成对大气污染治理政策制定、资金分配、资金使用的完整监管。在实践中,这些不同的法律法规在其不同的禀赋下充分发挥对大气污染治理过程中各行为的监管职能。

实际上,财政监管的范畴存在一定的模糊性,严格来讲,预算活动即属于财政监管之一种,但由于其"实质在于配置稀缺资源,因而它意味着在潜在的指出目标之间进行选择",它"不仅涵盖财政收支项目的经济问题,而且是屡现财政收支决策的政治问题,更是划分财政收支权力的法律问题",多重属性和在财税过程中的核心地位决定了它更适合作为财政体制而存在。此外,在财政收入、财政支出等各环节都有财政监管的成分,只是基于分类的需要,而做理论上的剥离。因此,狭义的"财政监管"范畴主要包括国有资产管理、国库管理、财政许可、会计审计等内容。而广义上应将财政收入、财政支出等环节规范的法律以及预算法纳入。具体而言,财政监管法包括财政监督法、国库管理法、政府会计法和审计法,内容既涉及监督也涉及管理,而且往往"寓监督于管理之中"。财政监管法专门规范和保障财政监管机关依法行使财政监督管理权,其内容涉及财政监管机关的设立、财政监管机关的职权、财政监管方式与程序等等,在财税法体系中具有重要意义。我国目前的财政监督专门机关是审计机关,财政监督法主要表现为《审计法》。由于审计机关隶属于同级政府,因此,我国的审计监督属于政府内部监督模式。

建立现代财政制度,实现国家治理能力和治理体系的现代化,核心是国家

现代化过程中的公共风险治理能力。预算管理、税收征收管理、转移支付等政策执行的各个环节都离不开一定的监督和制约机制，通过对各个环节受托方的监控、反映、检查、督促和制裁等活动，涉及财政收支活动全过程的信息都应被公开、反馈和约束。贯穿财政行为事前、事中、事后全过程的“大监督”，不仅是构建现代财政制度的必然选择，也是实现“依法治国”，建立法治国家、法治政府、法治社会的要求，对保障政府行为合法有序、保障财政职能合理发挥起到举足轻重的作用。

“大监督”不同于传统意义上的财政监督，也区别于其他形式的监督活动。它是凭借国家政治权利的监督，是一种寓于财政分配过程中的全方位监督，确保资金来源和支出方向符合多数民众的意志。这种宽泛的监督致力于克服受托人和委托人利益不一致时出现的“逆向选择”问题，不仅政府和官员个人不得忽视和歪曲人民意志，而且即使是权力机关，也必须如此。它强调财政监督不仅仅是财政部门的职责，每一位公民都应当参与对政府财政收支行为的监督过程中，发挥其作为权力源头的社会责任。只有接受人民授权的监督行为，才是合法合理的，缺乏人民授权的立法行为要绝对杜绝。因此，无论何种财政监督行为，都必须有详细准确的法律依据，才能确保其权威性和科学性。只有法律健全、制度完善、内容科学、管理高效的财税体制才是现代财政制度。财政监督作为一种对国家分配和调控活动实施的约束和监督，是一种强制性、限制性和规范性的行为，因而增强法治性是保证其权威性的前提。法律具有规范性和普遍性，可以最大限度地约束政府、部门和个人的行为，形成合法、有序的层层代理关系。因此，上升到国家意志的财政监管必须是“大监管”，才有普遍性和不可违背性。这是由财政监管的特质决定的。

1.“大监管”是实现人民民主权利的必然选择，现代财政制度要充分体现人民民主权利。人民意志是财政活动的起点，现代财政活动的最终目的是实现人民共同意志、维护公共利益。尽管采取多级委托—代理的间接民主形式，人民仍是公共权力的最终来源。

2.“大监管”是体现公共权力受托责任的必然选择。私人领域有产权制度作为制约，公共领域的契约维持、体制建立、政策运行也需要有一定的监督制约机制。如果离开了财政监督的控制和支撑，则很难保证国家治理活动的有序开展，也很难保证政府忠实地履行公共受托责任。

3.“大监管”是建设法治财政的必然选择。法治财政是现代财政制度的根本特征，也是其制度核心。只有践行法治思维和法治方式，遵循财政法定、财政民主和财政公平等原则，才能提供根本的制度保障。只有将政府行为纳入制度化和法制化的轨道，建立政府行为的责任追究制度，实现充分的监督和制约，才能真正实现以公众利益为导向的服务型政府。

第三节　财税法治理大气污染的权责配置逻辑

一、环境财政权责的语义内涵

作为“庶政之母”的财政，既是社会财富的分配方式，也是执政当局理财治国之施政纲领，还是普遍有效的强制规则，综合了经济、政治和法律等多个领域。① 对于像大气污染这类公共治理事务，一方面要依托政府提供公共资金的方式来实现事后治理；另一方面要借助复合型环境政策工具来控制、激励和引导社会生产生活行为，这其中无论在公共治理的资金支持还是经济政策工具的市场激励方面，财政都发挥着举足轻重的作用。大气污染治理中政府间权责关系的困顿化解最终要落到财政层面上，财政方面权责关系的和谐与否直接关系在大气污染政策制定—执行上政府间能否合作融洽。

立足于公共治理问题，从财政视角进行分析，由于财政行为是围绕“收支两条线”而展开的，财政收入权（财权）与财政支出权（事权）是大气环境权责的主要类型，此外谈及财政事权必与支出责任相连接，“事权清，则责任明晰；事权混，则责任失察，无从追究”，②体制改革和理论探求的目标所指向的“事权与支出责任相适应原则”正是对“权责一致性”理念的独到表达。③ 综上所述，基于公共治理的收支活动属性，以及财政事权概念中对“权责一致”的体现和贯彻，可将财权、事权与支出责任统称为财政权责。所谓财政权责，就是政府在履行公共治理任务时所享有的财权与财政事权（支出责任）的统称。当然，从大气环境财政权责的具体内容来看，主要涉及政府间财权与财力，事权与支出责任两组概念的逻辑对接。言述于此，有必要对前述几个概念一一厘清，以此对“财政权责”这一笼统性词汇有比较全面的认识，依照它们彼此之间的关联程度，财权与财力、事权与支出责任一一对应，因而有必要区分而论。

① 参见熊伟：《财政法基本问题》，北京大学出版社 2012 年版，第 1 页。

② 侯一麟：《政府职能、事权事责与财权财力：1978 年以来我国财政体制改革中财权事权划分的理论分析》，载《公共行政评论》2009 年第 2 期。

③ 参见徐阳光：《论建立事权与支出责任相适应的法律制度——理论基础与立法路径》，载《清华法学》2014 年第 5 期。

1. 财权与财力。在财政收入层面上，从广义上来讲，财权是政府或国家所拥有的财政权力约束，它是建立在产权概念的基础之上，以现代财政的公共财产属性为标准，涉及国家与政府所拥有的资产、资源、权力及荣誉而形成的收支与管理范围，①具体包括财政收入权和支出权。从狭义上来看，为了与事权、支出责任等概念相区别，财权主要指政府的财政收入权，按照财政收入的来源不同，可划分为征税权、收费权、资产收益权、举债权、获转移支付权等。政府获得财权便意味着其具有了从全体或部分公众汲取财力的资格和能力，财权与财力是一对关系密切的概念，财力是财权落实的最终归属，反映财权行使的结果和能力状态，静态上它既描述了政府财政的收入规模，动态上也体现了政府汲取财源的权能力度。政府间财权的配置状态决定了各级政府的财力规模大小，当然财权有时并非法定和可控的，但只要财权客观存在和来源合法就会成为财力汲取的原因。② 政府治理大气污染离不开充沛的财力保障，公共治理本身就是一笔巨大的开销，有时治理对策甚至会与经济发展相冲突，从而产生制度性成本。正如丹尼尔所言："每个社会问题，实际上还有每个经济问题，说到底都是财政问题。"③空气污染问题表面上取决于人类的环境伦理正义，最终表现为公共财政的价值实现。

2. 事权与支出责任。在财政支出层面上，政府作为公权力的拥有者，其行为表现为权力性与公共性的合一。在专制独裁社会，权力性色彩浓重而公共性呼声微弱，随着民主法治理念的浸入，政府行使权力必须符合公共需求成为潮流趋势，公共性跃居权力性之首，权力性成为服务公共性的内在品质。基于此，现代国家的行政权力实质为公共事务的治理权力，通称为政府事权。学界对于政府事权的概念界定各有不一，既有将事权与支出责任概念相混同，④还有所

---

① 参见谭建立：《中央与地方财权事权关系研究》，中国财政经济出版社2010年版，第3页。

② 以预算外资金为例，尽管过去的很长时期内我国允许地方自行决策、筹集和使用预算外收入，使地方预算外资金急剧膨胀，但从预算外资金设置之国情背景和最初本意来看，它是计划经济时期和市场经济转型初期为打破中央集权弊端，调动地方积极性采取的一项灵活性政策和措施，也是中央赋予地方的财政机动权。参见王绍光、胡鞍钢：《中国国家能力报告》，辽宁人民出版社1993年版，第52页。

③ 参见[美]贝尔·丹尼尔：《资本主义文化矛盾》，赵一凡、蒲隆、任晓晋译，生活·读书·新知三联书店1989年版，第287页。

④ 参见吴笛：《中央和地方事权与财权的划分与改革思路》，载《合肥工业大学学报》(社会科学版)2010年第2期。

谓“事权即职权”的观点,[①]其要么是存在将事权内涵理解“财政化”的理论偏离,[②]要么是站立在政府角度,未能深入窥视权力指向的公共属性。一般而言,根据不同的分类标准,可以将政府间的事权划分为多种类型,如依照事权涉及领域的不同,可将其分为立法事权、财政事权、司法事权等;依照事权涉及区域的不同,又可将其分为中央事权、地方事权和共同事权等。

须引起注意的是,通常所提及的事权是一种笼统意义上的“大事权”,具体到大气污染治理这类公共事务,其最紧迫的需要解决,与公共事务治理最紧密贴近,且是当前国家治理的重要改革突破点,还是财政事权。目前,理论界大多将“财政事权”简称“事权”,这是应得到修正的,其主要悖论就是将事权与支出责任混合一体,从现实来看,政府承担某一项事权并不全然意味着该级政府必须承担支出责任,有可能存在中央委托地方承担的事权,从而发生事权与支出责任隔断,尽管这是亟须通过改革来减少的不正常现象,但毕竟现实存在,不可忽略。值得庆幸的是,中央在推进事权划分改革的进程中,已有较为正确的认识,在国务院出台的《关于推进中央与地方财政事权和支出责任划分改革的指导意见》一文中就明确地界定为“财政事权”,从而在财政领域打响了事权划分改革的“第一枪”。[③]

二、环境财政权责配置的理论依据

在财政分权理论下,政府间大气环境财政权责并非全部集中于某一级政府,而是分散配置于各级政府,支撑这一做法的主要理论依据如下:

1. 外部性理论。所谓外部性,指的是“一种向他人施加不被感知的成本或效益的行为,或者说是一种其影响无法完全体现在它的市场价格上的行为”。[④]

---

① 参见谭建立编著:《中央与地方财权事权关系研究》,中国财政经济出版社2010年版,第6页。

② 参见郑毅:《中央与地方事权划分基础三题——内涵、理论与原则》,载《云南大学学报法学版》2011年第4期。

③ 2013年中共中央十八届三中全会通过的《关于全面深化改革若干重大问题的决定》一文中提出“建立事权和支出责任相适应的制度”,随后2016年国务院出台的《关于推进中央与地方财政事权和支出责任划分改革的指导意见》从财政事权入手,掀起了事权划分的改革序幕。之所以从财政事权入手,财政部有关负责人给出三条理由:一是具备一定的基础;二是可起到“牵一发而动全身”的效果;三是可为全面推进事权划分改革奠定基础和创造条件。参见乔欣:《从“事权”到“财政事权”》,载《新理财(政府理财)》2016年第9期。

④ [美]保罗·萨缪尔森,威廉·诺德豪斯:《经济学》(上册),肖琛等译,商务印书馆2011年版,第453页。

外部性的概念肇始于经济学，最先由英国经济学家马歇尔于1890年在其著作《经济学原理》中提出，之后经济学家庇古首次将环境污染作为外部性问题进行分析。外部性分为正外部性和负外部性，分别表示某种经济行为对外部造成的积极和消极影响，二者共存于大气污染治理当中。一方面，在生产和消费过程中，单位、企业和个人的污染气体排放行为会引发外部的成本增加或效益减损，如致使大气环境治理投入成本的增多和居民身体健康素质的下降等；另一方面，政府、排污者、第三方等治理主体基于维护环境质量、履行责任义务和参与环保经营等需要，对大气污染采取的治理和保护举措会对周边产生正向效益，居民和企业受惠于随之而来的优质大气环境。

自由市场是负外部性矛盾产生并激化的原因所在，过分强调自由竞争且市场本身又缺乏足够动力和能力去提供公众所需的公共产品，这便使政府有了介入的必要。在大气污染负外部性凸显的现实情境下，政府介入的主要表现就是采取针对性治理手段的“利益限制”进路，以此形成对自由市场的必要规制力，但以偏重末端治理的“利益限制”只能解一时之围，环境治理的关键不在于事后治理而在于预先防范，推动以环境资源产业化运作为载体的利益增进模式，充分运用市场调节形成的利益激励与约束机制，才能从源头上解决大气污染问题。

2. 公共产品理论。公共产品是相对于私人产品而言的，它具有非排他性和非竞争性两大特征，具体是指公共产品的消费是集体共用的，而非个体独享，并且一个人对公共产品的消费并不减少或不影响其他人对这种产品的消费。1954年萨缪尔森在其《公共支出的纯理论》(The Pure Theory of Public Expenditure)一文中最早提出关于公共产品的系统理论，他认为与私人产品不一样的是，公共产品的消费总量等于任何一位消费者的消费量，这就意味着在分散决策的市场机制中，消费者成本与收益不直接相关，生产与消费决策过程相割裂，①终而导致市场在公共产品供给中的失灵，这就有必要寻求政府的干预以补足市场失灵之不足。不过依照公共产品供给中政府与市场的参与度而言，并不绝然地存在公共产品与私人产品的二分法，在二者之间还有准公共产品的存在，并且随着市场经济的发展完善，该类公共产品亦有不断扩增的趋势。以环境保护为例，其就是一项准公共产品，虽然可以引导市场来保护环境，但生活于同一环境下的每个人都负有共同消费的权利，此外，环境保护也是涉及社

① 参见钟雯彬：《公共产品法律调整研究》，法律出版社2008年版，第4页。

会稳定发展和民众普遍所需的公共产品，因此，政府与市场在环境保护这一公共产品供给上承担着一致的责任。当然，环境保护涉及多个方面，它既有中央承担的部分，也有地方担责的领域，并且还存在中央与地方的共同事权范畴。

3. 财政分权理论。梳理财政分权理论的整个演进史，其最初源起于1956年蒂伯特发表的《地方公共支出的纯理论》（A Pure Theory of Local Expenditures）一文，他在该文中提出“以脚投票”理论，在预设居民可以自由流动的前提下，居民会根据自己的偏好和收入水平寻找到公共产品和公共服务成本好、效用最大化间的一种理想组合，一旦某一地方政府无法满足居民的需求时，他们就会行使“以脚投票”的自由迁徙权，搬到公共服务水平更好、社会福利更高的地方，以该理论模型为基础，明确提出“财政分权下的地方辖区政府间竞争有利于地方公共产品提供效率”的观点。后以该理论为起点，财政分权理论大致经历了两个发展阶段：第一代财政分权理论以哈耶克（Hayek）、蒂伯特（Tibeout）、马斯格雷夫（Musgrave）、奥茨（Oate）为代表。其核心观点是，如果将资源配置的权力本身更多地向地方政府倾斜，那么通过地方政府之间的竞争，能够迫使政府官员的财政决策更好地反映纳税者的偏好，从而强化对政府行为的预算约束；第二代财政分权理论以Montinola、Qian和Weingast、Qian和Roland、Qian和Weingast、Tommast和Weinschelbaum为代表，他们承认财政分权理论对政府本身有激励机制，但也指出官员有可能从政治决策中寻租，进而形成一个有效的政府结构应该实现官员和地方居民福利之间的激励相容。① 从而可以看到，学界对财政分权理论的认知过程经历了由公众向官员的视角转换，由分权促进公共产品供给效果的单向目标向分权激励政府作为指向地方居民福利获取过程与结果的双向实现。

在整个财政分权理论中，财政联邦主义理论是其中的精华。经过不断演化的财政联邦主义，面对的第一个问题就是把分权的目标由一元的经济目标扩展为多元的政治目标、环境目标等，由于政府目标的渐进扩张，财政联邦主义也逐渐走向分类化。罗宾·菲尔德（Rubinfeld）通过回顾美国历史上联邦制的演变，从理论上将联邦制划分为经济联邦制、合作联邦制和民主联邦制3种。钱颖一按地方政府拥有权力的大小把分权化划分为3种类型，即不伴随权力下放的行政代理、权力分散化的联邦制和完全的分权化。刘云龙把财政分工（或分

---

① 参见杨灿明、赵福军：《财政分权理论及其发展述评》，载《中南财经政法大学学报》2004年第4期。

权)方式划分为立宪性一致同意型财政分工方式和行政性一致同意型财政分工方式。环境问题给财政分权带来的另一个难题,就是财政分权在环境污染治理上的地方政府到底带来了"竞争到底"还是"竞争到顶"。一种观点认为,在财政分权制度下,会给地方带来"竞争到底"的效应,地方政府会为了留住有发展前景的企业而降低环境标准,从而放松了环境管制,纵容企业排污,导致环境恶化。① 另一种观点认为,并非所有的财政分权都会产生"竞争到底"的效应,也可能出现地方政府提高本地环境标准,以严格的环境政策将污染物转移到其他地区,从而提升本地区环境质量,这种"邻避主义"就表现为财政分权对地方政府的"竞争到顶"效应。这种"竞争到顶"虽然会使得环境管制严格的地区环境质量较好,但也可能会使其他相互竞争的地区环境质量下降,从而导致区域性乃至全国性的环境问题仍旧难以解决。

当前,以分权为核心的财税体制改革正如火如荼地进行,通过财政分权来推动国家治理现代化已然成为中国顶层共识。

总之,在国家治理过程中,特别是对于大国而言,设立一个管理广袤领土里的一切繁杂事务的"庞大政府帝国",既无可能,也不现实。因此,为达到公共事务治理的良性效果,政府财政权责必须得以合理配置,这突出反映了分权理论从"政治语义"向"治理体制"的转变。概言之,在学术史上,分权理论经历了从横向上的制衡性分权向纵向上的管理性分权再到综合上的治理性分权的焦点转移,分权不再固守于国家体制和意识形态的差异,越来越偏重接近一致的国家治理问题,因而无论是单一制国家还是联邦制国家,集权还是分权之争的硝烟正逐渐弥散,任何一个国家都是集权和分权的混合结构,在经济上财政联邦主义被视为最优的政府组织形式,②具体到环境治理领域,环境联邦主义已渐进被吸纳,为环境威权主义中集权管理体制输入民主理念,提供了地方政府、社会组织及公众配合中央政府有效参与环境治理的民主环境。

三、大气环境财政权责的体系构造

依照公共财政的运行过程进行分类,政府拥有财政收入权、财政支出权、财

---

① Wilson J D, "Capital Mobility and Environmental Standards: Is there a Theoretical Basis for a Race to the Bottom?", *Fair Trade and Harmonization: Prerequisites for free Trade*, 1996, pp. 393 – 427. Oates W E, Portney P R, "The Political Economy of Environmental Policy", Handbook of Environmental Economics, 2003, pp. 325 – 354.

② 参见[美]华莱士·E. 奥茨:《财政联邦主义》,陆符嘉译,译林出版社2012年版,第20页。

政管理权、财政监督权等，至此，就环境财政权责的具体内容来看，主要围绕着公共环境治理的财政收支维度、财政管理维度和财政监督维度而展开。因此，了解环境财政权责的体系构造就应紧密围绕这三个维度，其中财政收支维度无疑是最为核心的，它包括环境财权、环境事权和环境支出责任三个方面（见图3.1）。一般地，在现代民主国家，对于责任政府的要求，只要赋予一级政府或政府部门以权力，就意味着该级政府承担着相应的责任。例如，在环境财政收支方面，政府拥有环境治理上的财权与事权就要求它必须担负依法公课和开支的财政责任。

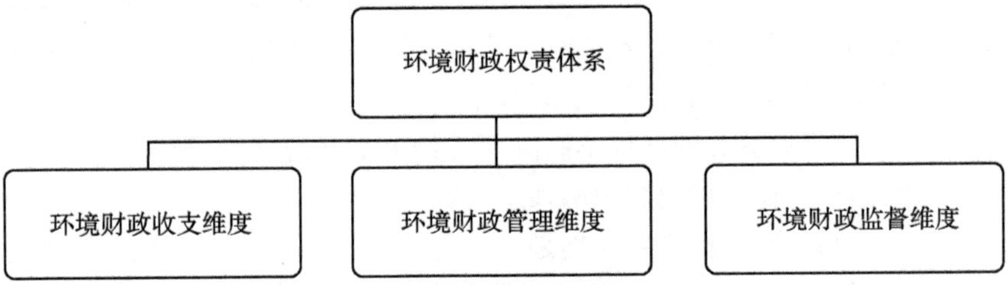

图3.1 环境财政权责体系构造

在环境财权方面，政府用于环境治理的财政收入来源主要包含税收收入、排污收费、行政罚款、专项资金、举借债务、合作资本等，分别对应政府享有的征税权、收费权、处罚权、获得转移支付权、举债权以及市场联合权，同时在这些行政权力类型下，政府也担负着规则赋予的不同规范要求和责任落实，有必要一一厘清，从而从权责一致性角度窥视整个环境财权体系。当然，随着收支分离原则的确立，专门用于环境治理的财政汲取方式应用得越来越少，专收专用模式的生存空间日益狭窄，纵然还存在中央向地方专项转移等专款专用模式，但依然以正常通道流入国库之中，鲜有直接赋予环保主管部门以财权的做法。不过，我国历史上一度盛行的预算外资金是专收专用模式的一个特例存在，许多的预算外资金的来源和指定用途之间存在一一对应关系，是一个由使用费、准税收和其他政府收入组成的混合体，基本上逃脱了财政部监管和国库管理，[①] 它既分散了税收权力的控权效果，也割裂了统一预算的财政体制，沦为长期困扰国家能力的"怪胎"。正因如此，2010年6月财政部制发《关于将按预算外资

① 参见[美]黄佩华：《费改税：中国预算外资金和政府间财政关系的改革》，王桂娟译，载《经济社会体制比较》2000年第6期。

金管理的收入纳入预算管理的通知》，规定自2011年1月1日起，全面取消预算外资金，将所有政府性收入全部纳入预算管理，2014年修订通过的《预算法》确立的全口径预算理念更是在立法层面上进行了回应。因此，需要明确的是，政府财权大多并不固定建立在特定用途之上，但也不排除政府性基金等特定公课情形，但一旦经预算程序确定为环保开支则用途法定，为与抽象意义上的财权有所区分，特以环境财权固定之，便于后续论证。

具体到环境财权所涉的收入方式，即政府所享有的征税权、收费权、处罚权、获得转移支付权、举债权以及市场联合权等，它们统一构成了环境治理所对应的财力需求来源结构。其中，征税权是整个环境财权的核心，无论是直接规制的环境税抑或是间接引导的税制绿化，一方面，税收构成了大气污染治理所需公共财政的最大组成部分，国家财力的稳序提升是税收作为财政收入工具的表征所向；另一方面，税制设计更为重要的目标是产生其他政策结果，而不仅仅是为了增加收入，它只是政府支配的诸多工具中的一种。[①] 央地征税权的配置状态事关二者财力的对比格局，进而影响央地政府的自主行动能力，各国立足自身政治体制不同，要么将征税权集中于中央政府控制，要么给予地方自主决定课税的充分自由，对于单一制的我国而言，税权集中化一直是中央管理地方，保持权威领导地位和维持大一统秩序的必备手段。此外，为调动地方政府治理本地区公共事务的主动性和积极性，中央也会通过与地方分享税收收益或设立专门的地方税种，或者实行财力转移等，从而保持地方大量公共支出之财政充盈。面对征税权在大气污染治理中所起的财政补给和政策激励作用，如何设计出这两个作用最佳结合的现代生态税制尤为关键，除此之外，如何有效分配央地征税权，既确保中央对地方的稳定控制力、强大指挥力和适当调控力，从而让中央防治大气污染的政策得到地方上的严格贯彻执行，又能取得地方税收执法的应然效果，为大气污染治理提供所需财政支持与政策调节也值得深思。

除征税权外，收费权、处罚权、举债权、获得转移支付权以及市场联合权构成了环境财政收入来源的其他权力类型，与征税更多偏向事前预防的逻辑不同，收费权与处罚权都体现了一种针对排污行为的事后行政制裁，举债权、获得转移支付权和市场联合权表现为对地方政府财政空缺的制度性补充。不过这几类环境财权在为大气污染治理提供源源不断的资金支持之时，也有各自附带

① 参见[美]B.盖伊·彼得斯：《税收政治学：一种比较的视角》，郭为桂、黄宁莺译，凤凰出版传媒集团、江苏人民出版社2008年版，第15页。

的不同制度内涵。在排污收费权方面，税收与规费都是行政许可排污行为正当化下的社会成本负担形式，二者在征收主体、征收依据、征收对象、征收程度、征收性质、征收作用等方面均有差异，①收费属于传统行政时代权力单向主导的管制产物，征税属于现代行政国家权利与权力双向互动的治理工具，为实现国家由管制向治理的转型，费改税改革已然成为政府应对大气污染治理这类公共事务的必然抉择。在处罚权方面，它是环境监管部门对违反环境法律规范但并不构成犯罪的违法行为施加的行政制裁，在处罚类型上有申戒罚、财产罚、行为罚和人身罚，其中财产罚被认为是制裁力较强的一种行政处罚措施，也是法律责任体系中的"主角"。2015 年《大气污染防治法》修改中一个突出亮点就是取消了原有立法中对造成大气污染事故的企业事业单位最高处以 50 万元罚款的上限，代以倍数类惩罚标准，即造成一般或者较大大气污染事故的，按所造成直接损失的 1 倍以上 3 倍以下计算罚款，造成重大或特大大气污染事故的，按直接损失 3 倍以上 5 倍以下计算罚款。此外，在财产罚以外的处罚方式上也有创新，如申戒罚方面的环境违法企业黑名单制度、环境违法行为有奖举报制度、环保名誉授予制度等；行为罚方面的责令改正、限制生产、停产整治、责令停业关闭、取消资格等。处罚权的适用既要能够填补环境污染所造成的公共损失或治理成本，也应有一定的惩戒功能，以此规劝企业依照规定合法排污。在举债权方面，在新《预算法》修订通过之前，在中央政府的默许纵容和地方政府的财力紧缺下，部分地方和单位违规融资、违规使用政府性债务资金较严重，②这就造成了地方债治理的二元悖论。一方面，分税制改革后只解决了中央与地方收入分享格局调整问题，但未触动政府间事权和支出责任划分，③这导致地方政府依旧承担着比较重的支出责任，但财权向中央过分集中倾斜使得地方财政收支趋向失衡，地方唯有依赖土地财政、举借债务、增加收费项目以及与市场资本合作等方式获得财力补充，因而在现有财政体制下赋予地方举债权具有现实意义；另一方面，中央不会放任地方债规模无序扩张，毫无约束，一旦地方偿债能力丧失，中央对地方债务危机还应适当予以救助。④ 从而，在地方债问题上，中

① 参见靳东升、龚辉文：《排污费改税的历史必然性及其方案选择》，载《地方财政研究》2010 年第 9 期。

② 参见熊伟：《地方债与国家治理：基于法治财政的分析径路》，载《法学评论》2014 年第 2 期。

③ 参见楼继伟：《中国政府间财政关系再思考》，中国财政经济出版社 2013 年版，第 287 页。

④ 参见华国庆：《地方债危机：中央政府"救"与"不救"的权衡》，载《武汉大学学报》（哲学社会科学版）2015 年第 3 期。

央与地方陷入了利益博弈纷争,地方政府有举借债务减缓财政压力的正当理由和利益需求,中央政府有控制地方债务风险维护统一体制的政治诉求。央地博弈的结果就是新《预算法》修订时对地方举借债务进行了严格限定,并建立了地方政府债务风险评估和预警机制、应急处置机制、责任追究制度和财政监督机制等。另外,在一些国家如日本还有关于环保支出型地方债优先照顾的规定,我国应根据地方举债目的及支出用途予以区别对待,若与环境污染治理相关,则中央应当优先救助该部分债务。在市场联合权方面,近年来伴随国家经济下行和财政减收的双重压力,加之公众对公共产品和服务的需求日益激增,PPP 模式流行开来,在环境保护与治理领域融合了公私资本的环保 PPP 模式兴盛而起,2011 年《国务院关于加强环境保护重点工作的意见》中明确指出,鼓励多渠道建立环保产业发展基金,拓宽环保产业发展融资渠道,建立环保产业基金。环保 PPP 模式是我国确立市场决定性地位和市场优先原则之后,出于化解环境污染治理资金需求之扩张性与公共财政规模之有限性之间的矛盾,引入社会资本参与其中,体现的是一种政府与市场联合权,而且这种联合不仅仅停留在资本合作上,更表现为公共治理过程中的管理合作,它是把市场在资源配置中的决定性作用与政府在经济发展中的引导性作用结合在一起,发挥公共治理领域中政府与市场的最大联合力量。

在环境事权与支出责任方面,根据现有公共预算环保支出科目内容来看,与大气污染治理相关的主要包括环境保护管理事权、环境监察监测事权、大气污染防治事权、大气生态环境保护事权、能源管理事权等类型,其中每个大事权类型下又涵盖许多小事权分支。一方面,由于政府职能的公共性与公共事务治理的复杂性,行政部门承担的具体事权数量难以通过有限笔墨一一列明,只能总结出事权的概括性类型。另一方面,政府事权并不是一成不变的,而是随着风险社会的到来与公共政府形象的建立,事权规模处于持续变化的状态,此消彼长,增减并俱,并且在不同的历史阶段,央地事权关系都要服务于当时国家的发展和治理目标,根据需要在央地间合理分配和动态调整事权归属。综上所述,事权种类的庞杂繁多,加上事权规模的扩张缩减以及央地事权关系的易变性,使我们在研究大气环境保护与治理领域内的事权结构和关系模型时面临着认知困难。以下将从大气环境事权的几大类型出发,梳理和反思大气环境事权的央地配置的现状与问题,为本书第三部分提出更为合理化的配置模式打下铺垫。

(一)大气环境行政管理事权

依照大气环境行政管理所涉及的具体内容来看,这一部分的事权主要包括大气环境保护宣传、大气环境规则研究、制定与评估、大气环境保护的国际合作与履约、大气环境保护行政许可以及其他事权等。具体到各事权分支,大气环境保护的国际合作与履约事权必然属于中央事权范畴,代表主权国家与他国达成环境合作并签订双边乃至多边协约,一般由中央政府全权代表,同时根据宪法规定,全国人大常委会决定同外国缔结的条约和重要协定的批准和废除。目前,我国已签订了多部国际性环境合作协约,如《保护臭氧层维也纳公约》(1989 年)、《关于消耗臭氧层物质的蒙特利尔议定书》(1991 年)、《联合国气候变化框架公约》(1993 年)、《巴黎气候变化协定》(2016 年)等。再者,在大气环境保护行政许可事权方面,依照行政许可的过程,其设定与实施阶段的事权分配有所区分,根据我国行政许可法的相关规定,行政许可的设定不仅要受到事项上的限制,也要接受设立依据和程序的制约,地方政府相比中央政府在设立行政许可方面要承受更多条件管束。具体到大气环境保护行政许可方面,我国实行控制污染物排放许可制,设立该行政许可制的规范依据就是中央层面的《环境保护法》第 45 条,为推进排污许可证制度的顺利实施,国务院办公厅和环保部先后印发《控制污染物排放许可制实施方案》《排污许可证管理暂行规定》,其中规定除简易管理的排污许可证核发工作由县级环境保护主管部门负责实施以外,其余的排污许可证原则上由地(市)级环境保护主管部门负责核发,另外国家排污许可证管理信息平台由中央环境保护部负责建设、运行、维护、管理。由此,可以看出,不能简单地将排污许可等同于中央或地方的专有事权,而是一种混合事权,中央和地方各有承担之责任事项,这一点也同样适用于环境规则的研究、制定与评估和环境保护的宣传教育过程。

(二)大气环境监察监测事权

当前,我国大气环境治理的困局主要在于地方执行偏离中央政策目标,解除该困局之法便在于中央如何有效监督地方政府和环保部门的环境管理与执法过程,在以环保指标为主要考核与监管模式下,环境监测事关地方环境质量的信息评价,它是中央和上级政府监督地方环境管理的可行能力保证,尤为关键。在环境监察方面,近年来,中央逐渐加大对地方环境治理的监察力度,主要通过设置国家级、区域级、省市县乡级环保监察机构的途径形成系统全面的"上对下"环境监管体系。据统计,截至 2008 年年底,国家级环境监察机构主要有环保部环境监察局、环保部应急与事故调查中心等;区域级环境监察机构有华北、华东、华南、西北、西南、东北 6 个环境保护督查中心;省级环境监察机构为各级环境监察总队,全国有 32 个机构(含新疆生产建设兵团);地市级的环境监察支队全国有350多个;全国区、县、市(县级市)的环境监察大队大约2700个。① 此外,中央和省级政府还专设环保督察组、环保巡视组等对各地方进行巡察,2015年7月1日中央全面深化改革领导小组第十四次会议上通过《环境保护督察方案(试行)》,次年于河北开展试点工作后迅速轮批深入到全国大部分省份,在这之后得以延续强化(见表3.1),目前除了对河北的试点以外,已开展了3批次环保督察,共覆盖全国23个省、自治区和直辖市,并且环保部确立了2017年实现环境保护督察全覆盖的目标。② 这种环保巡视督察在一定程度上起到了督促地方官员履行环境保护责任的作用,形成对地方在环境保护方面的强大压力。据统计,2016年中央环保督察受理群众举报3.3万余件,立案处罚8500余件,罚款4.4亿多元,立案侦查800余件,拘留720人,约谈6307人,问责6454人,可见督察力度之强、范围之广和决心之坚。此外,为避免巡视督察的运动式治理弊端,防止地方大气环境污染问题的反弹,中央还在督察方式上采用隐蔽式、突击式和"回头看"等策略,2017年的"两会"上,环保部部长陈吉宁向外界表示,对于环境问题突出的地方,环保部将不定期开展专项督查和"回头看",逐步构建以中央环保督查为主,地方环保督查为基础,以专项督查和"回头看"为辅的全方位、系统化督查体系。

表3.1 我国环境保护督察安排(截至2017年上半年)

年度	督察批次	巡视组数量(个)	被监察地方	总体进驻时间
2016	环境保护督察试点	1	河北	2016.1.4~2.4
	中央第一批环境保护督察	8	内蒙古、黑龙江、江苏、江西、河南、广西、云南、宁夏	2016.7.14~8.19
	中央第二批环境保护督察	7	北京、上海、湖北、广东、重庆、陕西、甘肃	2016.11.24~12.30
2017	中央第三批环境保护督察	7	天津、山西、辽宁、安徽、福建、湖南、贵州	2017.4.24~5.28

① 参见杨立华等:《中国环境监察监测之事权财权划分研究》,北京大学出版社2015年版,第29~30页。

② 参见高敬:《我国今年将实现环保督察全覆盖》,载新华网:http://news.xinhuanet.com/politics/2017-01/30/c_1120394209.htm,最后访问日期:2017年7月10日。

在以设立上级监察机构来监管地方的传统模式下，依旧难以摆脱上级监察机构庇护地方，怠于履行监察职权的顽疾，甚至在省以下地方政府利益一体化的形势下，受制于地方政府管理的监察机构也无法忽视地方经济建设的需求，再加上上级环境监察机构相比下级地方政府在行政级别上并不具有比较优势，很难直接对其发号施令，只能通过责令地方环境主管部门的方式实现监管，但地方环保部门归属于当地政府管理，人、财、物以及工作的开展与考核都要受制于当地政府，故而地方环保部门的“条块关系”使其更倾向于与地方政府发生利益绑定，一方面，为地方经济发展营造宽松的环境行政管理氛围，常态性执法力度微弱且差别对待，选择执法、柔性执法、应付执法和回避执法等不法现象屡有发生；另一方面，面对中央以及上级政府和环境主管部门的环保考核压力，地方环保部门会迎合上级运动治理任务，在短期内形成执法的高压态势，执法的强度高低取决于中央政府的政策意志，并且相较规模大、效益好、出身好的国有企业以及事业单位而言，那些未能与地方政府搞好关系或对当地财政收入贡献微弱的私营企业，一般要承受更为频繁的环保执法检查，甚至会面临加大处罚力度等不公平待遇，而这部分企业的排污规模相对较小，利润较低，却关系大多数员工的生存问题。综上，传统的地方化环境监察模式不仅造就了环境监察机构与地方政府合谋，也产生了环境执法不公正等问题，既无法取得环境监管的应有效果，使环境污染问题依旧难以解决，也会诱发环境执法的违法动因，滋生权力滥用等不法行为。

长期依赖的地方环境监察模式所暴露出的诸多弊端，使中央开始反思和重构更全面高效的环境监管体系，实现该顶层制度设计的最关键步骤便是积极推进环境监察事权的中央集权化和区域集中化，以此规避属地化对环境监管效果的层层剥损，直属于环保部的六大区域环境监察机构以及中央环境保护监察组的设置无疑是此轮环境监察体制改革的重要突破。但从现实情形来看，中央环境保护督察组并非常设执法机构，而是在环境污染危机深化加剧时期，短期内快速应对地方环境执法不力的暂时之策，素有“环保钦差”之称，体现出运动式监管的特点，虽然中央环境保护督察组试图通过创新监察方式来消弭运动治理色彩，但在一定时期内对某一地方内的环境管理状况实行督察，本身就是中央运动监管的体现。因此，我国区域性环境监察机构的职能与地位未能得到应有的强化和提升，中央环保督察组又更多地体现出运动式治理的特点，这都使得环境监管事权实为属地化，中央集权过于虚化。

在环境监测方面，目前我国环境监测网由国家环境监测网、各部门环境监测网、各行政区域环境监测网3部分组成，以“按照行政管理体系建立，主要考虑与行政层次管理相结合”的“管理型”环境监测网络为主。①1981年国务院印发的《关于在国民经济调整时期加强环境保护工作的决定》中提出，“由环境保护部门牵头，把各有关部门的监测力量组织起来，密切配合，形成全国环境监测网络。在一部分地区和城市试行环境监测报告制度，定期提出环境质量报告书”。1983年当时的城乡建设环境保护部制定了《全国环境监测管理条例》，其中就规定环境监测工作在各级环境保护主管部门的统一规划、组织和协调下进行，全国环境保护系统共设置四级环境监测站（全国总站、省级中心站、市级站和县级站）。2007年又制定《环境监测管理办法》，规定由当时的国家环保总局负责制定统一的环境监测技术规范，省级环保主管部门可制定地方环境监测技术规范，县级以上环境保护部门则具体负责环境监测工作，统一发布本行政区域的环境污染事故、环境质量状况等环境监测信息，有关部门间环境监测结果不一致的，由县级以上环境保护部门报经同级人民政府协调后统一发布。以上文件无不反映出我国环境监测事权地方归属性的特点，从而衍生出环境治理过程中诸多环境监测乱象。一些地方和企业通过改造或破坏监测设备、偷换监测样本等方式，弄虚作假、篡改、伪造环境监测数据时有发生，根据环保部通报，只在2015年一年里就有2658起监测数据造假案例被环保部门“揪出”，17个省、区、市对发现的问题立案78起。为此，环保部专门印发《环境监测数据弄虚作假行为判定及处理办法》，严厉打击该类违法行为。环境监测数据失于真实性，既有因排污单位的违法行为，也有因地方政府的不当干预，归结而言，问题根源在于中央与地方环境监测事权还没有完全理顺，企业环境监测报告责任未能完全落实。针对这一问题，2015年国务院印发《生态环境监测网络建设方案》，其中提出了明确生态环境监测事权这一改革任务，要求环保部适度上收生态环境质量监测事权。在此之后，财政部、环保部联合发布《关于支持环境监测体制改革的实施意见》，提出到2018年，全面完成国家监测站点及国控断面的上收工作，国家直管的大气、水、土壤环境质量监测网建立健全。2016年环保部又发布《“十三五”环境监测质量管理工作方案》，对环境监测体制改革目标进行了明确，将分三步完成国家大气、水、土壤环境质量监测事权的上收，真正实现“国家考核、国家监测”，其中规定于2016年年底前，上收国家环境空

---

① 参见杨立华：《中国环境监察监测之事权财权划分研究》，北京大学出版社2015年版，第53页。

气质量监测事权,全国地级市以上的1436个城市空气质量监测站将全部由国家监管,第三方维护,并公布了《关于加强环境空气自动监测质量管理的工作方案》,对该项改革的具体操作进行了明确,通过近1年的贯彻执行,在召开的国家空气质量监测事权上收工作总结视频会议上,环保部证实该项改革已经顺利完成。

小小环境监测事权牵连万千,它事关环保政治考核、环境行政执法甚至环境司法裁判过程中的指标完成程度、排污收费或征税计算以及裁决证据合法性[①]等,是环境管理的“哨兵”和“耳目”。我国环境监测事权一共分为3级,其中有环境质量监测、污染源监督性监测、环境应急监测、核与辐射环境监测、国家生态环境监测运行、重金属检测、日常运行与维护7项一级事权,以及对应的15项二级事权和30余项三级事权,基本承担模式为中央事权、中央与地方共担事权和地方事权3种。我国积极推动的环境空气质量监测事权上收,属于环境质量监测一级事权下的二级事权,其下还包括7项三级事权,基本都属于地方事权范围。将环境空气质量监测事权上收中央,并不是环保系统上下“信不信任”的问题,而是解决监测数据“自说自话”、规避利益冲突的策略和手段。[②]不过,当下的环境质量监测事权上收改革的出发点主要围绕有利于中央和上级政府指标考核工作而展开,一个基本原则为“谁考核,谁监测”,依然是在指标考核的政治体制下运行。

四、大气环境府际财政权责纠葛

一般而言,社会产生对某一方面的利益需求,交由市场竞争完全可以得以解决,但环境问题有所不同,不同于个人物品,作为一项公共产品,环境保护具有非排他性和非竞争性特征,这导致市场机制在环境保护上的相对失灵。在此被动局面下,存在一种“天性的倾向”,即“凡是个人和私人机构不能完全解决

---

① 2013年最高人民法院和最高人民检察院发布《关于办理环境污染刑事案件适用法律若干问题的解释》,其中规定县级以上环境监测机构出具的监测数据可以作为环境污染刑事案件的证据,自此环境监测数据作为环境污染刑事案件呈堂证供的合法性在我国以法律条款的形式得到正式确认。

② 参见柏仇勇:《环境监测事权划分与管理体系改革》,载《中国机构改革与管理》2017年第3期。

的问题都要移交给政府去解决”。① 由个人和组织机构组成的市场系统客观地存在失灵缺陷,致使决定着国家权力介入的必要性,政府承担主导环境治理的国家任务和责任便应运而生。② 作为国家概念的具化,政府组织体系构造的恰当与否直接关系最高的国家意志能否顺利地向纵横方向延伸展开,而事权与支出责任划分是其中的关键节点,也是分税制改革遗留的一大痼疾。联系我国当前的大气污染治理现状,政府间大气环境保护事权与支出责任划分更是亟须解决的难题,由于受到权威领导、激励设计、政治问责等内部非制度因素制约,以及基于市场治理的动机诱导、环保组织的公益回归和社会的道德提升等外部附随目标,使府际间大气环境保护事权划分问题已然超出政治系统内部设计的技术层次,更多汇聚对治理主体的能力、意愿、方式能否和谐共存的外部关联考量,它不仅仅是属于实现“府际协同治理环境”的政府职能型改革,也是促成环境合作治理共识的一场自上而下的社会体制型改革。总体而言,大气环境保护权责划分的衡量标准不应局限于政府环保权责配置的结构妥当性,更应把政府环保权责划分方案应用于大气污染治理实践中,接受外部牵连效应的正当性评价,如不利于凝聚整体合作意愿甚或损及基本的公民权利,都要重新思索权责配置的逻辑合理性。但事与愿违的是,我国政府间大气环境保护权责划分无论是内部的结构妥实性还是外部的关联正当性,都历经着诸多困阻和磨难。

就府际权责划分的外部关联而言,政府间大气环境权责划分的基本前提是清晰界定政府与市场在治理大气环境问题上的职责范围,形成二者良性互动的合作治理模式。但当前在环境治理的管制模式下,大气污染治理被全部视为政府的职责范畴,不仅无法取得大气环境治理的良性效果,而且削减了排污者的责任认识,也切断了第三方的参与途径。政府对大气污染问题承担统筹谋划和终极治理的责任,而排污企业和个人缺乏对自我行为的责任约束,在运动式执法、规制俘获、政企合谋等监管空隙下,秉承“实现利益最大化”的营利宗旨,污染者缺乏主动治理空气污染的外部规制和道德约束。政府责任的最大化、主动

---

① ［美］乔治·施蒂格勒:《经济生活中的政府管制》,载吴敬琏主编:《比较》(第20辑),中信出版社2005年版,第1页。

② “政府”是作为宏观整体的概念,和“国家”的实质概念甚至可以等同,凯尔森认为“国家”的实质概念“限于只包括官员、所谓国家机构的、狭义的共同体”,其内在语义便在于“实质上国家就是政府组织”。出于“稳定秩序”和“推动进步”的良性治理需求,在具体社会事务治理问题上,统一的“国家”概念便由更具针对性的“政府”所替代。参见［澳］凯尔森:《法与国家的一般理论》,沈宗灵译,商务印书馆2013年版,第287页。

性、严苛性与污染者责任的具体化、被动性、易避性之间的矛盾难以消除，主要缘由就是政府替排污者过度承担了治理责任，而该部分完全可以交予市场来解决，如创设排污权交易市场、第三方治理市场、环保公共产品供给市场等。随着环境治理事务的商品化和市场化，财政汲取有限与支出规模扩张之间的对立将导致政府对于大气环境的治理能力不断被压缩，引导市场开创环保产业是应对政府权责日益扩张的合理方案。

就府际权责划分的内部展开而言，不仅政府内部大气环境保护事权与支出责任划分不清晰、不合理、不规范，①整个环境政策系统亦呈现出冲突性、模糊性和象征性。② 一方面，在政府组织内部，横向上，环保局作为环境保护的专职部门，集中了大部分环境职能，但其弱势地位难以扭转，发改委、经信委、规划局、公安局等"强势"部门分割了一部分与环保相关的职能，致使环保机关处于十分尴尬的地位。纵向上，地方政府承担本行政辖区内庞杂的治理事权与支出责任，但中央政府分配给地方的财权和财力并不相匹配，致使地方在大气污染治理上"有气而无力"。虽然中央设立了大气污染防治专项资金，然而不仅数量有限、杯水车薪，而且资金的发放建立在地方对中央下定的指标完成质量上，采取先拨款后清算的方法，对未完成目标的地方扣减资金，对任务完成出色的地方给予奖励。斜向上大气污染的跨区域特质使地方之间建立起频繁的工作联系，但当前大气污染问题呈现出区域多发性和程度恶化，③属地治理的环保模式、经济发展的不均衡性和竞争发展的政治动力大大破坏了地方之间的合作关系；另一方面，在环境政策制定系统当中，党、立法机关和行政部门扮演不同的角色，形成一种党领导下的有限多元主义模式。④ 从公共政策的可实施性

① 参见逯元堂等：《环境保护事权与支出责任划分研究》，载《中国人口·资源与环境》2014年第11期。

② 参见冉冉：《中国地方环境政治——政策与执行之间的距离》，中央编译出版社2015年版，第53~62页。

③ 目前京津冀、长三角、珠三角区域已成为空气污染相对较重的区域，据了解，2015年京津冀区域内70个地级以上城市共发生1710天次重度及以上污染，占全国的44.1%。参见杨朝飞、杜跃进：《"治霾在行动"研究报告》，中国环境出版社2015年版，第120页；《2015中国环境状况公报》，载中华人民共和国环境保护部：http://www.zhb.gov.cn/hjzl/zghjzkgb/lnzghjzkgb/201606/P020160602333160471955.pdf，最后访问日期：2017年7月10日。

④ 党是权威领导者，立法机关负责环境法律的制定与修改，行政部门负责制定具体的行政法规和政策工具。参见冉冉：《中国地方环境政治——政策与执行之间的距离》，中央编译出版社2015年版，第40~41页。

上,地方政府推进大气污染治理须更多依赖中央政府及有关部委的具体政策。然而,由于环境政策制定主体的多元化,中央政府部门之间缺乏有效沟通和明确分工,使国家环境政策体系具有内在冲突性,造成地方在执行政策时拿捏不准,碎片化严重。在环境政策执行系统中,环保机关及其他政府部门之间的职权亦是相互渗入,存在干预的可能,弱化了环保机关执行主要环保职权的权力强度和实施效果。

从府际权责划分的政治环境来看,府际大气环境保护事权运行充斥着许多不稳定性的政治因素,主要表现在激励、责任和权力方面的政治性束缚。首先,中央与地方之间在利益需求上存在层次落差,激励导向实偏经济而虚化环保。就格局大小而言,中央政府拥有全国上下整体发展和秩序稳定的统治需求,地方政府则立足于本行政辖区内的治理利益,因而对于已然超越地理界限的大气污染问题,央地政府之间存在一定范围内的利益重合,但更主要的是夹杂着利益冲突。特别是在地方间开展登顶式或锦标赛竞争时,由于以"经济发展"为指标考核内容的政治激励仍占据主导,地方往往会牺牲"发展质量"而注重"发展速度"。故中央政府未能在政治、经济和道德层面给予地方主动尽责保护环境的应有激励,一定程度上加剧了地方政府偏离环境保护而侧向经济发展的"冒险"甚至"知法犯法"。其次,地方政府责任是单向负责而非双向制约。在"压力型体制"和脆弱的选举约束下,地方政府受制于单向上的行政负责制,缺乏接受地方民众有效监督的公共负责制,造成有的地方政府在环境保护与经济发展之间作选择时,"只看上面脸色,不管下面反映"。最后,政府权力非制度性下放,中央对地方政策执行具有强烈"依赖症"。虽然地方拥有偏离中央政策的行为动机,但更为主要的是中央政府给予地方太多权力,但又无法控制其政策执行过程,导致地方政府权力自主性过大并非中央政府制度性、法治化分权的结果。同时,由于中央缺乏独立运行的环境执法机构,环境治理工作的开展基本依赖于地方政府的"政治忠诚",尽管中央通过人事管理、思想统一、严格监管和政治问责等途径试图规范地方权力的合法行使,但环境治理事务的细碎化和属地性,加之央地环保事权界限混沌不清,留有大量可兹变通的余地,使中央对地方环境执行的政治控制无法长期持续。

综上所述,我国大气污染问题日益突出、愈演愈烈,政府治理权力与责任得到逐步强化,但政府间权责分配的内部状态和外部环境均遭受诘难:在内部状态方面,党、立法机关与政府部门之间在环境政策制定和执行方面职权渗入,难以形成指向一致的大气环境政策及其良性执行效果;中央与地方之间权责划分不清,事权与支出责任不相适配,事权与财力差距悬殊;地方政府及其部门的环保职责交叉同构,现有的属地治理模式无法契合大气污染的区域性治理需求。在外部环境方面,政府与市场参与大气污染治理的作用范围未能得以厘清,府际权责划分的基本前提尚未解决;非制度性、非规范性权力下放导致央地职责的随机性“政治变动”,府际权责划分的逻辑思路尽显滞后;中央对地方激励约束机制存在政治思维和经济偏向,府际权责划分的事后运行效果不尽如人意。

下篇　府际治理大气污染的财税法路径

第四章　政府治理大气污染的立法规制路径

第一节　大气环境规制力的央地分配方案

市场化进程中经济性管制在不同国家得到了不同对待，20 世纪七八十年代在崇尚自由市场的西方国家发生了一场以捍卫公共权利为内容的规制革命，强化了政府对劳动、消费、环境等公共领域的规制干预，相较之下，我国正经历着控制政府规制过度扩张和重新确立市场力量的市场化改革。但无论是西方的规制革命还是中国的市场化改革，面对复杂多变的经济形态，经济性管制越来越趋向理性化和技术化。另外，随着现代社会生产力的指数式增长，各种社会危险的释放达到前所未有的高度，我们正生活在风险社会中，①尤其是急速恶化的环境污染和破坏问题已然成为人类社会面临的共同挑战，在此背景下以健康维护、安全保障和环境保护为目标的社会性管制越来越成为"规制国家"的最重要行动范围。② 政府综合运用政治、行政、法律、技术等多种手段来全面规制社会主体的大气污染

---

① 参见[德]乌尔里希·贝克：《风险社会》，何博闻译，译林出版社 2004 年版，第 15 页。

② 参见顾昕：《俘获、激励和公共利益：政府管制的新政治经济学》，载《中国行政管理》2016 年第 4 期。

行为,在统一国家的环境规制力下,各级政府和部门基于法律所赋予的权力各不相同,其所能实施的规制举措、发挥的规制力度和产生的规制效应差异显著,如何重塑府际规制环境的最优构造已然成为环境规制改良运动中的焦点话题。

一、环境规制:两个焦点释疑

1. 政府规制与市场调节

20 世纪中期开始,空气污染、水污染、物种灭绝、自然资源损耗破坏等环境问题层出不穷,呈现出高发性、普遍性和严重性发展趋势,生态环境失衡的全球格局威胁着人类健康和社会稳定。环境风险的到来使社会精英阶层和普通民众开始认识到市场的责任缺失,一直以来市场的过度自由化使人们按照自己的理性自私地行动,却很少关注这一过程中对他人和周边环境的影响,更罕有担负应有的公共环境治理义务。基于对市场调节的能动不足和改变现时环境状况的迫切愿望,人们发起了声势浩荡的环境主义保护运动,他们认为政府应当干预市场,通过环境监管来阻止环境问题进一步恶化,要求政府在环境问题上显露作用,有所作为。环境保护主义运动的蓬勃兴起使得政府规制理念重新得到民主支持,触发社会对自由市场存在边界的理性思考,在面对环境污染和破坏等社会问题时,人们不再局限于政府规制对私权利保护的可能破坏性,而更加认识到人类本身就是引起该类社会问题的罪魁祸首,市场对环境问题制造者的惩罚方式和力度毕竟有限,在自由市场中,保持土地的自然状态可以通过土地所有权交易以及司法诉讼来实现,①但在一国广阔领土范围内,除了国家以外谁也没有如此实力购买全国土地,进而还要确保其目的的环保公益性。另外,司法诉讼本身就是一种管制手段,只不过它是基于被动性之上的事后争议调节,无法在预防和教育市场行为上有所贡献。

"自由市场万能论"至少在应对环境污染这类公共事务治理上是颇受质疑的,因为它无法解决集体行动的逻辑悖论,让利益诉求不一的经营组织在符合公共环境利益之下展开集体行动,有时甚至要以牺牲自我利益为代价,这是极其不现实的幻想。正如奥尔森所言,有理性的、寻求自我利益的个人不会采取行动以实现他们共同的或集团的利益,除非存在强制或特殊的手段来迫使其按

① 参见[德]布里安·P. 辛普森:《市场没有失败》,齐安儒译,中央编译出版社 2012 年版,第 198~199 页。

照共同利益要求行事。① 针对大气污染治理的紧迫性，我们亟须创设政府规制合理进入自由市场的通道，不应把关注点聚焦于政府的强制意志可能偏离理性而对市场的限制和破坏，一个较为现实的治理路径是重塑规制国，现实中对于政府规制的批判其实并不在于干预行为本身和规制策略背后的目标，规制国的悖论更多在于规制方法与规制策略的合理选择和合法运作层面。② 厘清规制国的建构思路是我国当前解决大气污染问题的迫切需要，环境规制绝非行政干预的代名词，如何让政府规制措施适应市场运行规律，提升环境规制的市场配合度和社会可接受性方是关键。

2. 中央控制与地方治理

即使是有责任心的官员，也不愿意对排污企业采取规制行动，因为它们享有自由选择权，一旦面临严苛的政府管制，就可以另寻他处，搬往对污染更宽容的地区。若企业因地方的环境管制承担更多的成本而“集体出逃”，地方政府就会因此失去大量税源，这无疑会对地方造成致命性打击，一旦缺少足够的地方财政，则不仅会造成政府公共预算支出计划的延滞，也会影响地方政府组织行政工作的正常开展，甚至影响官员薪水的发放。此外，空气污染的流动性也为地方和企业提供了一条轻易摆脱责任的办法，只要竖起更高的烟囱将问题转移到更加高远的地方，把治理事务交给自然本身，就“万事大吉”。就算慑于国家的环境保护义务要求，对排污企业进行罚款，但较低的罚款额度使他们认为相比投资清洁生产技术方面的花费，“交罚款似乎要划算得多”。地方在治理大气污染中的动力不足，似乎看起来地方在管理大气污染方面劣势显著，但各种类型的大气污染毕竟生成于特定的辖区地方，就算移动的汽车尾气污染也是连续发生于经过的所有沿途地区，每个地方的污染程度、发展水平等都是非同一性的，中央管制全国范围内的一切大气污染，既是对其能力的超级考验，也是无法实现的幻想。大气污染治理并不仅限于环境保护这一单一主题，它更多的是经济结构优化和社会培育等关联主题的混合，而这些也正是地方政府职权之所在。因此，对于大气环境有必要实施中央管控，这是因为烟不尊重辖区边界，

---

① 参见[美]曼瑟尔·奥尔森：《集体行动的逻辑》，陈郁、郭宇峰、李崇新译，格致出版社、上海三联书店、上海人民出版社2014年版，第2页。

② 参见[美]凯斯·R.桑斯坦：《权利革命之后：重塑规制国》，钟瑞华译，中国人民大学出版社2008年版，第119页。

风吹往哪里，它就会飘到哪里，①其影响的扩散性使该问题更多时候是一国主权领土内的国家治理问题，甚至是全球治理议题，同时清洁的空气质量对于国家发展和国民健康具有特殊的环境意义与生命价值，这决定了以维护国家主权统一秩序为使命的中央政府绝不会漠视不管地方的空气污染危机。转而，中央控制大气环境质量更多体现的是结果导向，以达到并维持不影响民众健康的环境质量基本水平为目标，但在具体的大气污染治理环节当中，造成空气污染的排污单位和个人处在具体地方的管辖范围下，中央权力纵然延伸得再广，也是鞭长莫及，由此让地方负责本地区内的大气环境治理事宜并向中央保证治理效果才是可行路径。不过，中央控制地方环境治理效果除了依靠官僚考核制度和问责惩处机制等政治、行政和法律途径以外，还应以独立人格间的平等关系作为中央规制地方的基本原则。例如，英国1910年《一般权力法案》中授予伦敦郡议会权力，如果其辖区内的地方当局违反排烟方面的限制，则可以对它们征收罚款。

二、合作型治理下大气环境规制重塑

其一，在规制方法与策略的选择上，政府规制不应局限于规制本身，而应注重与市场和社会的互动。当前我国的大气污染治理以强制性、惩罚性和问责性等特征的管制型环境政策工具为主导，如大气污染的环境规划、环境影响评价、总量控制、排污许可、限期治理、企业“关停并转”、集中控制、目标责任制等，这些命令—控制型规制工具非但不会得到市场认同，而且会触发市场主体的排斥心理，最终导致环境政策的底层不合作甚至抵制。此外，以管制型环境政策工具为主导可能会造成市场功能的紊乱，让市场自主调节和自由氛围蒙上阴影，以强制而非自愿的退出淘汰机制以及设置行政阻碍的市场进入机制，将在人为的非理性干预下使市场运行脱离正常规律轨道，人为因素的介入也会产生“牺牲小我、顾全大局”的权力与权利失衡。故而，解决中国的大气污染问题应打通政府、市场与社会彼此的功能界限，由于政府是社会集体行动的决策者和安排者，各类环境政策工具的选择、制定和实施无不是政府行政的结果，因而无论何种环境政策工具都以规制为底色，所要确保的是政府规制何以在方法和策略选择上分别体现市场和社会作用，实现环境政策工具的整合效应。政府环境规

---

① 参见[美]彼得索尔谢姆：《发明污染：工业革命以来的煤、烟与文化》，启蒙编译所译，上海社会科学院出版社2016年版，第131页。

制的理念虽然是封闭的，即充分发挥政府干预市场和管理社会的作用，但规制工具、规制方法和规制策略体系是开放的，这种开放性体现在政府规制所依存的政策手段并不完全建立于充满强制性色彩的公权力，而更应融入体现市场激励和社会参与的民主形态。立足于我国大气污染防治的当下实际，我们过多侧重于从行政层面来设计上令下行的权威式治理模式，从我国的环境政策演变历程不难看出，我国的环境政策手段以传统命令型手段为主，[①]经济型环境政策工具和自愿型环境政策工具的体系既未建立也不优化，致使我国的大气污染治理更多的是一种事后治理、被动治理和监督治理。由于未能有效激励市场向着绿色方向发展，也未能培育起民主参与、道德公民和社会监督的整体合作环境，以致不仅空气污染的治理效果不佳，而且治理责任在很大程度上被推诿到中央政府，地方的政府组织、市场主体和公民个体在利益驱使和政治压力下非但不会配合上级政策执行，甚至还会抵制中央的环境政策。

其二，在规制政策的顶层设计方面，应从规制领域治理效果和社会回应进行全面考虑。就现实而言，环境政策的整个阶段表面上最关键的是地方的政策执行问题，但深入问题实质，归根结底还是顶级政府组织对于政府规制如何优化设计以切合市场和社会的共同利益需要，综合而言，就是中央在决策时如何统筹各方利益，以实现个体利益融汇集成的最优集成状态，表现为中央环境决策的理性与否和能力优劣。当然，在任何一个国家，中央作出决策并非一方独断专行的专制结果，它要受制于各种利益集团意见、政治妥协、民众偏好的外力影响以及民主、平等、公平、正义等价值衡量，在各种力量制约和价值指引下，中央能够按照理想状态来设计环境政策的自主能力微乎其微，这种情形在实行联邦体制和强调民主权利的西方国家更加显著。此外，在中央集权的单一制国家，中央决策也并不像人们所设想的那般自由而无束缚，一方面，中央要考虑所制定的环境政策能否得到地方的全力支持，确保环境政策执行的良性结果，因而，在出台某一环境政策时，中央不是擅自独断而是积极和地方谈判协商得出结果，得到地方官员的政治支持是中央决策的第一步，也是非常重要的一步；另一方面，中央决策还要考虑社会的可承受度和可接受性，这是环境政策的社会基础是否牢固的关键所在，政策实施的对象是社会公众，获得民众的支持是环境政策能否顺利执行的最终决定因素。民众支持某一环境政策是以其有利而

① 参见李伟伟：《中国环境政策的演变与政策工具分析》，载《中国人口·资源与环境》2014年第5期。

存在的,认识到这一点,我们就知道中央环境政策设计的优良与否应当回到是否有利于社会这一层面上来。当然,从政策原旨和目标效果来看,其都是基于社会利益层面,但最终是否会产生积极效果则充满疑问,因为有关大气污染治理的效果维度也是多元的,它既包括空气污染危机得以解除、空气质量转好等直接效果实现,更包含着尽量不触及经济社会秩序正常发展态势,减轻对市场经济的过分干预和公民权利的过度侵犯,这是最底线的决策逻辑前提。更进一步地,规制国家的决策科学设计除了要保持消极意义上的行为界限外,更要有引导和激励社会和民众走向善治美德的积极意义。

其三,在规制政策的运行过程中,应当坚持合法性与合理性的行政底线。设计再好的环境政策,一旦在地方执行环节出现问题亦无法实现预期目标,甚至会造成污染加重之外的社会次生危机,如侵犯公民合法权利、损害地方利益和加重市场负担等。由于制定良好的环境政策对各方处境和利益做了充分了解和斟酌,一般只要按照规范的执行程序实施下去就会取得好的效果,然而,政策执行者并不如机器一般地严格恪守程序和听从上级安排,他们往往会在政策实施过程中加入自己的意愿、追求一己私利并层层叠加难度,进而曲解变通甚至拒不执行对本地方没有利益价值的上级政策,这一点从我国一直以来存在的有的地方政府随意偏离中央大气环境政策,应付、违背上级和中央意志的现象就不难看出。另外,政策的接受者(主要是一些排污企业)在此问题上也采取不合作甚至对抗态度,钻政策和法律的空子,与执法者打游击战、回避战,用利益来俘获有的地方官员。因而在环境政策运行中,坚守依法行政的底线尤为必要,地方政府部门既要依照法律程序依法执行中央政策,防止地方的环境执法行为偏离法律轨道而渗入市场界内和侵犯公民权利,又要在严格的政治原则下忠诚执行中央决策,杜绝地方政府在地区利益集团的裹挟利诱下偏离中央政治目标。

三、大气环境规制的央地关系审视

环境规制的改革面向并不限于法律意义上的依法行政,它还包含政治角度上的府际合作,这种府际合作关系在不同政治体制的国家中的表现并不相同。在单一制的中央集权国家,它体现为"中央决策理性、地方有效执行"的忠诚型合作关系,合作的达成建立于基本的命令——服从政治格局之上,地方对中央、下级对上级的合作配合实质上表现为一种政治态度,地方官员只有通过严格遵从中央指示才会得到中央的政治肯定和人事提拔。在联邦制的地方分权国家,更多体现的是"地方充分自主、联邦有力协调"的职能型合作关系，与中央集权国家中地方政府更多扮演中央委托代理机构不同，联邦和州及州以下的地方都分别享有充分的自主决策权力、完整的民主约束机制和独自的办事机构，联邦和地方各有不同的职能领域，地方负责本地区各项发展和治理事务，中央负责协调地方间不尽一致的行动和利益，进而维护一个统一的外交大国。建立在职能分立基础之上的联邦和地方合作关系，是一种更体现双方平等的合作关系。当然，合作中也需要权威，只是这种权威与来自集权的权威有本质的不同，我们需要的是一个能够有效协调、监管和控制地方自主行为的上级权威，而非替地方决断一切的集权组织。① 其实，就效果而言，无论是中央集权还是地方分权的府际合作路径，都存在各自的弊端。前者把治理效果寄托于中央号令科学和地方积极执行，忽略了政策制定并非全然地符合理性，并且就算行政集权可以把国家内一切能够使用的力量集结起来，其也是以牺牲这些力量的再生为代价的。② 后者则依赖于地方有效治理和联邦积极协调，遗漏了在像空气污染这类跨区域治理问题上联邦未必有足够强大的力量进行协调，况且就算协调也不尽然会取得成效，因为相较州而言，联邦权力范围极为有限，州的权力更多的是联邦有限权力的剩余全部，而且联邦与州彼此之间相互依存，正所谓"不可毁灭的州组成不可毁灭的联邦"，联邦与地方之间千丝万缕的微妙联系让联邦的协调开展陷入各个地方间的利益斡旋之中，总统无法在各州共同的选举约束下偏向任何一州。

基于对两种主流国家政权组织形式的不同合作形态，在环境规制的政治塑造上，一个问题呼之欲出，即如何让规制力在政府层级之间得以合理分配，实现地方自主治理和中央有效控制的双向目标。大气污染的属地生成和跨越影响使其并非简单的地方治理问题，它更多表现为地方与中央的共同治理问题。一方面，地方对本辖区内企业和公民的排污行为负有管制权力，具有向本地区民众负责，确保地方大气环境质量的职责和义务；另一方面，中央政府对于监督地方环境治理，解决跨区域空气污染问题有自身独特的作用，特别是在我国地方政府还缺乏来自民众的选举约束和有效监督机制，中央政府还要为地方出台更多更细的政策规定，通过政治系统的问责激励机制来确保地方对民众负责。

---

① 参见张康之：《论合作》，载《南京大学学报》（哲学人文科学社会科学版）2007年第5期。

② 参见［法］托克维尔：《论美国的民主》（上卷），董果良译，商务印书馆1989年版，第107页。

第二节 政府间大气环境合作治理的宪法化

诚如施密特所言,“宪法是国家的灵魂、具体生命和个别存在”,[①]只有那些关乎国家整体政治统一和社会秩序的基本原则、价值理念和规范指引才能上升到宪法高度,“入宪”已成为某一事务、权利和价值至高无上的标志。立足于我国现行宪法文本,无论是在环境事务和环境权利方面,还是在央地关系方面,都未能得以宪法明示和规范。其一,一直以来,理论学界为“环境权入宪”竭力呐喊,有学者通过实证梳理域外环境权立宪的宪制经验,试图唤起我国立法机构启动修宪以确立公民环境基本权利的行动意识,[②]还有学者对我国“环境权入宪”的基本架构提出了理性设想,主张在规范要素上采用宪法规则来规范环境权,在规范类型上采纳确定性规范而非准用性规范,甚至提出了具体的条款设计。[③] 自20世纪70年代开始,环境权逐步被一些国家载于宪法,据学者统计,目前有41个国家或地区的宪法规定了个人享有清洁、健康环境这一基本权利,有62个国家或地区在宪法中规定把保护和改善环境作为国家或地区的目标或义务,另有60多个国家的宪法确认了环境权或者将环境保护作为国家的责任。[④] 我国现行《宪法》有关环境保护的条款见于第26条第1款的规定,“国家保护和改善生活环境和生态环境,防治污染和其他公害”,该条款实际上是国家责任条款,在“公民权利和义务”一章中既缺乏关于公民环境权的规定,也没有关于政府环境保护义务的规定,因公民权利义务条款的欠缺和国家责任条款的表述,我国宪法层级的环境保护是一种政治控制而非法律治理的国家任务。其二,现有宪法关于环境保护的国家责任条款也并不完善,它只确认国家有保护和改善生活和生态环境的任务使命,但对环境保护与治理中各方参与主体的权力(利)、义务、责任并未分清,同时由于央地权责关系的定位亦缺乏宪法规范支撑,使各级政府在保护与治理环境时所具有的指导、命令、执行和监督等权责事项并非来自最高宪法的民主意志,而是中央政府的单方政治智慧,这就导致包括环境保护领域在内的大部分国家治理都是政治运作的结果,而非法律规

---

① [德]卡尔·施密特:《宪法学说》,刘锋译,上海人民出版社2005年版,第5页。

② 参见吴卫星:《环境权入宪之实证研究》,载《法学评论》2008年第1期。

③ 参见张一粟、陈奇伟:《论我国环境权入宪的基本架构》,载《法学论坛》2008年第4期。

④ 参见[美]魏伊丝:《公平地对待未来人类:国际法、共同遗产与世代间衡平》,汪劲等译,法律出版社2000年版,第294~298页。

制的产出。

一、府际合作治理的合宪性证成

在整个国家法律规范体系中，宪法具有最高法律效力，它是一个国家的根本法，其他一切法律法规以及政策文件的立、改、废都要以宪法规范为准绳，任何违反宪法规定的立法都是无效的。宪法的根本法地位决定了宪法规范绝非国家法律法规内容的统一整合，而是从中提炼出最为普遍的价值、原则和规则，上升为国家的最高行为准则。宪法规范必须在形式上具有最高适用性和普遍约束力，这是合宪性的第一守则。具体到环境保护和央地关系这两个方面，它们都是国家治理的突出部分和顶层设计的重点领域，具有宪法规范的正当性。但我国现行《宪法》关于上述两方面的规定过于政治宣示化，既未能体现出环境权作为公民基本权利与义务的本质，也没有从划分原则上提出解决央地权责关系问题的可行操作方案，使在公民主张环境权益和地方表达利益诉求上面临宪法规范的缺失。为了确立环境保护的国家治理基础地位和央地关系的关键政治秩序，就有必要通过修宪的形式将二者予以宪法明示化和规则化，进而将二者联系起来最终适用于大气污染防治这一具体事项。因此，从宪法上找寻政府间合作治理大气污染的正当理由，离不开环境治理任务和府际合作关系这两个方面的合宪证成，以下将从环境权内涵、行政组织依据和国家存在价值三个方面展开。

首先，在环境权的内涵方面，存在广义、中义和狭义层次的环境权概念。从广义上来讲，环境权的主体和内容极广泛，不仅包括当代的自然人、法人和其他组织，还涵盖国家、全人类以及后代生活的人，在这一层面上，环境权不仅被视为公民基本权利的组成部分，更是国家与人类社会发展权利的关键领域。从中义上来讲，环境权的主体进一步限缩，主要包括国内和国际两个维度，即国内上的公民环境权和国际上的国家环境权。从狭义上来讲，环境权被视为公民、法人和其他组织享有的基本权利类型之一，将环境权定位为公民基本权利，是环境人权国家中宪法所必须面对的课题。正因如此，宪法语义高度上的环境权实质表现为公民环境权，这也十分贴合环境民主运动的历史演变和世界环境人权发展的时代潮流。学理界普遍认为，环境权的讨论和研究始于20世纪60年代初，1960年联邦德国一位医生向欧洲人权委员会提出“向北海倾倒废弃物”是侵犯人权的行为，从而引发了是否要把环境权追加进欧洲人权清单的争论。此后，西方一些国家相继在法律上确认了公民的环境权，直至1972年斯德哥尔摩联合国《人类环境宣言》第1条原则宣布:“人类享有在一种确保有尊严和舒适的环境中,获得自由、平等和充足的生活条件的基本权利,而且承担着为当代人和后代子孙保护和改善环境的神圣职责。”环境权作为一项普适性人权逐步在世界范围内确立起来。从本质内涵来看,公民环境权是生态性、精神性和生存性权利,良好的生态环境质量是维系地球生态良性循环和多样物种共存的前提保障,也是社会公众感受美好生活品质的精神寄托,更是关乎每一个体健康生存和发展的本源性权利。在具体内容上,其包括环境资源权、环境使用权和环境处理权等,同时,公民环境权是一系列具体权利的复合体,如知情权、参与权、请求权等。公民环境权反映国民以及人类生存和发展的共同利益所需,它是一项独立的基本人权,这是因为环境权既是其他人权的基础,更是对其他人权的控制,[①]只有在良好的生态环境下,公民才能健康地生存和发展下去,并且公民享有环境权本身也对其自身的其他人权自由提出了限制要求,为尽量减少人权自由价值观下无拘束人类行为对自然环境造成的污染和破坏,国家有必要根据环境权内含的可持续发展价值理念,制定普遍适用的规则以反向限制公民的私权自由。环境权的公民归属和人权特质决定了环境保护与治理绝非只是环境法的领域主线,更因其基本人权的至高独立地位以及与其他人权的牵连关系而应当被置放于宪法规范的高度。

其次,在行政组织依据方面,观之眼下,无论是疆域广袤的统一大国还是统治区域狭小的一般小国,大都存在建立于行政区域划分基础上的国家政权组织,联邦与州、中央和地方之间或存在统一规制协调与地区分权治理,或存在权威领导控制和有效下级执行之间的不同关系样态,但无论一国行政组织结构形态如何,其在政府间关系塑造的依据和目标上都相同,即实现主权国家范围内的国家有效治理。每一国家的治理面向各有不同,根据本国的主要社会矛盾聚焦,发达国家更为注重民主福利供给,发展中国家放眼于国家经济建设,但在人类共同的环境风险议题上,二者却殊途同归。因此,可以看到,当今世界各国面对大气污染这类环境问题时,不再从行政管理视角审思大气环境风险议题下行政组织的合理建构,而是从公共治理层面反思在有效化解大气污染危机下政府组成结构的优化重构。这种看待问题的视角切换,反映了在环境风险全球化的当下,行政组织依据已日渐走出过去的政治意识形态阴霾,而是从推动国家治理这一现实语境出发,摸索出一种解决环境问题的最佳政府间关系。不过,一

① 参见吕忠梅:《再论公民环境权》,载《法学研究》2000年第6期。

国的行政体制相对固定且一时难以迅速改变,公共治理事务的层出不穷和应接不暇促使着行政体制改革的加速化。故而,从宪法上抽象出一种既贴合本国政治实情又回应国家治理需求的府际关系模型尤为必要,先在宪法上固定国家行政组织结构的基本样式,维持国家政体的独特性,再根据公共治理的现实状态进一步修正行政体制顶层设计的不足,这是较稳妥的渐进式和问题式改革路径,相比急促且盲目的政治革命,前者更为符合和平时期转型国家的改革诉求。坚持"宪法固定+治理改良"的行政组织重构路径,既能够确保中央与地方政府的关系固定在大体的运行轨道上,不至于因政治因素而发生较大变动,进而影响社会秩序的稳定持续;也能够祛除僵化的行政体制所带来的诸多弊端,如应对社会风险的灵活性不足等,通过公共治理过程中的反馈信息及时对政府间关系进行微调,使在具有中国特色的政治体制下实现国家有效治理。

最后,在国家存在价值方面,洪堡在其著作《论国家的作用》中提到,国家的目的是双重的,即促进幸福和防止弊端,后一种主要是防止自然灾害和人为灾祸。① 在大气环境保护和治理上,完美地诠释了国家的存在价值,它既要以保护和恢复大气生态环境进而促进国民生活幸福为目标,也要防止大气环境恶化避免发生环境灾害。国家在环境保护方面不可推脱的责任以及统筹治理的能力和作用,决定了保护和治理环境是国家必然面临的现实问题,关乎国家合理存在的基本社会秩序稳固持久。宪法作为国家法,有必要对国家的各项任务予以列明,国家存在价值的多样性和国家作用的广泛性,决定了国家任务基本涉及所有领域,其中环境保护领域无疑是时下国家应当关注的焦点所在。因此,有必要在宪法上明示国家保护和治理环境的时代任务,实现该国家任务的宪法规范化。

二、府际权责关系的宪法规范

传统宪法以彰显公民权利至上为理念,在某种程度上忽视了人类发展与生态环境之间的紧密联系,从而导致生态危机愈演愈烈。随着环境与人之间的矛盾日剧激化,对人类活动施加必要限制极为必要和迫切,而对公民权利附加限制将触及传统宪法权利至上的原旨主义,必然因生态危机带来宪法的现代革命。这场基于生态环境风险的宪法革命,不再局限于人与人之间的权利保障,

① 参见[德]威廉·冯·洪堡:《论国家的作用》,林远荣、冯兴元译,中国社会科学出版社1998年版,第37页。

而是进一步拓围到人与自然的关系,从而为人本主义实践打下坚实的外部环境基础,切实保障当代人和后代人的生存发展利益,实现社会的可持续发展。具体而言,就是要将法律生态化的理念注入宪法中去,建立生态主义的宪法法理基础,确立当代人与后代人、人与自然的宪法价值取向,将宪法的重心由生存权的保障向环境权的保障推移。① 其中,宪法明示无疑是该宪法革命中最明显的标志,它是建立生态宪法法律体系的首要一步。

从环境保护入宪的关联维度来看,主要包括以下三个方面:一是国家在环境保护与治理当中的责任与义务;二是承担具体环境保护和治理的各级政府的权责分配;三是公民享有的环境权和承担的相应环境义务。这三个方面涉及环境保护中主要的参与主体,即国家、政府和公民,最上端的国家确立环境保护的基本国策,统筹全国范围内的环境保护和治理事宜,制定绿色行为的基本准则以及保证为国民提供良好环境质量的承诺兑现,中端的各级政府组织则负责全国性和地方性的具体环境治理工作,底端的社会既享有国家提供优质生态环境的正当权利,也负有接受规则约束和配合环境行政的当然义务。

其中,第一方面关于国家保护和治理生态环境的责任条款在我国现行宪法中已有体现,是宪法规范中国家任务条款的体现之一,其余国家任务条款还包括发展教育、科学、卫生、文化等事业(第 19 条、第 20 条、第 21 条、第 22 条),推行计划生育(第 25 条)、维护社会秩序(第 28 条)等,在整个宪法的环保条款以及环境法律法规中起着提纲挈领的作用。

第二方面关于具体环境保护和治理的各级政府权责分配,环境保护和治理只是政府众多公共治理事务中的一个突出方面,而《宪法》关于政府间权责配置的规定往往并非从具体治理事务出发,而是站在国家治理的大背景下统一设计,环境保护和治理中各级政府的权责划分一般散见之于环境法律法规中。但这并不意味着我国《宪法》中有关政府权责分配的条款不存在问题,而且现有环境基本法总则部分中对于各参与主体的权责规定不符合逻辑。首先,我国现行《宪法》关于中央和地方政府职权划分的规定政治性十足,法律性迷失,过于原则性的"两个积极性"标准,未能为央地权责配置提供技术指导。相反,1946 年颁布的《日本国宪法》设专章规定地方自治,使地方自治成了一项不得由法

① 参见陈泉生、张梓太:《宪法与行政法的生态化》,法律出版社 2001 年版,第 64 页。

律更改的宪法原则，[①]"两个积极性"标准使我国在进行央地权责配置时"过分集权也不是、过度分权更不行"，形成与国外法律固定化分权不同的特殊政治动态性分权，这种动态式分权路径只在宪法上提出央地关系的基本面貌，这样就能保证在政体大体稳定的基础上实现具体治理任务上的央地积极性，但将分权议题完全置于国家治理的动态过程中，使我国的分权改革分散于各个领域且彼此不同，为此，有必要在宪法层面建构央地关系的基本范式。其次，环境基本法关于环境保护各参与主体的权力、责任和义务的规定也存在立法技术性不足，我国现行《环境保护法》总则中国家与中央政府的用语混同，缺乏中央政府对地方政府环境治理过程和结果的指导、调节和监督等权责规定。

第三方面关于公民享有环境权和承担环境保护义务，这点未能在我国宪法当中得以体现，也是我国宪法生态化进程中的最明显瑕疵。在宪法文本中确立和明示公民环境权利义务条款，一方面可以为低于宪法效力位阶的环境法律法规提供最高规范依据；另一方面也可为公民参与环境治理，形成社会整体合作的互动式公共治理奠定权利义务基础。因此，有必要在现行《宪法》第二章"公民的基本权利和义务"中加入公民享有环境权和承担环境保护义务的规定，环境权和环保义务条款入宪至少能够对基本人权保障、环境法制完善、环境教育推进以及环境外交需要产生积极作用。在具体条文设计上，主要有公民权利义务相对应、公民权利与国家义务相对应、公民权利和国家、公民义务相结合三种立法模式，我国应当采用第三种模式，这也是大多数国家采用的模式，在这一模式中，公民享有环境权，国家承担首位环境义务，公民承担第二位环境义务。[②]例如，《土耳其宪法》第 56 条规定："每个人都有权生活在健康和谐的环境中。改善环境、防止环境污染是国家的责任和公民的义务。"

三、府际权责关系的宪法实施

条文明示只是走出了宪法为大气环境保护保驾护航的第一步，宪法规范化是将人民的权利写在纸上，停留在纸面上而不付诸实施的宪法文本只是装饰品，毫无生命力可言。正因如此，要想真正发挥宪法对大气污染治理的价值指引作用，就必须回归到宪法实施运行中去。各级政府组织作为国家履行环境保

---

① 参见[日]宫泽俊义：《日本国宪法精解》，董舆译，中国民主法制出版社 1990 年版，第 658 页。

② 参见张一粟、陈奇伟：《论我国环境权入宪的基本架构》，载《法学论坛》2008 年第 4 期。

护与治理责任的行政实施者，也是制定和执行环境规制、引导和激励政策的主体，在宪法价值层面上，权力和责任的双重特性会对政府及其部门的环保工作提出多种要求，既需要有为政府的行动魄力，以此保障公民环境权的实现，也需要有限政府的行动受限，从而不致因过于强调环境公共利益而忽略个体私有利益，还需要责任政府的行动评估，只有在合法合理行使行政权力和积极有效保护生态环境的前提下，担负起环境保护过程与结果中的政府责任，才能确保环境正义和行政正义的同时实现。现代民主国家的宪法功能主要有三个方面，即限制行政权力、保障公民权利和有效治理国家，其中前两个方面的功能最终服务于国家有效治理的功能目标，于是，在宪法实施层面上，大气环境的有效治理应围绕限制行政权力和保障公民权利之间的博弈关系来展开，最终实现“宪法治理”的现代转轨。①

就宪法实施的概念内涵而言，有学者从宏观、中观和微观三个角度对其解释，宏观上的概念是宪法保障和宪法实施，中观上的概念是宪法监督和宪法适用，微观上的概念是违宪审查和宪法诉讼。② 总体而言，宪法实施是从实践宪法视角提出的概念，具体包含宪法适用、宪法监督、违宪审查和宪法诉讼等几方面，故结合大气环境治理中府际财政关系宪法安排后的宪法实施而论，应在以下方面进一步改进。首先，在宪法适用方面，既要从政府权力角度出发保障公民环境权实现，也要从公民权利出发对政府权力进行规范和限制；其次，在宪法监督方面，将中央对地方环保监督的政治性经宪法监督机制升华为法律性；再次，在违宪审查方面，无论是各级政府的环境立法活动还是政府间的权责划分争议，违宪审查应发挥应有的作用，以维护宪法尊严；最后，在宪法诉讼方面，学界多数观点将其与违宪审查相等同，实际上二者在我国应施行相分离原则，将宪法诉讼制度和违宪审查制度分别由两个国家机关组织实施，即由法院对宪法案件进行审判而不对法律及国家机关行为是否违宪进行审查，由违宪审查机关(国家权力机关)对法律及国家机关行为是否违宪进行审查。③ 宪法诉讼机制的建立能够为实现公民环境权提供宪法保障，涉及公民环境权的宪法问题和争

---

① 所谓“宪法治理”，就是一切经济、政治、社会、文化生活，步纳入以宪法为核心的法治轨道，以“限制国家权力”和“保障人权”的核心价值精神建构国家体制，通过实施宪法为国家与社会的和谐、稳定发展提供法律基础。参见韩大元：《宪法实施与中国社会治理模式的转型》，载《中国法学》2012 年第 4 期。

② 参见蔡定剑：《宪法实施的概念与宪法施行之道》，载《中国法学》2004 年第 1 期。

③ 参见谢维雁：《论我国复合型宪法诉讼制度的构建》，载《法商研究》2009 年第 2 期。

议，以及直接援引宪法作为审判案件的依据、以违宪审查机关违宪审查的结论作为依据所进行的裁决都应当纳入宪法诉讼的范畴。

第三节 政府间大气环境协商治理的法治化

一、迈向协商式的府际环境合作

国家建构与限制和弱化国家职能构成了集权国家与分权国家的主要争论，前者十分注重国家政权组织建设，也因其显示出的“大政府”规模而被分权国家所诟病；后者则力图把国家部门的事务交给自由市场或社会，但对于发展中国家而言，软弱、无能的政府甚至无政府状态，恰恰是社会问题层出不穷的祸根所在。实际上，“国家建构主义”和“国家谦抑主义”的观点都各有正当性，也在国家治理事务中显示出各自的优势，一个从“国家为善”的角度试图将国家好的一面展露无遗，国家通过对合法权力实施垄断来保护公民财产权和提供公共产品与服务；另一个从“国家是恶”的角度试图将国家坏的一面竭力控制，正如霍布斯将国家比喻成力大无比的怪兽，国家权力行使并不总是令公众满意，也有可能出现不理性，故不再凡事寄托国家干预而从其他替代机制如市场自主和社会自治寻求社会问题的有效治理。从国家有效治理这一层面来看，这两种国家改良论都陷入了集权与民主的政治纷争之中，未能注意到真正的问题在于“国家在某些领域必须弱化，但在其他领域却需要强化；在某一时期需要弱化，但在另一时期内却需要强化；在某一类型国家内可以弱化，但在另一类型国家内则需要强化”，因此，治理语境下的国家能力建构与限制存在领域、时间和地点的差异。依照世界银行 1997 年的《世界发展报告》中提供的国家职能清单，将国家职能分为“最小”“中等”和“积极的”三种，其中环境保护属于中等职能，①这意味着国家在环境保护上承担着既重要又非全部的功能。结合而言，我国当前的大气污染治理领域，既要求国家职能的修正完善，更要求市场机制和社会的积极开拓。

然而，在国家职能建设方面，中央与地方政府之间、各级地方政府之间受制于行政命令的弊端，无法达成府际环境合作治理的平等关系，很多时候行政上的不对等地位阻挠了彼此之间合作关系的形成，更多的是一种强制力下的被动

① 参见世界银行编著：《1997 年世界发展报告：变革世界中的政府》，蔡秋生等译，中国财政经济出版社 1997 年版，第 27 页。

合作而非自主力下的主动合作。我国一直强调中央与地方间的职权关系、组织关系和监控关系，围绕着命令与服从而展开，建立于此的央地合作关系势必因二者权力上的不对等而产生压力型下的政治抵制，与大气环境治理所需的府际合作关系相脱离。此外，区域各地方之间在环境合作上也欠缺主动性，属地管理和部门管理为主导的环境行政管理体制与大气污染的区域性、复合型产生冲突，在各地方政府缺乏保护本辖区内生态环境的自觉性与主动性的情况下，更遑论让其对相邻区域内的环境质量负责，就算在上级和中央政府的组织安排下进行的大气环境治理合作也会因各个地方的发展程度与利益需求差异产生隔膜。总之，在大气环境合作治理方面，中央与地方政府之间存在合作上的信任危机问题，区域地方政府之间存在合作上的利益差异问题，为了破除政府间环境合作治理中的这两个方面的阻碍，有必要一改传统的行政命令式央地合作与被动安排下的区域合作形式为政府间的协商治理模式。

在治理理论语境下，治理是以协调为基础的过程，涉及公共部门与私人部门，其不是正式的制度，而是持续的互动。① 从这个含义来看，治理是协调各方利益，形成多方互动，最终促成整体合作的良性过程，在政府内部存在行政协商共治的府际合作治理关系，在政府外部存在协调多元主体参与的社会合作治理关系，即治理的互动性体现在政府内部的协商互动和政府外部的协调互动，其中协商治理是协商民主的实践形式在国家、社会治理层面的表现。习近平总书记指出："协商民主是我国社会主义民主政治的特有形式和独特优势，党的群众路线在政治领域的重要体现。"②从广义上来看，协商治理的客体是多层次、多领域、多方位和多样化的，包括国家、政党、公民和市场等，但从狭义上协商治理更侧重指"政策制定的方式"，由此不免牵扯政策制定主体——政府组织及部门间的协商民主。在传统行政管理理念下，政府间防治大气污染的政策制定在很大程度上依赖于中央政府的单方设计，地方能够自主决定的范围也是中央授权的结果，于是，在全国性环境法律法规制定过程中很难反映个别地方政府的意志，纵然中央很多时候出于稳妥，采用试点立法的方式来尽可能地观察其在地方的适应性和可接受性，然而由于缺乏有效的央地协商机制，导致在环境政策制定和执行中仍无法避免争议出现。再者，区域地方间更是如此，因为区域地方间的大气环境问题和经济发展程度不相平衡，区域内各地方政府制定的

① 参见俞可平主编：《治理与善治》，社会科学文献出版社2000年版，第4~5页。

② 习近平：《习近平谈治国理政》，外文出版社2014年版，第82页。

环境政策和执行力度不相一致，从而导致区域内污染型企业的内部转移，使该区域内的大气污染状况依旧未能彻底改观，在此情形下，有必要建立起区域地方政府间的行政协商机制。

二、大气环境协商治理的立法创制

目前，我国政府间大气环境治理权责发生争议情形时，一般倾向于采用政治消解的非制度性途径，如漠视放任、内部调节和向上级和中央政府寻求指示，特别是区域地方政府间产生环境治理争议如环境管辖权争议时，只能按照行政管辖争议案件由行政机关内部裁定。这种府际权责争议处置的政治化和非制度性，使地方政府与同级政府或上级和中央政府发生争议时，只能由上级和中央政府进行裁定，这种行政内部裁定方式忽略了政府间发生治理权责争议时的平等救济权，未能将地方政府看作权利有待救济的弱势方，而是事先将政治上的不对等关系挪用到政府间，特别是央地政府间环境治理争议问题的解决上。这种非制度性、非法治化的争议解决机制让地方政府在对待环境治理上更加消极懈怠，"凡事都由上级和中央决定，出事都由地方政府担责"，无法体现地方政府的利益需求，更违背了听取当事方意见的应有程序规则。

府际关系的实质是政府组织及部门间的利益关系，只有立足于各地方和各部门的利益需求，在充分尊重和考虑各方利益的基础上展开行政协商才是解决大气环境治理这类问题的最佳突破口。以权力配置、利益分配关系为主导，实乃府际关系的真谛和本质所在。[①] 首先，在权力配置上，在对中央和地方以及地方各级政府和部门的权力明确划分的前提下，加强权力行使过程中的协商会谈。例如，中央在制定统一适用的环境法律法规以及在下达具体的地方环境治理指标任务时，应当与地方政府积极沟通，了解各个地方大气环境的现状特点、环境治理面临的主要困难等信息，经过汇总后提炼出全国共性的规制范围和地方特性的环保指标；再如，区域环境立法、执法和标准制定等方面都应当通过协商实现统一化，实现区域内环境政策与执法力度的均衡性。其次，在利益考量上，府际行政协商应当考量大气环境治理给地方以及官员所带来的利益增进或减损，一方面，加大环境规制力度确实可以带来大气环境迅速得以改善的良性效果，但也意味着对现有市场发展的自由限制，势必会造成市场短期受挫下的

① 参见谢庆奎：《中国政府的府际关系研究》，载《北京大学学报》（哲学社会科学版）2000 年第 1 期。

地方财源萎缩,进而影响到地方财政利益的持续增加;另一方面,官员行动并非完全出自于实现公共利益的服务精神,其中往往也夹带着官员个体的私人利益,如赢得政治升迁、获取维系生存的工资薪金、享受受人尊重的社会地位等,认识到各级政府及其组成人员的不同利益主张,就可以在协商过程中更好地实现不同利益之间的妥协共存,使府际间行政协商能够顺利进行下去并最终落到环境治理这一目标上去。

第五章　政府治理大气污染的财税体制建构

第一节　公共预算与控权型大气环境治理

国家治理所对应的财政收支规模和结构反映在年度预算文本之中,形式意义上的预算为政府执行支出乃至收入之依据,表现出财政作用的权力性特征;实质意义上的预算乃实现民主政治的必要手段,表现为财政作用的公共性特征。① 历史上作为财政收支记录方式的许多概念都早于预算,但真正让预算流行开来的主要原因在于其控权要义和公共本质,这无疑顺应了近现代民主法治发展的思想浪潮。一方面,现代预算的法律要义是控制政府权力,防范财政权力滥用对国家财政支出公共性的违背。"预算并非简单的数字游戏,而是控制和约束政府的工具、方法和技术",②正如学者所言:"概一国之法治,莫重于规范国家权力的运作,限权之关键,首当是对国家财权的掌控,而控财之

---

① 参见蔡茂寅:《财政作用之权力性与公共性——兼论建立财政法学之必要性》,载《台大法学论丛》第25卷第4期。

② 熊伟:《认真对待权力:公共预算的法律要义》,载《政法论坛》2011年第5期。

要义,则在于支配‘国家钱包’的预算。”[①]另一方面,预算国家的治理面向为公共性,民主法治国家的政府预算实则为公共预算,公共预算体制建立于公共财政时代转轨之下,不同于封建社会统治时期皇朝财政体制下的私人预算模式,也不同于计划经济时期计划财政体制下统收统支、计划分配的预算模式,现代国家中财政收支都要围绕体现并保障社会民众的个体权利与公共利益而展开。

自我国转入市场经济体制以来,公共预算理念和体制逐渐得以确立和完善,结合当前的大气污染治理来看,其积极反映在如下方面:一是国家财政收支的法定化和公共性,在预算法定和税收法定原则要求下保障政府预算收支一定要“取之于民,用之于民”,节能环保支出作为每年政府预算支出的重要组成部分,其每一笔收入和支出都要经过各级人大的审议通过,只有在获得绝大多数人大代表的支持以获得合法性之后预算文本始得生效,并且在预算执行过程中必须保证用于节能环保方面的公共财政用到实处,以维护广大民众的环境利益。二是预算的全过程并非国家机关的单方权力行为,而是通过公共预算中的实体原则和程序体制构建起公众参与的权力—权利互动范式,政府用于大气环境保护和治理的财政资金使用过程和效果都要接受公共监督,通过推进预算公开和发挥预算民主等方式来引导和培育公民参与预算治理。三是预算知识是公共治理的必需品,预算能力是国家治理过程中最切实关键的政府能力。正如美国著名预算法学者阿伦·威尔达夫斯基所言:“如果你不能预算,你将如何治理?”政府主导大气污染治理的特定内涵之一就是政府财政担负着相当一部分的环境治理费用和社会规制成本,政府要承担的这部分财政支出规模反映在每一财政年度编制的预算案当中,以特有的计量、记录和编排方式科学理性地将公共财政所对应的环保支出事项及投资金额数字化,因此,政府主导大气环境治理突出表现在以公共事务的预算收支计划的过程。整个现代国家治理史就是一部以预算控权、预算民主和预算能力为构成因素的预算治理史,在预算控权上,预算制度的原初目的就是限制政府权力的滥用;在预算民主上,公众民主参与预算全过程以监督政府权力行使的合法性与合理性,最终确保财政指向公共利益的目标达成;在预算能力上,限制政府权力和捍卫公共利益是预算的延伸能力,作为财政治理的预算本体能力,政府每花一笔钱都是以达成某一预设效果来获得正当性的,投入到大气污染治理的财政资金必须达到“物尽其用,支出有效”的理想状态,这既包含政府合法且合理地行使财政权力,也要求

① 徐志雄:《现代宪法论》,台北,元照出版股份有限公司2004年版,第360页。

预算安排尽量达到理性预算的标准，更要以绩效预算作为治理效果的考量。

一、环保预算收支的立法控制

公共财政过程实际上围绕国家财政的收入与支出而展开，在以往强调私权保障和公权限制的民主法治时代，较侧重对政府财政收入行为的控制。熊彼特十分注重以税收为主导的财政收入行为，为此提出了“税收国家”的概念，其主要特征是“中央政府及下级政府在全国范围内用税收的方式来汲取财力”。虽然局限于收入侧面的权力规制契合了保障纳税人个体财产不受非法和过度侵犯的私人利益，但却与日渐增长的公共支出规模产生供需矛盾，进而影响公共利益的实现。为此，王绍光指出应当实现由税收国家到预算国家的演化，完成这一演化进程并非从侧向收入向偏重支出的视角转换，而是弥补长期以来对预算支出层面的理论研究短板，将收入与支出牵连起来，只有在“税收国家”的基础之上才可能建成“预算国家”。[①] 观之眼下，法学理论界更是将收入与支出很好地联结到了一起，突出表现为财税法学科的二元结构属性，在统一的财税法概念和语境下论证政府财政收支问题已成为通行的研究范式。

在“收支同体”的财政运行逻辑下，谈论环保预算问题就必须围绕环境财政的收支全过程而展开。政府在财政方面的权力表现为二维面向，即收入权与支出权：一方面，为争取大气污染治理中所需的资金来源，政府必须借助国家强制力将纳税人的部分私有财产转移到国家所有，以供环境保护等公共事务治理的集体使用；另一方面，待国家机关征收募集到充足的财政收入后，会根据国家治理方方面面的资金需求给予合理分配，从而体现公共财政的治理价值。在这两个方面，由于政府在其中享有着税费征收管理权、支出计划权等，有必要对其施以法治约束，因为诚如孟德斯鸠所言：“权力一旦失去制约，就会像一匹脱缰的野马一样肆无忌惮地践踏一切。”只有将权力放进制度的笼子里，用法律的准绳来界定和衡量政府权力范围和实施效果，才能保证政府及其部门在治理大气污染过程中合法行为，不致因政府滥用财政收支权力而发生侵犯公民个人权利或损害社会公共利益的不利后果。财政收支法定的要求具体体现在税收法定原则与预算法定原则两方面。前者是指“税法主体的权利义务必须由法律加以规定；税法的各类构成要素皆必须且只能由法律予以明确规定；征纳主体

① 参见王绍光：《从税收国家到预算国家》，载《读书》2007年第10期。

的权利义务只以法律规定为依据;没有法律依据,任何主体不得征税或减免税收";[①]后者强调的是"预算付诸实施之前必须提交立法机关审议,一旦经立法机关批准通过,预算就具有法定效力,行政机关只能在预算范围内执行,不得擅自改变,尤其是不得突破预算规定的支出限额"。[②] 税收法定和预算法定在公共治理当中发挥着十分重要的作用。一方面,强调税收法定就意味着政府采用税收手段来激励和规制环境行为必须遵从法律规范,生态税制的设计、税率的确定以及征收管理制度的构建等都要以议会民主产生的法律为行为标准;另一方面,预算法定对征收上来的财政资金使用用途、过程和结果提出法定要求,政府在大气环境保护与治理中的财政支出行为必须以预算法律法规为依据,确保财政资金最终流向预算计划的范围。

党的十八届三中全会以来,我国十分注重财税领域的法治化建设,《中共中央关于全面深化改革若干重大问题的决定》明确提出"落实税收法定原则",这是"税收法定原则"第一次写入党的重要纲领性文件中。党的十八届四中全会通过的《中共中央关于全面推进依法治国若干重大问题的决定》也将"财政税收"作为"加强重点领域立法"的任务。值得一提的是,2015 年 3 月 15 日,第十二届全国人大第三次会议通过新修订的《立法法》,将第 8 条原先规定实行法律保留的"税收基本制度"细化为"税种的设立、税率的确定和税收征收管理等税收基本制度",且单列为一项,位次居于公民财产权保护相关事项的首位,堪称我国税收法治乃至整个依法治国进程中的里程碑事件。[③] 落实税收法定原则主要表现为税收立法层面将已有税种相关的暂行条例升格为法律,近期的《烟叶税法》《船舶吨税法》《印花税法》等都体现于此,另外就是对新设税种一律采以立法的方式,如《环境保护税法》的制定通过。再者,在财政支出层面,我国也十分注重预算法治化,2014 年《预算法》修订通过,其中第 1 条关于立法宗旨就突出了新《预算法》的控权性、全面性、公开性和民主性等特征,明确预算法的立法目的为"规范政府收支行为,强化预算约束,加强对预算的管理和监督",真正实现预算法的控权功能。此外,还通过完善具体预算制度来确保预算控权作用的有效发挥,主要有确立全口径预算制度,《预算法》第 4 条规定,"政府的全部收入和支出都应当纳入预算",这就排除了预算外收入这一历

---

① 张守文:《论税收法定主义》,载《法学研究》1996 年第 6 期。

② 陈治:《迈向实质意义的预算法定》,载《政法论坛》2014 年第 2 期。

③ 参见王文婷:《让税收法定原则真正落地》,载《学习时报》2016 年 10 月 6 日,第 6 版。

史落后产物,并从横向明确了以一般公共预算、政府性基金预算、国有资本经营预算、社会保险基金预算为内容的四位一体的公共预算体制;推进预算公开的规范化、制度化,新修改的《预算法》对预决算的公开内容、公开时间和公开主体等作出了比较全面、明确、具体的规定,主要集中在第14条、第22条、第89条。

财政收支法定原则不仅反映在对政府统一预算收支法治化的要求,更是对部门预算过程提出的工作指引。在现代公共预算中,官僚部门是预算过程中极其重要的一个预算参与者。[①] 在预算过程之初,各个部门会根据本部门权责范围编制预算,再由各级政府财政部门负责统一汇编,最后再交由各级人大机关表决通过。政府预算的整个运行过程就是围绕着部门、政府和人大而展开,在理论上归根结底是预算表决机构与预算支出部门间的直接互动关系,政府只是在其中发挥着间接转述的作用。从这一点来看,各地方环保部门作为节能环保支出的预算申请者,必然要受到预算决策机关——人大的立法控制。每一级地方政府所提交的统一预算计划虽然以整体形式接受人大代表审阅,但最终的立法成果和过程监督都会影响到环保部门预算收支规范性的生成上。环保预算收支的立法控制主要表现在人大主导税收立法和预算决策的权力行使过程,政府若要开设新的生态税种或实现税制绿化,必然要以人大的最终同意为行动前提,否则就算政府税制绿化的改革目标何其具有正当性,但也会因缺乏合法性而备受民众诟病,同理,政府作出预算支出安排亦是如此。由人大主导大气环境财政收支的决策过程,一方面,可以在发挥代议制民主的基础上实现大气污染的民主治理、民主参与和民主监督,政府部署的污染治理举措针对每一国民,其实行的税费政策必然对公民合法财产权造成侵犯,通过人大立法的形式来保证政府的财政收入权力行为既在民主接受范围之内,也在固定的法律规则之中,从而规避政府独裁专断和不受约束而产生对私人权益的损害,故而人大主导型公共财政是保障纳税人个体权利和公共权利的制度保障,既要以人大立法的方式防范政府随意征税对公民个人的私有财产权造成不当侵害,也要通过人大立法确保公共财政支出用于满足社会公共需求,从而保障公民应当享有的社会公共权益;另一方面,人大主导下的环境财政收支决策过程也能够为政府及其部门大气污染治理的政策执行提供法治依据,立法的形式价值就是为权力主体和权利主体展开行动提供确定性规则,并有强制性规则来维持规制执行力,

① 参见马骏:《公共预算:比较研究》,中央编译出版社2011年版,第52页。

从某种意义上来说，法律就是行为规则类型之一，各方共同参与的大气环境治理是一项庞大的系统工程，离不开具体规则的支持，而立法无疑是为各环境主体的行为提供最佳规则的途径，因为人大立法活动就是民意声张的过程，富有民主基础的互动式规则制定比政府部门的单向拟定性规则更具有可接受性。

不过，由于我国人大的组织能力尚未充分发挥，人大代表受限于自身的专业能力，预算编制不够精细，留给代表审阅讨论的时间有限，导致人大代表在进行预算审议和表决时更多起到形式民主的作用，很少存在否决政府预算草案的情形，我国人大否决预算案的案例只散见于几个零星地方。例如，1995 年饶阳县、2002 年沅陵县、2003 年武汉市都曾发生过政府预算被否决而要求修改后重新审议的情况，但我国最高政府层面尚未有人大否决预算的先例。这是因为我国的《预算法》中并未赋予人大预算否决权，加上每年的全国人大会议会期短，审议事项较多，一方面，作为全国政务开支和公共开支的依据，人大代表一般不会因预算案的细微瑕疵而随意投反对票，并且在经过对各级单位和政府预算编制的严格要求和层层把控下，也能够将较大的预算失误筛查出去；另一方面，更为主要的原因是我国缺乏对全国人大否决国家统一预算这一非常态事件的对策机制。当然，人大否决政府预算必须有理有据，特别是对于中央政府的预算案，若无重大违宪违法和明显损害国家、集体和公民利益的情况，一般不宜动议否决权，可通过人大的直接修正或要求预算编制单位自行修改的方式确保预算理性。

值得提及的是，人大主导预算应是全过程的，包括在预算决策阶段的审议通过权、修正权、否决权，在预算执行、绩效评估阶段的监督权等。在预算民主国家，突出并建设各级人大及其组成人员的预算权力和能力尤为重要，拥有一个权能强大的人大组织才能够形成对政府权力必要且正当的制约。虽然环保部门更了解大气环境治理的应支出规模和结构，但其作为部门预算编制的权力所有者，亦不免存在为本部门利益而肆意夸大支出，同时在“一级政府，一级预算”的编制模式下，以及环保部门与当地政府的地缘依存和政治附属关系，使环保部门的预算收支也要受到本地政府的安排，甚至会出现有的地方政府挪用环保支出以作他用，部门预算支出规模的大小很多时候并非取决于该部门负责的公共治理的总成本合算，而是更多出于该部门在政府机构中的重要性排序，而环保部门恰恰是较受冷落的政府部门。建构人大立法主导的预算控制模式，可以通过预算法治的实体标准和程序控制来破除预算安排的随意性和人为倾向性。长期以来，我国地方政府的预算支出大多优先分配用于国家机关公务支出和集中于城市基础设施建设，关系社会公共利益的环保、教育、医疗、卫生等公共服务领域的财政支出比较有限，公共财政的民生导向体现不足，这与我国地方政府间的竞争锦标赛体制有关，在地方领导的个体趋利心态下难免会导致财政支出随地方竞争的决定要素——经济建设转移，同时，各政府部门在进行预算编制时也会考虑本部门内部利益的优先保障。在地方政府间竞争、上级和中央政府政绩考核以及现实社会的主要矛盾都指向经济建设的发展时期下，尽管环境危机日益逼近，全社会也形成了较深刻与普遍的认知和共识，但不得不承认我国现有的环境保护政策更多的是中央决策层的政治觉醒和安排，地方政府对于环境保护的重视程度取决于整个政治任务环境，由此导致环保预算规模的扩张更多的是听凭中央政府的意志，地方对于提高环保预算支出缺乏积极性，特别是在地方财权有限、财力不济的情况下，地方政府更不愿大幅度调整本级预算的支出结构，一旦地方政府投入环保领域的财政资金数额显著提高，其就必然要节减其他部门支出或通过各种增收手段来填补新增的部分，而这两种途径无疑要经受部门利益集团和权利享有者的抵制，最终地方政府唯有靠向上级或中央政府寻求财政转移的方式获得财力补充。故而，通过人大立法的形式可以将党政机关的政治意志转化为法律意志，看似简单的规则转化过程却因民主要素的嵌入而合乎正当性，也因权力机关与社会的互动共治而趋向科学性。在人大代表的民意转述作用下，可以将社会对增加环保支出进而有效改善生态环境的强烈意愿变为现实，以此实现由从上至下的预算政治安排到从下至上的预算民主反馈的模式转换。

二、环保预算过程的刚性约束

根据整个公共预算的流程进度，环保预算的全过程主要包含预算编制、预算决策、预算执行、绩效评价和预算监督等几个阶段，前面对人大主导预算决策过程已做了较为翔实的阐述，且绩效评价和预算监督也将在后文一一阐述，故在此不再赘述和先论。基于此，本部分主要从行政权力机关一方，具体论述环保方面的预算编制和预算执行过程中的法律刚性约束问题，预算法作为控权法，其立法意图的实现依赖于政府预算权力的法治化和刚性约束力。一方面，环保部门编制预算必须遵守相应的技术守则和程序规定，环保部门预算编制的明确性和规范性是预算后续进程的最基本要求，只有依照预算法律法规准确规范地编制部门预算，人大代表才能够在预算决策过程中充分理解和正常审议预算案，进而真正发挥人大监督预算的作用，也方便环保部门在预算执行阶段更好地依照预算内容合法开支；另一方面，环保部门在具体的预算执行阶段，更要以预算法律法规规定的实体性和程序性规则行使权力，确保公共财政资金真正用于解决大气污染等环境问题。塑造公共预算的刚性约束力，既要在预算编制阶段做到科学细致且合法有据，实现对政府预算权的第一层约束，继而保证预算案的科学性、正确性和可执行性，也要在预算执行阶段做到合法合理行使行政权力，真正达到对政府部门财政收支权力的合法性控制。

1. 环保预算编制阶段

2006 年财政部制定《政府收支分类改革方案》及《2007 年政府收支分类科目》，将环境保护作为类级科目纳入政府预算收支分类科目当中（“211 环境保护”，《2011 年政府收支分类科目》中改为“211 节能环保”），使环境保护在财政支出中第一次有了户头。[①] “211 节能环保”支出科目体系的建立，是预算理念与环境保护领域的融合，体现了国家对环保投入的重视和规范环保资金使用的要求。它把各个部门分别管理、散落在不同科目、以不同形式存在的环境财政支出资金，如“基本建设支出”“科技三项费用”“工业交通事业费”“行政管理费”“排污费支出”等统一纳入了环保科目，并细化了预算科目，较为全面、系统地反映了政府各项环境保护支出。通过梳理最新的《2017 年政府收支分类科目》，一般公共预算收支科目中“211 节能环保”支出主要包括环境保护管理事务支出、环境监测与监察支出、污染防治支出、自然生态保护支出、污染减排支出、可再生能源支出等。另外，在政府性基金预算收支科目中，也有可再生能源电价附加收入安排的支出和废弃电器电子产品处理基金支出两项（见附表 1）。“211 节能环保”与起初的“211 环境保护”支出类型相比，将节能支出与环保支出结合起来，更好地贴合了环境全过程综合治理的现实需要。

从“211 节能环保”支出科目设置来看，其反映了我国在预算支出结构的环保面向，为环境治理和节能保护提供了较为详细的预算保障计划，但其科目设置也存在着诸多的问题，节能环保公共支出体系还存在许多不完善之处。一是科目设置不够详尽。现有列举的有关节能环保方面的一般公共预算支出项目一共 15 款 62 项，政府性基金预算支出项目一共 2 款 8 项，但并未囊括环保支出的全部项目。例如，对于提升环保技术方面的科研投入并不包含在内，而是被整体视作科学技术支出类别来进行预算。但是环保技术在环境治理中的地

① 参见禄元堂：《中央财政环境保护预算支出政策优化研究》，财政部财政科学研究所 2011 年博士学位论文，第 124 页。

位越来越重要，如果将环保技术投入整体放入科学技术支出，则支出类别会更抽象化，而且将重点放在技术而非环保上也会导致该项支出规模的缩减，因为生产者在市场发展需求下会倾向于投资生产技术而非环保技术。二是某些科目设置不合理。“环境监测与监察”中仅有建设项目环评审查与监督、核与辐射安全监督以及其他环境监测与监察支出三项支出内容，环境监测与信息和环境执法监察被纳入“污染减排”款中。一方面，环境监测与监察的支出绝非简单的三个项目，重污染天气加大环境督查的支出、生态环境监测网络和环境监察机构的设立与运行支出等也应包括在内；另一方面，将环境监测信息与环境执法监察纳入污染减排的合理性不足，环境监测与监察并非短期内的污染减排举措，它更应是国家保护环境的一项长期活动，其支出具有长远意义。三是科目设置存在交叉重复问题。“污染防治”与“污染减排”两项实际上存在交叉，“防治”二字一在“预防”，二在“治理”，其本身就包含减少污染物排放量的要求，一些针对减排的预算支出其目的就在于防治环境污染的发生，并且其中涵盖的专门促成减排目标实现的节能支出款完全可以归并为统一的“节能支出”项，因而这两项支出内容应当合并，其中关于节能减排方面的可以纳入有关节能支出的项目之中。

“211 节能环保”预算支出科目实施以后，环境保护在政府预算支出科目中有了自己的账户，但是若无资金保障机制跟进，则其“增流”作用并不突出，一些地方“211 节能环保”预算支出科目还处于“有渠无水”的状况，突出表现在排污费之外的财政预算经费增速比同期其他行业增速偏低，不少支出执行不到位，仍然处于空白状态。① 另外，环保支出的经费来源主要依靠征收排污费，并且相当一部分的支出被用于环保机构的运转经费，“吃饭财政”的现象仍现实存在。造成这种局面的原因在于地方财权有限，财力汲取能力较弱，一般性的地方税收、收费、政府性基金等各项收入难以支撑庞杂且日益扩围的公共支出需求，为保证地方在环境保护上有充沛的财政资金，中央主要有两大思路：一是划定专款专用于环境治理的地方财政资金范围，明确排污费收入必须全部专项用于环境污染防治；二是主动加大对地方的环保专项转移支付力度，以弥补地方财力不足的体制性短缺。总而言之，中央就是通过环保资金的专项化来达到财力有效供给的，但这往往只能从支出层面的专项化来实现，收入方面的专项

① 参见吴舜泽等：《“211 环境保护”科目建立和实施并未有效扭转环保机构经费“有渠无水”的状态》，载《重要环境信息参考》2009 年第 7 期。

化和固定化并不唯多且难以实现，因为一旦从收入层面就将资金用途限定在固定领域内，则其他公共领域所能得到的财政规模必将减少，政府也无法灵活调动资金给予资金稀缺的公共部门用来支配。故而可以看到，目前只有排污费、政府性基金以及一些服务收费等政府收入会采用专收专用，已通过并即将实施的《环境保护税法》取代排污费的一个合理依据就是解除了专款专用的制度僵化，基于税收的无偿性，征收上来的环保税款足额入库，构成一般公共预算收入的组成部分，再经过政府合理的预算支出安排，可根据环境治理的成本需求度统一划定环保支出规模，不再受到排污费专款专用引起的收入规模限制。

2. 环保预算执行阶段

"预算执行是预算法的中心和归宿"，①是整个公共预算过程中最关键的阶段，也是最容易发生权力滥用的阶段。要想让国家和各级地方政府投入的环境财政资金真正发挥应有的治理效果，就要严格规范环保部门的预算执行行为，严格控制环保预算的随意变动和完善落实预算责任机制。部门预算作为公共预算体系中一级政府预算的基干，其权力与责任的规范和明确是作为政府统一预算执行的具体要求，环保部门是环保预算的执行机关，对其预算执行过程中权责义务的要求，是防范环保部门滥用职权违法开支的基本途径。

首先，应当强化预算的法律效力，严格规范环保部门遵照预算文本进行开支的权力。学界关于预算的法律性质一直存有争议，主要有预算法律说、预算行政说和预算折中说，预算法律说主张预算经由代议机构依法审议通过，即具备法律的一般特征和国家强制力。例如，德国联邦宪法法院就曾裁判认为预算是"一个经济方案，同时也是一个引导国家的，且是法律形式的高权规范，能在规范的年度中，对于中央行政在经济层面予以原则性的决定"。② 预算行政说认为预算不同于法律，在日本它被认为是一种"行政机关所做出的训令"或"议会对政府表示赞同的意思表示"，不过该学说也正随着理论研究的发展而趋向瓦解，"预算是规范政府财政收支行为的法律规范"在日本学界正逐步得以接受。此外，我国有学者主张预算法律性质折中说，认为预算"一部分是法律，一部分是行政行为"。③ 总而言之，学界关于预算法律性质的定性较为一致的地

① 熊伟：《预算执行制度改革与中国预算法的完善》，载《法学评论》2001 年第 4 期。

② 陈新民、刘孔中：《宪法解释之理论与实务》(第 3 辑下册)，台北，"中研院社科所"2002 年版，第 288 页。

③ 朱孔武：《财政立宪主义研究》，法律出版社 2006 年版，第 132 页。

方在于普遍认同预算具有特殊法律性,有学者以"措施性法律"称之。笔者认为,理论实质上预算效力是由代议机关民主表决所赋予的,在此之前,政府部门编制的预算草案只不过是"一本记录政府开支计划的记账本"而已,真正给予预算以生命力的是代议制民主的作用,这使预算就不仅仅限于纸面上的记录意义,更突出的价值在于其控权功能。当然,预算案毕竟与一般法律有所不同,它具有一定年度期限内的适用性,而法律在生效期内具有长期适用性,况且预算案会根据现实变化经常调整变动,法律则忌讳反复修改,相对的确定性和固定化是对立法工作提出的最基本要求,从而决定了预算的法律性具有不同于法律规范的特殊之处,这也构成了政府预算的二重奏——法律层面的"规范性"和行政层面的"有效性"。[①] 按照通常理解,预算是政府部门为实现有效社会治理而编写的资金分配和支出计划,属于行政行为的一部分,但究其本质来看,预算更应是明晰政府权力进而保障公民权利的民主法治路径,特别是对于我国这样一个行政主导型国家,强化预算的法律效力,突出预算的规范性,具有切实必要的现实性。言述于此,依照《预算法》第 53 条第 2 款的规定,"各部门、各单位是本部门、本单位的预算执行主体,负责本部门、本单位的预算执行,并对执行结果负责",在环保部门行使预算执行权的过程中,要树立预算法治思维,严格按照预算执行,不得虚假列支,同时财政部门作为财政预算的管理机关,也必须依照法律、行政法规和国务院财政部门的规定,及时、足额地拨付预算支出资金,不得无故截留或缩减应当拨付的财政资金。

其次,预算的规范性不能成为制约公共有效治理的绊脚石,政府预算毕竟是对未来国家治理支出的计划安排,不可能全然符合社会发展所需,预算的规范控权和刚性约束要以不影响预算执行的有效性为边界,该原则切实反映在预算调整制度上。由于经济形势改变、持续不断的政治斗争、领导层的变动以及公众关注问题的焦点转移等原因,执行中的预算案与通过时的预算案不可能完全一致,有必要根据现实情形的变化对预算案作出相应的变通和改变。[②] 然而,一旦授予预算执行部门适时调整预算案的自由裁量权,预算执行部门的行政长官就有可能利用这种自由裁量权去违反公共意志和立法者的初衷,因而有

---

① 具体可参见黎江虹:《规范性和有效性:政府预算中的二重奏》,载《武汉大学学报》(哲学社会科学版)2015 年第 3 期。

② 参见[美]爱伦·鲁宾:《公共预算中的政治:收入与支出,借贷与平衡》,叶娟丽、马骏等译,中国人民大学出版社 2001 年版,第 250 页。

必要对预算执行部门的预算调整行为施以严格的法律规制，同时也要考虑到预算的规范性对有效性的反向制约效应，以实现预算调整制度的规范化为路径，不能过于偏向预算规范的控权意义而发生预算执行僵局。总而言之，预算执行的有效性聚焦于预算松紧度的拿捏，而预算松紧的界定主要在于对预算弹性空间的规制上，就是说界定其边界的关键在于对预算调整的合理界定上。[①] 为确保环保部门的预算执行达到应有的大气环境治理效果，就有必要依法规制环保部门的预算调整行为。2014 年我国《预算法》修订过程中专设"预算调整"一章，明确了应当进行预算调整的四项条件（需要增加或减少预算总支出的；需要调入预算稳定调节基金的；需要增减预算安排的重点支出数额的；需要增加举借债务数额的），同时对预算调整方案的编制、审批、执行和公开都作了较为详细的规定，然而我国对预算调整制度的立法规范仍有较大提升空间，一个主要的不足之处就体现在《预算法》对压力型预算调整的忽视。所谓压力型预算调整，是指受上级政府政策或指令的影响引发的下级政府的预算调整行为。[②] 联系前述的纵向大气污染治理的压力型体制，尤须关注可能由于上级和中央政府的政治任务压力而导致环保预算的非常规调整，这既包括基于大气环境治理任务的政治压力导致的其他部门预算支出调整，也包括基于其他领域的政治任务压力（如大型活动、工程的建设任务，教育、医疗、卫生领域的民生任务等）导致的环保部门预算支出调整，还包括基于其他环境污染类型治理的紧迫任务导致的大气环保预算支出调整。针对于此，在压力型预算调整情形下，上级和中央施加给地方以任务压力就应当考虑通过转移支付的手段来平衡可能造成的地方预算波动，这也回应了《预算法》第 57 条的规定，"在预算执行中，地方各级政府因上级政府增加不需要本级政府提供配套资金的专项转移支付而引起的预算支出变化，不属于预算调整"，然而上级和中央政府应就向下转移支付导致本级政府预算支出变化这一情形按照预算调整处置，从而对预算单位的支出调整加以法律规制，同时对接受转移支付资金的下级预算单位的执行行为强化财政监督。

最后，决定部门预算执行过程中预算约束力的刚性力度并非条文所列举的实体与程序要义，而是相应法律规范对预算主体违法行为的责任条款。一般预

---

① 参见黄家强：《从规范到有效：预算调整的合理界定——兼评新〈预算法〉的突破和不足》，载《中南财经政法大学研究生学报》2015 年第 1 期。

② 参见张亲培、素坤：《中国压力型预算调整研究》，载《学术界》2010 年第 5 期。

算行为的法定性和预算违法行为的归责性构成了法律规范预算行为的正反面，只有通过责任法定的方式才能真正贯彻落实预算法定。鉴于此，我国现行《预算法》专设“法律责任”一章，强化了对预算违法行为进行责任追究的力度，主要责任类型包括行政责任和刑事责任，具体的责任承担方式有行政责任上对于相关责任官员的警告、通报批评、降级、撤职、开除以及要求责任单位责令改正、追回违规资金以及没收违法所得等，相比之前有了较大进步，但同时也存在列举的违法行为类型不全面、责任形式不完备以及责任追究机制不健全等问题，①其主要涉及的是预算编制、执行中的违法行为，并没有涉及预算审批、监督中的违法行为；不仅责任形式极有限，而且处罚力度仍旧不够；更重要的是，预算法律责任追究依然依赖财政部门的预算监督，是一种行政内部监督，缺乏公民监督和司法救济的机制。我国预算法律责任制度存在的诸多问题，有的环保部门的领导官员违法截留、私设“小金库”、贪污腐败问题较为严重。因此，加大对预算违法行为的责任追究力度，确保环保财政资金的合法使用，已然成为环境治理当中的紧要议题。为此，需要从责任力度的加深、责任形式的拓展和责任追究机制的完善三个方面来展开：一是责任力度的加深，加大现有预算法规定的行政责任和刑事责任追究力度，特别对于行政责任方面，除行政处分和行政处罚外，还应包括行政追偿责任。例如，在预算的编制和执行过程中，对有过错或重大过失并造成国家利益重大损害的公务员给予经济责任上的追究。② 二是责任形式的拓展，创设预算违法行为的宪法责任和经济责任等类型，对于违反人大审批、修正和否决等宪法程序的预算支出安排应当追究相关主体的违宪责任。另外，经济责任方面可以确立针对预算违法行为的惩罚性赔偿机制，从而提高违法的经济成本，挫伤单位组织和行政官员违法支出的行动意愿。三是责任追究机制的完善，主要围绕预算违法行为的可诉性而展开，预算行为之目的是保障能提供使社会公众满意的公共产品与服务，一般情况下与国家行为无涉，更不会引起政治纷争，从而具备司法审查的可能性和必要性，所以自然不能游离于可诉性范围之外，③预算可诉性理念的确立直接导致预算公益诉讼机制的构建，在具体制度建设上可以借鉴环境公益诉讼的有关做法，将

---

① 参见龚雪：《论新预算法法律责任的缺陷与完善》，载《特区经济》2016 年第 1 期。

② 参见蒋悟真、王莎莎：《预算违法行为的法律责任探讨》，载《江西财经大学学报》2009 年第 1 期。

③ 参见蒋悟真、胡明：《预算法的可诉性理念及其司法机制构建》，载《当代法学》2012 年第 5 期。

诉讼主体赋予检察机关和纳税人团体组织，基于诉讼成本和效率的考量，现阶段下不宜赋予公民个人提起预算公益诉讼的权利，而应通过民意代表机构或组织的第三方力量间接实现司法问责预算违法行为的目标。

三、环保预算结果的绩效评价

预算治理现代化的全景画卷呈现的是一幅囊括预算善治、预算共治与预算法治的三维图像。[①] 公共预算的基本特质为公共性，它既要求政府的预算权力行为具有合法正当性，更以实现预算支出指向的公共事务善治为目标价值。从功利主义上来说，预算治理的最终归宿是实现预算善治的理想状态，就是"使公共利益最大化的社会管理过程"。预算善治作为一项远期目标，自然要有相应的绩效评价机制对阶段性预算治理效果进行评估，而不能自认为建立起科学系统的预算规则就能当然地达到公共事务的有效治理，实际上预算规则的严格遵守只是实现预算治理的前提要件，预算善治的最终形成和长久维持更多依赖于治理经验的反思与总结。正如印度著名学者阿玛蒂亚·森所言："我们绝不能将公正问题简单交给某些我们认为无比正确的社会制度或正义，然后就置之不理，也不采取进一步的社会评价。在追求公正的过程中，探究事物的实际运作以及是否获得进一步的改进是一项持久且无法回避的内容。"[②]因此，预算执行并不只看部门是否恪守预算法律规范，也要看其预算执行结果是否达到最优状态，针对于此，绩效预算作为一种新的预算模式正在世界范围内普遍推行开来。

绩效预算模式肇始于20世纪初的美国，后在20世纪七八十年代逐步在世界范围内推广开来，它以结果为导向，以绩效评价为关键，以分权为激励，以监督和责任为约束，[③]其中最突出的特征便是治理结果导向和绩效评价机制。一是在治理结果导向上，绩效预算既要求政府的预算报告详细地表明支出规模、支出去向和支出结果，更要求有关政府部门的预算执行取得预期的社会效果；二是在绩效评价机制上，为科学评判政府部门的预算执行所达到的社会效果如何，需要建立起基于公共治理效果信息反馈、收集、分析和报告的绩效评价机

---

① 参见胡明：《预算治理现代化转型的困境及其破解之道》，载《法商研究》2016年第6期。

② [印]阿玛蒂亚·森：《正义的理念》，王磊、李航译，中国人民大学出版社2013年版，第77页。

③ 参见孟庆瑜：《绩效预算法律问题研究》，载《现代法学》2013年第1期。

制。近年来，我国十分重视绩效预算模式的构建，党的十六届三中全会提出"建立预算绩效评价体系"，党的十七届二中、五中全会提出"推行政府绩效管理和行政问责制度""完善政府绩效评估制度"。2009 年 6 月财政部发布《财政支出绩效评价管理暂行办法》，确立财政支出绩效评价应当遵循的基本原则和主要依据，并对评价对象和内容、绩效目标、评价指标、评价标准和方法、组织管理和工作程序、绩效报告和绩效评价报告、绩效评价结果及其应用等内容作出了系统规定，时隔两年后财政部又对该文件做了后续修订。2011 年财政部印发《关于推进预算绩效管理的指导意见》，对于在全国范围内推进预算绩效管理的指导思想、基本原则、主要内容和工作要求进一步提出指导性意见。在法律层面确立起绩效预算机制的标志性事件还是 2014 年《预算法》的修订，其第 12 条就将"讲求绩效"与"统筹兼顾、勤俭节约、量力而行和收支平衡"一起作为政府预算的五项基本原则，并对预算编制、预算审批、预算执行和决算阶段都提出了绩效评价的要求。在部门预算方面，为了统一规范中央部门预算支出绩效评价工作，财政部预算司于 2005 年发布《中央部门预算支出绩效考评管理办法（试行）》。相应地，其他司局先后出台和修订了分行业、分部门的财政绩效评价管理办法，①具体到中央环保部门，2016 年 2 月环保部办公厅印发《环境保护部部门预算绩效管理暂行办法》，对环保预算绩效的组织管理、目标管理、运行监控、评价机制、评价结果的反馈和应用等都作出了规定。在组织管理方面，根据需要可将绩效指标审核和绩效评价工作委托给第三方实施；在绩效目标管理方面，包括绩效目标的分类、内容和审核要求；在绩效运行监控方面，包括项目绩效定期报告制度、绩效运行监控机制等；在绩效评价方面，包含绩效评价的定义、依据、内容、实体和程序规定等；在绩效评价结果的反馈与应用方面，涉及绩效评价结果对以后年度预算编制和管理的应用与参考价值及对其公开义务。

一般而言，根据资金使用主体和去向的不同，环保支出大致可分为部门支出和项目支出两种类型。围绕着环保支出的两个方面，应当划定不同的绩效评价标准，依照国际范围内的主流观点，前者应着重从财政纪律、分配效率、成本效益三个方面对绩效进行评价，后者应从环境效果、财务稳健性和管理效率三

---

① 如《中央级教科文部门绩效考评管理办法》《中央级行政经费项目支出绩效考评管理办法（试行）》《中央级农口部门项目支出绩效考评实施办法（试行）》《中央经济建设部门部门预算绩效考评办法（试行）》《中央经济建设部门项目绩效考评管理办法》等。

个方面进行绩效评价。[①] 一方面，环保预算支出的绩效评价要有科学的指标体系作为衡量标准，如经济性指标、合规性指标、资金配置效率指标和资金使用效率指标，在经济性指标方面，要考量环保预算支出是否达到成本收益的最大公约数；在合规性指标方面，要看环保预算权力行使的全过程是否符合预算法律规范要求；在资金配置效率指标上，要检验环保部门对专项财政资金在不同环保项目之间进行合理配置职责的履行情况；在资金使用效率指标上，要关注环保部门基本经费的产出和影响效率。另一方面，环保预算支出的绩效评价除了来自预算治理信息的科学收集、反馈和整理外，更来自社会民众对于环境治理的直接观感，近年来虽然我国政府机关发布的环境监测数据显示全国的大气环境质量正渐趋好转，但现实中“国家标准”总是与“民众感受”相差甚远。正因如此，环保部提出要将“大气环保考核和民众感觉直接挂钩”，“标准不是为政绩服务的，也不是为形象服务的，更不是为政府部门和商家利益服务的。只有为民众利益服务的标准才堪称真正的标准，标准也只有为民众利益服务了，标准之下的监测结果才可能真正贴近百姓的切身感受”。[②] 2011 年时任国务院总理温家宝在会见参加 2011 年中国环境与发展国际合作委员会年会的外方委员和代表时，就曾指出“要使监测结果与人民群众对青山绿水蓝天白云的切实感受更加接近”，甚至在 2011 年全国“两会”上，有政协委员专门提交了《关于建立真实反映民众感受的统计指标体系的提案》，建议改革现有统计制度，建立真实反映民众感受的统计指标体系。这就要求国家在进行环保预算支出绩效评价的过程中，要突出强调预算资金使用结果产出的社会影响，与大气环境质量的民众普遍性感受相结合，让环保预算支出的公共治理效果接受社会监督。当然，强调广大民众对于大气环境状况的集中感受并非将环保预算的绩效评价定位为人为感性层次，而是在预算管理绩效评价的指标体系和大气环境质量监测的标准确定上加入民主元素，意味着政府在考量评价环境财政投入所对应实现的大气环境治理效益时，应当积极听取民众的意见，要想评价某一地方大气环境质量的好坏最为直接的方式就是去询问当地的居民，他们才是最不会说谎的人，因为人人都是生态环境的直接利益者。

---

① 参见房巧玲、刘长翠、肖振东：《环境保护支出绩效评价指标体系构建研究》，载《审计研究》2010 年第 3 期。

② 陈方：《为何“国家标准”总与“民众感受”不一致》，载央视网：http://opinion. news. cntv. cn/20111117/102503. shtml，最后访问日期：2017 年 7 月 10 日。

四、环保预算流程的民主参与

预算民主原则是公共预算的核心原则，它要求一国的预算全过程都要遵从人民的意愿并依据民主程序进行，且接受人民及其代议机构的民主监督。① 民主决策、民主监督和民主参与是预算民主原则的应有内涵和基本维度，具体表现如下：其一，在民主决策方面，代议机关作为民意代表依法行使预算审批权，只有经过国民议会审议表决通过的预算计划始生效力，在我国各级人大组织是政府预算的审批机关，其组成人员——人大代表是由民众直接或间接选举出来，代表广大人民依法行使表决权的各领域人士，体现的是一种预算的间接民主。其二，在民主监督方面，推进政府预算公开是实现民主监督的必要途径，它在保障公民知情权、建立责任政府、遏制财政腐败等方面具有重要价值。②2014 年我国《预算法》修订，对预算公开的程序事项作了比较细致的规定，建立起硬性约束的政府预算公开制度。2016 年中共中央办公厅、国务院办公厅印发《关于进一步推进预算公开工作的意见》，对预算公开的范围、内容、方式等都提出了进一步完善的意见，预算公开制度的建立和完善是提升财政透明度、加强预算民主监督和构建权责公开的现代政府组织的必由之路。其三，在民主参与方面，自 1989 年世界上第一个参与式预算在巴西诞生以来，参与式预算已在包括中国在内的发展中国家和经济转轨国家得以普遍采用。与传统的、政府单方面主导的预算决策制定程序不同，参与式预算要求政府、公民、非政府组织和社会组织共同参与预算过程，并且允许公民在决定资源"如何使用"和"用于何处"方面扮演一个直接决策者的角色。③ 参与式预算体现了直接民主的长处，它使预算治理不再是国家机关单方主导的产物，而更多的是一种政府与社会互动治理的民主模式，有利于实现政府预算的民主性、法治性、科学性和公共性。总之，人大立法监督的民主决策、政府预算公开的民主监督和参与式预算的民主参与，已然形成推动我国预算民主的三条主要进路，④而预算民主化的建设和形成又直接影响政府预算治理的权力是否明确、行为是否规范、结果是

---

① 参见华国庆：《预算民主原则与我国预算法完善》，载《江西财经大学学报》2011 年第 4 期。

② 参见胡锦光、张献勇：《预算公开的价值与进路》，载《南开学报》（哲学社会科学版）2011 年第 2 期。

③ 参见王雍君：《参与式预算：逻辑基础与前景展望》，载《经济社会体制比较》2010 年第 3 期。

④ 参见蒋悟真：《推动预算民主的三条进路》，载《法学》2011 年第 11 期。

否有效。因此,只有通过环保预算民主监督机制的构建,才能在政府主导大气环境治理的过程中真正以维护广大人民的切身利益为出发点和追求目标,避免发生侵害公民基本权利的权力违法行为。同时,也只有让公众参与到政府预算的公共治理过程中来,才能保证政府及时有效地听取社会意见,出台科学有效的应对措施。

第二节 税制改革与激励型大气环境治理

一、环保税立法的直接规制

2016 年 12 月 25 日,第十二届全国人民代表大会常务委员会第二十五次会议以 145 票赞成、1 票反对、4 票弃权,表决通过《环境保护税法》(以下简称《环境税法》),于 2018 年 1 月 1 日起施行。这是党的十八届三中全会提出落实"税收法定"原则要求,《立法法》对"税收法定"作出明确规定之后,提请全国人大常委会审议并通过的首部单行税法,也是我国第一部专门体现"绿色税制"、推进生态文明建设的单行税法。[①] 由此,随着 2016 年营业税改增值税的全面实施,营业税退出历史舞台,环境税正式入列成为我国第 18 个税种。

为响应新一轮税制改革的减税降负要求,环境税立法的一个基本原则就是要体现排污费制度向环保税制度的平稳转移。2016 年公布的《关于〈环境保护税法(草案)〉的说明》(以下简称《说明》)中,明确要按照"税负平移"的原则进行环境保护费改税,根据现行排污费项目设置税目,将排污费的缴纳人作为环境保护税的纳税人,将应税污染物排放量作为计税依据,将现行排污费收费标准作为环境保护税的税额下限。从积极意义上来说,税负平移的基本要求,既贴合了我国当前减税降负的政策环境,更减轻了增税面临的政治对抗和社会压力,使环境税立法能够赢得最大范围内的民主同意,从而在立法程序上顺利得以通过,尽早实现法律的社会效应。就消极层面而言,由于只是将原来的排污费进行平移,升级成环境税,决策层坚守不增加企业税负的政策基调还是让环境税法偏向柔和,总的来看,环境税处于"不能增加税负"的立法基调和"促进环境保护"的立法目标之间的矛盾纠葛之中。如果就税负平移用来排除环境税立法确立过程中可能遭遇的改革阻挠这一层面而言,其无疑具有实现环境保护由"收费"向"征税"的时代转换意义,但也正是因为税负平移,导致企业的环

---

① 参见秦长城:《环境税:"绿色税制"一大步》,载《新理财》2017 年第 Z1 期。

境税负成本相较过去并未显著提高。相较排污费时代，环境税加诸于企业身上的环境成本波动不大，这就很难激励企业自觉更换生产设备、加大环保技术投入或采取其他环保行动，想尽一切办法来减少企业因环境污染造成的税收成本，从而尽可能多地增加企业盈利收入。因此，若不在企业成本上凸显环境税的地位，企业就不会因环境税制度的确立而感到强烈的税痛感，因为无论是排污费也好，还是环境税也罢，只要企业的环境成本没有显著增加，就很难引起经营者的重视，一旦经营者不在经济上重视环境问题，我们就很难让排污企业自觉遵守环境保护责任，因为除了从法律和经济上可以控制与激励企业生产经营行为对环境产生的影响外，我们无法建立起环境保护的道德高地，强迫每个人的内心都认同环境的重要性，从而外化为有利于环境利益的素质行动。

税负平移原则使得我国的环境税立法在技术层面上具有明显的"费改税"特色，其主要表现在以下几个方面：

（1）纳税主体方面。《环境税法》将纳税主体定为在我国领土范围内直接向环境排放应税污染物的企业事业单位和其他生产经营者，基本上延续了排污费缴纳主体的范围，只是将《排污费征收使用管理条例》中的主体规定（单位和个体工商户）与现实的法人分类相衔接，将"单位"这一模糊概念进行了明确，实施排污行为的企业和事业单位才是纳税主体，这就排除了国家机关单位的纳税义务，因为如果将国家机关也纳入环境税的主体范畴，必然是从国库中支付出去再收回来，难免是一种毫无意义的举动。

（2）税目设计方面。依照环境税法的规定，环境税目包含大气污染物、水污染物、固体废物和噪声四个类别，这与排污费的征收对象是一致的。其中，在环境税立法过程中曾经存在一个很大争议，那就是对于二氧化碳如何进行征税。一种观点认为应将二氧化碳纳入环境税的税目当中，另一种观点主张另外确立专门的碳税税种，制定相应的碳税法，这两方观点争执激烈，一直难以平息，因而在《说明》当中采取搁置争议的处置办法，暂不将二氧化碳纳入征收范围。虽然二氧化碳作为温室气体危害的主要来源未能被纳入环境税，但并不意味着政府对此问题漠视不见。一方面，我国积极推动碳排放权交易市场建设。2011 年 10 月国家发改委下发《关于开展碳排放权交易试点工作的通知》，正式批准北京、上海、天津、湖北、广东、深圳、重庆 7 省市开展碳排放权交易试点工作。2014 年国家发改委制定发布《碳排放权交易管理暂行办法》，目前《碳排放权交易管理条例》也正在积极推进当中。2016 年 1 月国家发改委又发布《关于切实做好全国碳排放权交易市场启动重点工作的通知》，要求结合经济体制改革和生态文明体制改革总体要求，以控制温室气体排放、实现低碳发展为导向，充分发挥市场机制在温室气体排放资源配置中的决定性作用，国家、地方、企业上下联动、协同推进全国碳排放权交易市场建设，确保2017年启动全国碳排放权交易，实施碳排放权交易制度。另一方面，碳税立法也已进入研究阶段。国家计划自2017年至2020年通过碳排放权交易来完成碳市场启动的第一阶段，第二阶段的启动标志就是碳税的开征，据发改委气候司副司长蒋兆理透露，国家正在启动2020年开征碳税的研究。

(3)计税依据方面。环境税沿用了排污费的计算依据和方法，即以污染物的排放量为依据，在应税排放量计算上，大气和水污染物都是按照污染物排放量折合的污染当量数确定，固体废物按照排放量，噪声按照超过国家规定标准的分贝数确定。并且在计税方法上，大气污染物、水污染物和固体废物都是以污染当数或排放量乘以具体适用税额来进行计算的，噪声按照超出国家规定标准的分贝数对应的具体适用税额计税。

(4)税额标准方面。鉴于根据2014年9月发改委、财政部和环保部共同出台的《关于调整排污费征收标准等有关问题的通知》中要求，全国31个省、自治区、直辖市于2015年6月底前，将大气和水污染物的排污费标准分别调整至不低于每污染当量1.2元和1.4元，即在2003年基础上上调1倍，其中有7个省、直辖市调整后的收费标准高于通知规定的最低标准。因而环境税基本沿用了现行的排污费税额标准。此外，考虑到各地情况差异较大，《环境税法》第6条规定，允许地方政府(省、自治区、直辖市)根据本地区环境承载能力、污染物排放现状和经济社会生态发展目标要求，在《环境保护税税目税额表》规定的税额幅度内确定和调整大气污染物和水污染物的具体适用税额，报同级人大常委会决定，并报全国人大常委会和国务院备案。由此可见，目前我国环保税对于主要污染物的适用税额并非全国统一的，而是国家划定一个浮动标准，地方可根据各地实际情况进行确定和调整，故而税额标准的最终确定权还是在于地方层面，这种依各地实际情况来确定税额标准的做法，未能实现环境税整体调节资源配置的平衡效应，反而因为各地的环境税标准落差有别，可能造成污染型企业的跨地区转移，从而造成环境污染问题的转移，在大气和水污染的跨域影响力下，终会使全国性的环境污染仍旧积重难返。

(一)制度缺陷：环境费改税的现实起因

在两项事物间作出唯一性选择，一般建立于通过选择作出改变的现实迫切性，以及对二者的比较优势评价的基础之上。之所以要推进环境费改税，一方面与排污费制度的弊端不无关系；另一方面也与环境税相较排污费的比较优势相关。环境费改税的路径展开源自于我国一直以来的排污收费制度暴露出来的问题弊端，自1979年颁布的《环境保护法（试行）》确立排污费制度，2003年国务院公布《排污费征收使用管理条例》以来，应当肯定的是，排污费制度对于防治环境污染确实发挥了重要作用。据统计，2003年至2015年，全国累计征收排污费2115.99亿元，缴纳排污费的企事业单位和个体工商户累计500多万户。2015年征收排污费173亿元，缴费户数28万户。但与税收制度相比，排污费制度存在征收标准偏低、地方政府和部门干预导致执法刚性不足、环保部门经费依赖性较大等问题。

1. 排污费的征收标准明显低于污染治理成本。尽管2014年国家将污水和废气污染物的排污费征收标准提高至原有2003年标准的1倍，并对污水中的化学需氧量、氨氮和5项主要重金属污染物（铅、汞、铬、镉、类金属砷）以每污染当量1.4元的标准单独计征，但仍远低于污水和废气每污染当量2.46元和2.1元的治理成本。这使排污费难以发挥污染者付费的制度效果，治理成本与排污费之间的差额需要公共财政填补，这使我国的环境污染并未完全体现污染者付费原则，而是有一部分被平摊到每个纳税人身上，相当于大部分民众为一小部分企业或个人的排污行为埋单，无法体现环境责任的公平负担。

2. 地方政府和部门干预排污费征收的情形时有发生。依照2003年公布的《排污费征收标准管理办法》的规定，排污费的征收由县级以上地方人民政府环境保护行政主管部门负责。但《排污费征收使用管理条例》中规定，县级以上人民政府环境保护行政主管部门、财政部门、价格主管部门对排污费的征收、使用负有指导、管理和监督的职责，同时，在排污费征收的国家标准是由国务院价格主管部门、财政部门、环境保护行政主管部门和经济贸易主管部门共同制定的结果，未作规定的，在地方上由省、自治区、直辖市人民政府可以制定地方标准。排污费征收、管理和使用过程中存在多部门职权交叉的情形，这使排污费制度因为夹杂着许多环境保护目的之外的利益需求而弱化了其应有的环境规制功能。再者，这种多级政府和多部门共管的格局也使排污费受制于来自各个方向的权力干预。一方面，中央层面的各个主管部委之间存在不同的利益主张和基本立足，在协商制定排污费制度时，难免基于有利于本部门行政工作之展开而提出某些要求，这些要求可能与环境保护的目标宗旨相违背。另一方面，特别是地方政府施加于排污费上的行政干预更严重，在保持地区经济稳定发展的根本方向指引下，地方政府重经济增长、轻环境保护的现象仍很严重，为了吸引投资或留住企业，一些地方对企业施加各种优惠，如实行排污费“减半征收”，有的直接划定“无费区”，还有的甚至设立“企业宁静日”，在该期间内不得随意干扰企业正常经营运作。这些来自地方政府和部门的不当干预行为已然阻断了排污费制度的正常效果发挥，导致排污费的征收、管理和使用因为受到地方的随意干预而刚性不足。

3. 环保部门的经费支持严重依赖于排污费征收。根据《排污费征收管理条例》第4条的规定，排污费的征收、使用严格实行“收支两条线”，征收的排污费一律上缴财政，环境保护执法所需经费列入本部门预算，由本级财政予以保障。但在实践中，排污收费在环保部门的经费保障中占据着重要部分，多数基层财政部门，尤其是西部地区普遍存在“以收定支”的现象，排污收费用于部门经费的贡献率一度高达32%。① 这就导致地方通过违规设置“收缴过渡户”、人为混库等方式挤占、挪用和截留排污费收入，甚至还出现“列收列支”排污费，“虚收空转”等问题。这主要是因为地方财政给予环保部门的预算支持有限，排污费存在许多征收漏洞和监管不力的地方。

（二）税费权衡：环境费改税的理论支撑

排污费和环境税制度的背后都体现了“污染者付费”原则，即污染者负担原则。根据该原则，一切向环境排放污染物的单位和个体经营者，都应当依照政府的规定和标准缴纳一定的费用，以使其污染行为造成的外部费用内部化，促使污染者采取措施控制污染。② 在实践中，污染者付费原则常被细化成很多创造性的方式而实行，如受益费、排污费和许可证费等收费方式，还包括征税方式。总体来说，“污染者付费”原则表现为税与费两种形式，它们都是实现环境污染外部成本内部化的途径，能够激励企业采取有效措施减少污染排放，从而实现污染物排放量的源头控制。

但从财税法理上来看，税与费有着不同的特质，我们通常所称的收费和政府性基金在我国台湾地区法学界，被视作税收之外的强制性公课，分别称为受益负担和特别公课，其中规费和受益费是组成受益负担的两大分类。“规费乃是为满足国家或地方自治团体的财政需要，而以行政高权的方式，加以课征之

---

① 参见孙秀艳：《排污费花到哪儿去了》，载《人民日报》2014年8月30日，第9版。

② 参见王利：《论我国环境法治中的污染者付费原则——以紫金矿业水污染事件为视角》，载《大连理工大学学报》（社会科学版）2012年第4期。

金钱给付”，[①]并且依照规费负担的原因不同，规费一般被分为行政规费、司法规费、使用规费以及特许规费几类。[②] 一般地，排污费被认为是政府特许授权企业排污权利的合理对价，因而属于特许规费。相较之下，环境税属于税捐之一种，其作为社会目的税，有寓禁于征的效果。就原理上而言，规费与税收属于两种不同的公课方式，二者间的差别主要体现在以下方面：(1)性质方面，税收属于无对待给付的公法债务，而规费是个别公共服务的对待给付，这就决定了政府征税和收费之后的资金管理和支出去向有所区别，前者只能实行统收统支，不指定税款使用于哪一具体领域，一旦收入国库后就转变为数字表示，由政府预算安排和调整；后者则要求费用的征收和使用必须符合专款专用，服务于特定公共领域内的支出需求。故而，环境税相比排污费的一个主要区别就在于不再拘束于规费属性的专款专用要求。(2)原则立足上，规费体现“原因者付费”或“受益者付费”的原则要义，以有效填补公共治理成本、费用支出或利用经济手段管制市场为征收行为界限。其中特许规费主要以规费的形式实现某种经济管制目的，虽不受“成本填补原则”的有限费用限制，但也要遵循基本的“法律保留”原则，以排污费为例，对于企业的排污行为，要根据排污费征收使用的有关规定，实现法定征收和依法支出，不可因行政权力的滥用而导致排污费的管制和引导功能失灵。反之，立足于量能课税原则的环境税，其保护公共利益的要求并不能因此影响企业的正常经营，因为一旦纳税人即排污企业的经营所得被无限制征税之后，市场活力和员工生存就要受到影响。在一定意义上，量能课税原则是税法谦抑性的体现，它要求政府不得肆意闯入经济自治领域、增加商品和服务的成本而导致经济失去活力的现象发生。[③] 这就要求环境税要相比排污费更加注重政府管制市场的适度性和政府引导市场发展的能动性，既要实现以税治污的最大反向管制作用，也要通过减免税等税收优惠举措来实现正向激励功能。

（三）环境费改税后的待解谜题与解困之道

尽管我国已经完成了环境费改税的改革，确立了环境税制度，但后续仍旧面临着目标重塑、税收征收管理和收入的府际分配等问题。一项税收制度，在议会那里获得表决通过，从而满足税收法定主义要求固然重要，但这也只是开

---

① 陈清秀：《税法总论》，台北，元照出版股份有限公司2012年版，第80页。

② 参见刘剑文、熊伟：《税法基础理论》，北京大学出版社2004年版，第17页。

③ 参见王惠：《试论税法谦抑性》，载《税务研究》2011年第2期。

启了税收的复杂工序的第一步，关键是如何让税收发挥最大效用，如何让税务机关的征收管理行为与复杂多变的社会现实相对接，又如何对既已征收上来的税收收入进行政府间合理划分等。其一，环境税既作为政府财源之一，又是激励企业减少污染排放的间接手段，其具有的双重目标——环境治理和财政汲取之间实际上存在着内在矛盾。其二，环境税一改过去排污费由环保部门“自收自管”的独立征收管理模式为财政部门主导、环保部门配合的协同征收管理模式，这势必会对部门间的行政紧密合作提出要求。其三，已征收入库的财政收入要在各级政府间进行合理分配，以供政府机构维持正常运转和履行公共责任，环境税的收入权归于中央还是地方，亦是亟须解决的主要问题之一。

1. 在环境税的目标旨意上，其具有环境治理和财政汲取两大立法取向，即环境税具有社会目的和财政目的两种。前者系主要目标；后者系附随目的。从理论上来看，环境税的内涵要义就是借助于财政手段来实现环境保护目标，财政收入只是手段，环境保护才是目标。但在现实语境中，可能会出现本末倒置的现象，地方政府在缺乏地方税体系下难免会将环境税作为创收来源，导致环境税的财政目的超越社会目的，从而侵犯纳税人权利，影响企业生产经营秩序。根据《环境税法》第1条的规定，环境税的立法目的是“保护和改善环境，减少污染物排放，推进生态文明建设”，将环境税整体定位为社会目的税，但不言而喻的是，其还存在财政汲取这一隐性目的。一旦将环境税定位为保护环境的政策法而忽略其税之机理，就会与排污费并无二致，因而即便是将环境保护列为首位立法目的，财政收入也始终占据一席之地。① 立足于此，如何处理环境税二维目的之间的关系以及采取何种行动便显得尤为必要。在处理环境税的社会目的和财政目的方面，应当固守其通过经济诱导实现环境保护的主要社会目标，同时还不应忽略其汲取政府财政收入的次要附带功能。尽管税收作为一种无特定给付内容的财政募集手段，但在现代公共财政体制下决定着税收必须“取之于民，用之于民”，因而环境税经征收入库后成为公共财政资金组成部分，但环境治理和保护事务的公共性决定着必须用公共财政来提供资金支持。虽然不再像排污费那般从收到支都要符合专款专用的技术标准，但环境税一定要用于环境治理与保护的特定目的未有改变，这一点可从环境税法的立法宗旨中得到印证。另外，既然环境税是作为政府向排污机构征收超标排污行为之金

① 参见叶金育、褚睿刚：《环境税立法目的：从形式诉求到实质要义》，载《法律科学》2017年第1期。

钱对价，属于税务机关征税权的行政结果，就不免存在可能侵犯纳税人权利之违法行为，为确保权力机关合理且合法行使征税权，就要树立纳税人权利保护理念，它是评价环境税法正当性的标准所在。① 在环境税的征收管理过程中，一方面要严格公正执法，杜绝执法者滥于行使征收管理权力；另一方面要建立起完善的纳税人权利体系和司法救济机制，形成纳税人对行政行为的有效监督，赋予纳税人依法维权，诉诸司法寻求救济的权利。

2. 在环境税的具体征收管理方面，负责税款具体征收管理的财政部门与涉税信息获取的环保部门各自担负的行政职能并不相同，但却基于环境税的征收管理问题产生了千丝万缕的联系。一方面，环境污染事实和污染量等信息属于环保部门职责范围，这是产生环境税的事实源头和计税依据。另一方面，税收的征收管理事宜基本上归财政部门统一负责（关税由海关部门负责），财政部门对排污组织征收环境税时，必须以相应实际发生的应税事实为依据，但财政部门基于自身职权所限无法亲自掌握该部分信息，必须得到环保部门的行政配合。这种由于行政机构职责分工造成的联合执法困境，对税收征收管理也提出了许多挑战，如何跨越部门间的职能分离，让各个行政部门在法定职责范围内依法履职，同时在共同执法事务中协力配合，形成共同行政上的良性合作关系是当前复合型行政面临的一道难题。《环境税法》第 14 条第 1 款、第 2 款分别规定了环境税由税务机关负责征收管理，环保部门负责污染物的监测管理，为确保税务机关与环保部门形成环境税征收管理的行政合力，该条第 3 款提出"县级以上地方人民政府应当建立税务机关、环境保护主管部门和其他相关单位分工协作工作机制"。

在具体操作上，主要表现在以下几个方面：一是建立涉税信息共享平台和工作配合机制。《环境税法》第 15 条规定，一方面，环境保护主管部门应当将排污单位的排污许可、污染物排放数据、环境违法和受行政处罚情况等环境保护相关信息，定期交送税务机关；另一方面，税务机关应当将纳税人的纳税申报、税款入库、减免税额、欠缴税款，以及风险疑点等环境保护税涉税信息，定期交送环境保护主管部门。由此可见，这种涉税信息共享机制体现着税务机关与环保部门的信息互动互通，是一种双向上的行政合作，能够起到分工负责、协力合作和相互监督的作用。二是实行纳税人申报和环保部门监管信息比对机制。依照《环境税法》的规定，环境税的征收管理实行纳税申报制，但税务机关拥有

① 参见黎江虹：《中国纳税人权利研究》，中国检察出版社 2010 年版，第 124 页。

税收核定权。这体现在其第20条的规定,即"税务机关应当将纳税人的纳税申报数据资料与环境保护主管部门交送的相关数据资料进行比对,一旦税务机关发现纳税人的纳税申报数据资料异常或者纳税人未按照规定期限办理纳税申报的,可以提请环境保护主管部门进行复核,环境保护主管部门应当自收到税务机关的数据资料之日起十五日内向税务机关出具复核意见。税务机关应当按照环境保护主管部门复核的数据资料调整纳税人的应纳税额"。三是环境税的计税事实依据一般基于环保监测数据,未有监测数据的依照排污系数、物料衡算方法计算,无法计算的由税务机关会同环境保护主管部门核定污染物排放种类、数量和应纳税额。

3. 在环境税收入的府际分配问题上,虽然《环境税法》未给予明确规定,但理论界的主要观点普遍倾向于将环境税作为地方税或央地共享税。这有两个方面的现实考虑:一是2016年5月1日起,我国已在全国范围内全面推开营业税改征增值税试点,营业税这一地方税种即将退出历史舞台,由于营业税在地方财政收入中占据主导位置,据统计,2015年地方财政收入75,876.58亿元,税收收入59,139.91亿元,其中营业税收入17,712.79亿元,占地方财政收入的23.3%,地方税收收入的接近30%,若在全面营改增完成之后,地方无疑将失去很大一块税源。目前,中央针对营改增试点过渡期内的增值税收入实行央地"五五分"原则,这种对半分享的比例划分背后亦是中央兼顾央地财力格局基本稳定的过渡之策和地方政府在丧失营业税这一地方税源后向中央要求弥补相应的改革利益损失的协商结果。① 可以预见,待营业税完全被增值税取代后,地方因为营改增造成的制度性税源流失需要通过增加新的地方税种来补充,而环境税无疑是最佳选择。从环境税背后的环境污染特质来看,污染物产生于具体的地区,但因其具有的流动性和扩散性,使环境污染更多呈现区域性乃至全国性问题,这就决定了中央和地方在环境污染治理方面表现为共同事权关系,依照事权与支出责任以及财权与事权相一致原则,理论上来讲,环境税应是央地共享税种。但税权之分配不应只局限于分税制理论的逻辑自洽,更应溯及现实中回应地方充实财力的需求。目前在我国纯属于地方的税种有7个,包括城镇土地使用税、土地增值税、房地产税、契税、耕地占用税、车船税及烟叶税,另外有7个属于共享型税种,分别是增值税、企业所得税、个人所得税、营业

① 参见黄家强:《两个积极性:全面营改增中央地收入划分的法学视角》,载《财政监督》2016年第18期。

税、城市维护建设税、资源税和印花税。其中共享型税种构成了地方财政收入的主要来源，通过2014年各税种占地方税收收入的比重来看，纯地方税种的比重仅仅占到24.51%，共享型税种却占到了75.49%。[①] 因而，地方税体系未能建构起来的一个主要原因就是缺乏主体税种的支撑，建立地方的主体税种是地方财政自主的重要标志，它意味着地方政府能够自收自支，摆脱对中央财政转移支付的过度依赖，在眼下我国房产税尚未建立，营业税又逐步从地方主体税种位置上退下这一情形下，将环境税收入的整体或大部分划给地方，无疑有助于解决地方环境治理财力短缺等问题。

二、生态化税制的间接引导

随着市场体系下行为主体的多元化和经济体系的复杂性导致缺乏弹性的指令性管理模式越来越难发挥其效力，政府开始寻求更具激励作用的税收手段来提升环境管理效率。国家通过税制设计将环境外部成本内部化，这种现代税制变革趋势被形象地比喻为"税制绿化"。实现这种税制"绿色化"主要依助两种手段：一是调整现行的税制结构，提高"绿色"税收的比例；二是直接引入和确立新的生态税种，[②]即税制绿化表现为直接和间接两种方式：一种是直接开征以体现环境保护为首要目标的环境税，体现出一定程度上的"以税控污"的理念；另一种是出于激励市场自主减少环境污染的政策目标，通过对与环境相关联，主要是生产和消费过程中的课税要素施以重税或优惠，在手段运用上总体发挥税制设计的激励导向性，具体表现如下：

(1)征税对象范围的括入或排除。各个类型税种的课征对象并非囊括理论上具有可税性的全部应税客体，而是依据征收管理成本考虑、国家政策所需等进行有限度的排除。立足于税制绿化的政策基点，国家在进行税收立法时会对对象分类以实行区别性课税，税法对待那些污染型应税客体的态度显然要严苛于环保型应税客体，甚至为鼓励该类型产品数量或消费行为的扩增，会对其免于征税。例如，我国正在推进的消费税制改革中，引导人们消费方式的转变，加大对不可再生资源的保护，是未来消费税扩大税基的一个方向。我国现行的消费税的征税范围主要包括烟、酒、化妆品、贵重首饰及珠宝玉石、成品油、小汽

---

① 参见卿玲丽、屈静晓、文春晖：《"营改增"后地方税体系的完善对策》，载《税收经济研究》2016年第3期。

② 参见陈盛光：《中国税制"绿色化"与生态税》，载《中央财经大学学报》2003年第1期。

车等13个税目,值得期许的是,在税制绿化的要求下,一些过去被视为奢侈品,现已成为常规消费品且对环境保护威胁不大的商品,如化妆品、汽车轮胎等就有必要从消费税税目中剔除。2016年国家税务总局出台文件,对利用废弃的动植物油生产纯生物柴油免征消费税,体现了对可再生新能源的税收政策支持。

(2)税率级次设计的环保偏向。税率是税制结构当中的灵魂功能,税率的高低关系着特定计税事实下的税负大小。税制绿化除了表现为征税范围的扩张或缩减,更体现在同一征税对象的税率级次高低安排,由于某一类型的事物有着技术上的优劣排序,借助于差别化税率结构可以引导生产商和消费者的行为指向内含的政策意旨,从而让生产者和消费者在成本评估下作出更契合环境保护的生产或购买选择。依然以消费税为例,在成品油、小汽车和摩托车等税目中,其各自的税率均系依照一定的环保关联标准来规定的,例如,根据气缸容量的大小不同,不同类型的小汽车所对应的消费税税率也并不相同,低气缸容量的小汽车适用较低的税率,反之,则适用较高的税率。

(3)税收优惠适用的公益原则。每个税种法律中的税收优惠条款背后隐藏着不同的目的,有基于事实的应然判断,也有出于政治上的国家礼遇,更有立足于公益上的社会正义。这种公益性一个重要体现就在于税收优惠措施适用的绿色原则,政府给予那些在税法逻辑下应当课税但符合环境利益的对象以税收减免。根据2011年我国颁布实施的《车船税法》规定,其税收优惠适用就体现了上述目标的合一,该法第3条列举的免征车船税的4种情形,即捕捞、养殖渔船;军队、武装警察部队专用的车船;警用车船;依照法律规定应当予以免税的外国驻华使领馆、国际组织驻华代表机构及其有关人员的车船,要么出于事实上的无必要课税,要么基于政治上的国家礼遇,还要么鉴于社会上的民生保障等目的。另外,第4条和第5条分别规定对节约能源、使用新能源的车船,对受严重自然灾害影响纳税困难以及有其他特殊原因,对公共交通车船,对农村居民拥有并主要在农村地区使用的摩托车、三轮汽车和低速载货汽车可以减征或者免征车船税,也是分别从环境公益或民生公益作出的规定。可见,民生原则与绿色原则构成了车船税税收优惠适用的主要原因,二者统一于社会公益原则。特别是随着车船在成为民生商品的同时也成为公害产品之一种,绿色原则将越来越突出,势必会导致未来车船税税收优惠的制度重塑。

通观整个现代西方国家的环境史,一个重要发展方向就是将税费制度与环境保护结合起来。[①] 1999 年 4 月 1 日，德国《实施生态税收改革法》生效，标志其生态税收改革正式启动，这是德国政府第一次利用税收手段解决自然保护问题。进入 21 世纪以来，税费环境化、税费生态化、税费绿色化俨然已成为世界潮流，并且呈现税制全面绿化的面貌。立足于我国，经济激励型政策工具越来越受到政府垂青，随着深化财税体制改革的逐步推进，也促发了税制绿化的全面兴盛而起。我国现行税收体系中的大部分税种都或多或少地牵涉到环境保护，主要的有消费税、资源税、车船税，另外其他的税种也零星地与环境保护衔接呼应，例如，具体到增值税领域，在抵扣制度改进上，2008 年 12 月中旬，财政部和国家税务总局联合下发《关于全国实施增值税转型改革若干问题的通知》，明确指出纳税人允许抵扣固定资产进项税额，从而为企业转型升级提供了制度福利；在税收优惠扩大上，环保企业在税收方面享有着包括投资抵免、加速折旧、税项扣除、减免企业所得税和营业税等众多优惠；在具体措施上，再生水和污水处理劳务免征增值税。此外，对纳税人销售自产的利用太阳能生产的电力产品，实行增值税即征即退 50% 的政策等。甚至在看似与环境保护毫无关联的领域，也有贯彻绿化原则，一如在船舶吨税方面，对不同吨位的船舶加以不同税率；二如个人所得税中，国家税务总局曾专门针对第五届中华宝钢环境奖和中华宝钢环境优秀奖奖金发出免征个人所得税的通知文件，这有助于激发科研人员对于环境保护的研究兴趣。从各个税种的税制绿化程度来看，消费税、资源税和车船税无疑是与解决大气污染问题关系更为密切的税种类型，但目前这 3 种税收依然在税制绿化方面存在诸多问题。

首先，税收法定缺失不足，导致税收的政策之治明显跃居于法律之治之上。目前，我国之针对这三种税中的车船税制定了相应法律，其余二者均是以国务院出台暂行条例的方式进行规范，这种低位阶立法使得税制极其容易受到政策摆动，既无法维持税法的确定性，使纳税人可以预期到应当承担的税收成本，也将造成税收激励市场保护环境的目标扭曲和效果变异。2014 年 11 月 28 日、12 月 12 日和 2015 年 1 月 12 日，财政部、国家税务总局在 2 个月内先后 3 次上调燃油方面的消费税，其不仅违反了《消费税暂行条例》中规定的程序法则——“消费税税目、税率的调整，由国务院决定”，更违背了税收法定主义的实质要义。财税部门的 3 次提税行为既违法（违反《消费税暂行条例》），也不合理（燃油税影响比个税大，但征税比个税要随意），同时他们声称的征税原由也是无

---

① 参见梁本凡：《绿色税费与中国》，中国财政经济出版社 2002 年版，第 1 页。

法成立的。3 次提税的通知都明确调整燃油消费税的原因是“为促进环境治理和节能减排”，但基于税收的无偿性，这种明确表态新增税收用于治理环境污染、解决京津冀雾霾，根本是一个不可实现、不可监督的承诺，也无法量化多征的税到底用在什么地方。[①] 近年来，除了燃油消费税方面税率经常性调整以外，这种情况在证券交易印花税方面也较常见，有学者统计，自 1990 年证券交易印花税诞生起至 2008 年的短暂期间内，总共进行过 11 次税率调整，特别出名的是 2007 年的“5·30”事件，被形象地称为证券交易印花税史上的“半夜鸡叫”。导致税率随意变动乱象的一个主要原因就是税收法定原则在我国未能确立，原有的《立法法》第 8 条规定只能制定法律的第 8 项只是抽象列出税收等基本制度，并未明晰哪些属于税收基本制度的范畴。为此，2015 年修订通过的新《立法法》在第 8 条中增加第 6 项内容，用以指明税收基本制度包含税种的设立、税率的确定和税收征收管理等，其中税率法定更是在立法过程中一波三折，最终实现了惊心动魄的逆转。[②]

其次，税制设计存在技术性瑕疵，容易发生经济激励的精度失准和功能偏移。在消费税方面，为减少机动车污染排放，对成品油和小汽车征收消费税，从而引导居民绿色消费，但消费税起初设置的目标是抑制奢侈消费，对于小汽车课以消费税就陷入了这二重目标的纠结当中，使小汽车消费税的定位难以清晰，并且针对小汽车还存在车船税，不免有重复征税之嫌。另外，具有同车船税计征方法同样的问题，那就是以排气量作为与环保相关的计税依据，与汽车工业的技术发展相偏离。再者，机动车空气污染的产生主要还是在于燃油的使用，发达国家侧重于从汽车的使用阶段征收燃油税，我国于 2009 年年初进行了燃油税改革，其实质有二：一是通过将养路费转嫁到油价上，体现了“多用多缴，用少缴”的公平原则；二是通过提高成品油单位消费税额来减少汽车使用量促进节能减排。[③] 在资源税方面，1993 年我国在制定《资源税暂行条例》时一律采以从量计征，但这种从量计征模式对销售价格的变动缺乏直接影响，削弱了资源税对资源利用效率的影响，割裂了价格与税收之间的联系，无法通过

---

① 参见聂日明：《燃油税调整需遵循税收法定》，载英国《金融时报》中文网：http://www.ftchinese.com/story/001060207? full = y，最后访问日期：2017 年 7 月 10 日。

② 参见冯禹丁：《立法法“税收法定”修订逆转背后》，载《法治与社会》2015 年第 5 期。

③ 参见肖俊极，孙洁：《消费税和燃油税的有效性比较分析》，载《经济学》（季刊）2012 年第 4 期。

价格体现资源自身的价值高低,有悖于资源稀缺性的基本原则。① 为消除现有从量计征的种种弊端,我国逐步将原油、天然气、煤炭、稀土、钨、钼等资源纳入从价计征范畴,2011 年对《资源税暂行条例》修改时,其第 4 条明确规定,“资源税的应纳税额,按照从价定率或者从量定额的办法”。2016 年财政部、国家税务总局发布《关于全面推进资源税改革的通知》,其中的一个重要内容就是实施矿产资源税从价计征改革,对《资源税税目税率幅度表》列举的 21 种资源品目和未列举名称的其他金属矿实行从价计征,未列举名称的其他非金属矿产品按照从价计征为主、从量计征为辅的原则,由省级人民政府确定计征方式。在车船税方面,同样在计税依据选择上具有争议,我国现有的《车船税法》依照乘用车的发动机汽缸容量(排气量)大小计税,简单地将排气量与油耗量相等同,实际上,能耗不仅和排量有关,还与燃烧状况、所用燃料有关。乘用车的排量大小并不是判断环保与否的唯一标准,很多先进技术的应用已经能够使大排量汽车降低有害物质排放量,而低档次的小排量汽车反而会增加有害物质的排放。② 故而这种简单以排气量作为计税依据,既违背了车船税促进节能减排的改革初衷,更使其陷入了定性纷争,车船税究竟属于环境税还是财产税,抑或兼而有之,难有定论。

三、优惠奖补的制度性回馈

实现激励功能的手段多种多样,既存在针对行政官员的政治激励,也有面向一切主体的物质激励和精神激励等,其中以金钱回馈为主要的物质激励举措无疑占据着整个激励工具体系的主导地位。具体到大气环境治理和保护方面,这一类型的物质激励措施应用得极为广泛,主要表现在中央对地方以及政府对社会的物质激励上,并设立了与此关联的优惠奖补制度系统。一方面,中央政府为激励地方政府在大气环境治理工作上恪尽职守,往往会根据前一时期内地方环境治理的考核结果而分别施以奖优罚劣,例如,依照《大气污染防治专项资金管理办法》的规定,对未完成目标的省份扣减资金,对完成大气治理任务出色的省份给予奖励;另一方面,为引导排污单位减少大气污染排放量,各级政

① 参见林伯强等:《资源税改革:以煤炭为例的资源经济学分析》,载《中国社会科学》2012 年第 2 期。

② 参见刘霞:《车船税按排量计征争议犹存》,载《第一财经日报》2011 年 2 月 28 日,第 C01 版。

府还会通过给予直接的税收优惠、政府奖励或财政补贴进行制度性回馈，这种优惠奖补的做法实际上是用公共财政弥补排污单位用于更换生产设备和研发环保技术的成本负担，以及排污单位因此遭受的生产经营损失。优惠奖补制度系统是税收优惠、政府奖励和财政补贴等多种制度的合成，要么其本质为一种“税式支出”，要么其主要的资金来源于公共财政收入，反映公共财政的另一种功能，即以金钱回馈的方式来间接承担社会治理的成本负担或权益损失。总的来看，优惠奖补的制度性回馈所产生的利益激励作用在中央鼓励地方和政府引导社会进行环保治理和保护的过程中被逐步认识并应用，值得肯定的是，优惠奖补制度在大气环境治理和保护中确实发挥着积极意义，但亦产生了不可忽视的财政资金违规使用等问题，如何在法律框架内有效规制优惠奖补制度已然成为确保公共财政资金合法使用的焦点。

首先，在税收优惠制度方面，一直以来，我国的税收优惠政策繁杂而法律严重不足，“政策之治”尤为明显，①特别是各级政府制定的各种类型税收优惠政策上寄存着不同的利益目标，中央政府及部门制定的税收优惠措施倾向于引导资源分配平衡、实现国家战略目标以及促进产业结构调整等，地方政府制定的税收优惠政策则更多的是为了吸引投资和刺激经济发展，进而在地方政府间竞争上获得比较优势，以更有利于地方行政官员的政治升迁。大气环境利益作为一种整体利益，理应由中央层面制定统一的税收优惠政策，但由于与大气环境相联系的事务千头万绪，甚为复杂，现实中许多直接或间接影响大气环境保护的税收优惠政策都被归入到地方政府和部门的职责之中，尽管中央针对环境保护制定了覆盖全面的“绿色税收优惠”体系，但地方基于地域发展利益出台的产业优惠、投资优惠、消费优惠等政策完全背离了中央维护环境整体利益的最高目标。地方税收优惠的杂乱无章对中央利益和政策目标的反向消解使中央不得不着手清理和规范地方的税收优惠政策，2014 年国务院出台《关于清理规范税收等优惠政策的通知》，要求违反国家法律法规的优惠政策一律停止执行，并发布文件予以废止，后由于过于“一刀切”，国务院又发布《关于税收等优惠政策相关事项的通知》，暂停和延缓了清理地方税收优惠政策工作，改以渐进式路径来重新规划这项任务。但理论界对于税收优惠的立法规范已达成了

① 参见熊伟：《法治视野下清理规范税收优惠政策研究》，载《中国法学》2014 年第 6 期。

较为一致的意见，有学者甚至提出制定统一的“税收优惠法”，[①]也有学者在提出减税权概念的基础上，对包括税目、税率、税基，以及税收优惠措施的调整进而实现结构性减税目标的政府减税权限制课题进行了有益探讨。[②] 总之，要使税收优惠制度发挥激励社会主体节能减排的效应，就有必要使政府的税收优惠政策导向环境保护，对于清洁能源、高新技术产业以及绿色消费行为要给予应有的税收优惠；同时，也要逐步清理与中央环保政策相冲突的地方税收优惠政策，并规范地方税收优惠政策的制定权，逐步实现税收优惠的统一立法规范。

其次，在政府奖励制度和财政补贴制度方面，一方面，在政府奖励制度层面，要根据考核情况、排污减少量以及社会贡献等对地方政府、排污单位、环保公益组织以及环保科研专家给予物质奖励和精神奖励。在物质奖励上，《环境保护法》第11条规定，“对保护和改善环境有显著成绩的单位和个人，由人民政府给予奖励”，为激励民众监督环境违法行为的积极性和主动性，2015年环保部出台的《环境保护公众参与办法》还专门设立了有奖举报制度，并鼓励县级以上环境保护主管部门推动有关部门设立环境保护有奖举报专项资金。在精神奖励方面，我国还设有中华环境奖、国家生态文明城市等荣誉称号。但我国针对环境保护的政府奖励机制仍存在许多不足，例如，有奖举报制度未能与举报人隐私保护和人身保护切实捆绑，导致民众举报环境违法行为还存在很大的心理犹豫。另一方面，在财政补贴制度层面上，依照财政补贴的分类，主要分为价格补贴、企业亏损补贴和其他补贴，与大气环境保护相关的有燃煤发电机组脱硫、脱硝、除尘和达到超低限值排放的上网电价补贴，购买秸秆粉碎机器补贴、秸秆养畜示范补贴、秸秆燃料化利用技术补贴、新能源汽车补贴等，通过财政补贴可以降低某一类型的商品价格进而引导资源流向环保型产业领域，或者填补企业组织的相关经济损失，最终达到环保激励的作用。但同时也要注意到，财政补贴通常是以项目管理的方式，各类财政补贴数量极其可观，且财政补贴的发放也难以受到严格的程序约束，很容易产生个人与地方官员合谋获取财政补贴的违法问题，故而有必要对于发放财政补贴设置严格的实体要求和程序规则。同时，补贴发放并不是终点，还要对具体单位和个人使用财政补贴的效益进行追踪评价，一旦出现行为人捏造事实骗取财政补贴或将补贴资金用于非

---

① 参见叶金育：《税收优惠统一立法的证成与展开——以税收优惠生成模式为分析起点》，载《江西财经大学学报》2016年第2期。

② 参见张守文：《“结构性减税”中的减税权问题》，载《中国法学》2013年第5期。

法定用途,还应追究有关单位和个人的相关责任。

第三节 地方财政与自主型大气环境治理

面对我国日渐突出的大气污染问题,结合我国特有的国情,较为合理的改革进路就是在强化中央权威监管的前提下努力培育地方治理大气环境的自主性,而实现这一目标除了政治上的激励机制转变和法治上的府际权责配置以外,更为重要的就是从财税角度力图形成自主型地方财政格局。无论国家体制如何不同,大气环境保护、社会福利增加和公共秩序安全等人类共同的治理问题已然促使不同形态的国家或地区达成共识,即只有采用一切可以发动地方政府积极主动地治理本辖区内的公共事务,才有可能达成国家善政治理的整体汇集。这其中,赋予地方政府以财政自主权,“让地方政府辖区内的居民借助权力机关、行政机关等机构,依法自主决定财政预算、财政收入、财政支出和财政管理等公共事务,不受任何个人和团体的非法干预”,①无疑是提升地方公共治理积极性和主动性的行动前提。

一、地方财政自主的权力赋予

实现地方财政自主的基本策略离不开对地方财税权力的法律赋予,授权给地方政府以充分自主的财权应当在法治路径下进行,而不能延续过去政治上的权力下放模式,通过立法规范政府间财政权责的方式来实现对地方财权的法定授予。地方财政自主权牵涉面广,主要涉及地方财政的预算自主、收支自主和监督自主,从预算安排到收支过程再到最后的财政监督环节都应体现充分的自主性,以此保障地方在进行公共事务治理时能够按照本地民众的意志和地方官员的才识智慧自主展开行动,不必因上级和中央政府的非法干预而陷入行政僵局,特别是由于地方财权有限、财力困顿,导致地方在提供本地区公共产品和服务时受制于“财政供血”不足和不畅,甚至出现上级和中央政府为强制地方按照其政策要求,利用财政政策来迫使和诱导地方遵从,这断然湮没了地方自主治理公共事务的种种优势,如信息获取、及时反应、灵活处置,以及大胆创新等。基于此,为激发和创造地方自主治理大气污染的信心和能力,有必要在坚持法治分权的路径下赋予地方政府以财政自主权,尽量减少上级和中央政府对地方

① 徐阳光:《地方财政自主的法治保障》,载《法学家》2009 年第 2 期。

自主治理大气环境过程的非法干预和不合理干预，保障地方政府充分的财政自主权，进而实现地方自主处理本地大气环境管理事务的决定权、执行权和监管权。

然而，我们也要注意到在当下以经济建设为中心的转型发展时期，地方政府对于环境保护重要性的认知度仍然有待提升，各地区之间也有所差别，因此不能将大气环境治理的希望完全寄托在地方政府层面。中央政府一方面要强化对地方政府自主治理大气环境的过程和结果的监督力度，配合政治层面的考核压力、政绩激励以及责任追究等有效控制地方的环境治理行为；另一方面也要在地方分权方面坚持适度原则，不能将关乎公民权益受损和中央调控能力的权力过度划分给地方，反映在地方财权划分上，意味着应当坚持适度倾向中央的财权集中思路，从而保持中央调控地方能力不至减弱，同时，财权适度集中于中央也能够较好地维护国民个人财产权不受非法侵犯，从而维护广大纳税人的合法权益，保障公民基本的生存发展权。财权集中于中央的一个主要争议焦点就是税权的纵向配置问题，笔者认为，在我国由于地方政府与当地民众的治理联系远不及其与上级和中央政府的政治联系，且公众缺乏对地方政府有效的民主监督机制，加之地方政府处于竞争氛围之中有追逐公利和私利的强烈意愿，因而在赋予地方以征税权、收费权、举债权等财政收入权力时，应当谨慎行之，若非得授予地方以相关财权，也要同时授予上级和中央以有效的监管权和调整权，避免地方财政自主权过大损害到国家的大统一格局。

二、地方财力保障的制度改进

在财政收入权的央地配置问题仍是一道难解之谜的情况下，如何通过财政制度来为实现地方财政自主状态注入所需财力，已然成为亟待解决的现实问题，这也是大气污染治理过程中最为关键的部分。从供给地方财力的制度类型来看，主要有财政转移支付、地方举借债务、公私资本合作等方面，以下将从这三项制度拓展开来，审视我国在防治大气污染过程中地方财力保障的制度建设问题。

首先，在财政转移支付制度上，亟须解决的是一直以来的财政转移支付的不规范问题，地方政府和环保部门为争取更多的转移支付资金，要与上级和中央政府部门的官员搞好关系，不仅浪费了地方及时应对大气污染的现实机遇，而且增加了不必要的行政工作成本，更为中央环保主管部门的官员提供了潜在谋利的经济诱因，容易衍生政治腐败问题。因此，有必要建立起法治规范的财政转移支付制度，对于财政转移支付资金的申请、拨付以及使用都要有严格的实体规定和详细的程序规定，并积极推进财政转移支付的公开化，给予地方政府和社会民众以了解和监督的权利。

其次，在地方举借债务制度上，在《预算法》修订之前，我国在法律法规上并未承认地方政府有举债权，然而由于分税制改革遗留下来的问题，在地方财政日渐出现危机的现实背景下，地方政府通过地方融资平台这一灰色带举债债务悄然流行开来，中央政府在无缓解地方财政压力的有效方案下，也只能对此默认不语。然而，随着地方债务规模日渐攀升，中央又无法快速推进财政权责划分的矛盾局面下，只能在预算法修订中立法授予地方政府以有限举债权，这一有限性体现在举债主体、举债规模、举债程序方面的限制性，同时要求建立地方政府债务风险评估和预警机制、应急处置机制、责任追究制度，以及财政监督机制。

最后，在公私资本合作制度(PPP 模式)上，政府与社会要想在大气环境保护领域展开良性且可持续的合作关系，就不能停留于资本合作层面，将 PPP 视作地方政府的财政融资渠道，而应将其定位为政府与社会共同治理公共事务的合作机制，这就要求无论是政府还是社会主体，都应当在此过程中平等互信、协商沟通、互利互益，只有将主题回归到“合作”而非“资本”二字上，才能让地方政府和社会主体将更多的公共财政和社会资本共同投入大气污染治理领域，最终达到有效治理空气污染的公共目标。

第四节　财政监督与监管型大气环境治理

法治财政的实现要经过三个层面，从最初的财政职权依法确定，到第二层面的政府依法理财、明确财政违法责任，最终实现一切财政行为接受立法、司法和执法部门的监督。不难理解，法治财政下的一切行为都是“有法可依、有法必依”的，财政监督也不能例外。只有以立法形式确定的监督执法行为，才是顺从人民共同意志的。另外，接受监督本就是法治财政建设的一个必要组成层面。法治财政理念下的财政监督是涵盖一切经济行为的“大监管”，是形成法治财政的基础，是确保前两个层面内容实现的重要途径，是现代财政制度长效运行的重要机制。一切财政行为都严格接受监督，遵循“执法必严、违法必究”原则，不得肆意扩大或者缩小监督范围。在“大监管”的理论语境下，如何通过对财政收支全过程的有效监督进而形成“监管型”环境治理模式尤其必要。当然，财政监督只是环境监管多种手段之一，但规范和控制住了政府的财权，就能在很大程度上堵住政府官员权力滥用的口子，这是因为财政诱惑已然成为激励政府官员偏离政策法律的诱因，并且政府主导大气环境治理的过程实际上就是公共财政发挥作用的过程，各级政府在大气污染治理方面的权责纠葛在很大程度上也是归结于彼此间的利益纠纷，特别是经济方面。

针对于此，构建监管型环境治理必然首先从财政监督上下功夫，通过对政府财政收支过程的全方位监督，以期规范政府防治大气污染过程中的权力行使，防范可能发生的违法使用财政资金、环保资金挪作他用、侵吞私占公共资金、违法征收环境税费等行为。实现这一过程主要从征收管理监督、预算监督和审计监督三个方面进行，主要涉及环境税费征收过程即收入面的监督、环境财政资金使用过程即支出面的监督以及环境财政支出效果即绩效面的监督，囊括了从财政收入到支出再到绩效评价的全过程监督。

1. 征收管理监督

环境税费征收和管理的过程实际上就是行政执法的过程，加上环境税费综合了税费的财政收入本质和环境保护的规制激励功能，这就要求环境税费的征收管理过程必须严格恪守行政法治原则，防范因公权力滥用对个体权利造成越界不当侵犯。实现对大气污染防治过程中环境税费的征收管理监督，就必须通过以下途径进行保障。首先，确立依法行政的理念。法治行政是行政执法应当坚守的首要原则，它要求政府部门及其工作人员在行政执法的过程中严格依照行政法律法规的规定，严格限制行政部门的自由裁量权力，绝不允许任何超越现有法律法规规定的权力行为。因此，环境保护部门和财税机关在现行的排污费和即将生效的环境保护税征收过程中，要严格依照2003年施行的《排污费征收使用管理条例》和2018年起即将实施的《环境税法》的规定，确保环境税费的足额确定征缴和规范管理。其次，建立行政违法的责任机制。对于违法违规征收和管理环境税费的单位和个人，应当在法律法规中建立行政部门和相关责任人员的责任追究机制，主要途径有法律追责、行政问责和党政责任等，具体的责任形式包括警告、通报批评、降级、撤职、开除、刑事责任、党纪处分等。最后，赋予征收管理对象以权利救济途径。环境税费的征缴属于具体行政行为，环境税费的管理属于抽象行政行为。前者基于公民个人权利受到侵害自应有救济权利，主要通过行政复议或行政诉讼等方式依法救济。而后者一般由于管理活动的利益对象即公众涵盖广泛，缺乏类似纳税人团体诉讼这类救济机制，并且现有确立的环保公益诉讼机制也只是针对环境民事侵权案件，并不涉足财政公共管理违法行为,因而建立以捍卫纳税人集体权利为目标的纳税人公益诉讼机制十分必要。

2. 预算监督

2015 年 1 月 1 日起实施的新《预算法》首次将预算监督纳入监督工作范围,真正以立法形式推进财政监督改革。在现代财政制度框架下,财政监督工作有了更高、更明确的要求,除继续推进监督法治化建设外,强化财政监督责任,提升"预算民主下的财政透明度"也是亟待解决的问题。以财政民主为基础,参与人更多的是以一种协作的方式,有意识或无意识地去重新评价和修正行动及行动规则,最终在实践中通过无数次的试错过程而逐渐产生一个新的均衡——新制度安排。因此,与监督有关的制度创新和机制完善,具有更长久和更大范围的影响作用。当前,社会对提升财政透明度的要求,就是对完善新型财政监督的实施环境的诉求,即在财政民主的视野下进行财政监督,提升财政监督的效力,政府应建立公开透明的财政信息披露制度,把政府监督和社会监督有效结合起来,从而提高财政监督的力度,完善财政资金使用效率。政府应向公众提供全面的政府财政信息,从根本上来讲,只有公开、透明、知情才能监督。财政透明度的提高,有利于提高公众的知情权和对政府的监督,进而促使政府更好地履行对公众的受托责任。根据透明度的一些要求,政府提供的财政信息至少应包括预算信息、资产和负债信息,以及各级政府的财务状况等。财政透明度的提高有助于外部监督力量(公众和立法机构等)有效地监督和评价政府,减少腐败行为。现实中的不少问题都是预算不透明的表现,如财政转移支付,专项转移支付资金的不透明所导致的"权力寻租""跑部钱进"等问题的出现。所以,财政透明是参与权与监督权行使的重要制度安排。财政透明度要求以财务数据的形式反映政府的理财情况和受托责任的履行情况(结果和质量)。财务报告是政府财政信息的主要载体,以满足使用者需求为目标,政府财务报告的潜在使用者包括政府活动所涉及的所有利益相关者,既包括收支政策执行者,也包括外部监督者。我国目前实行的是预算会计,政府财政报告无力承担财政透明度所赋予的重任,其根本原因之一就是预算报告目标与财政透明度精神之间的明显差距。另外,财政监督者主要应包括立法机构、审计机关、纳税人、债权人以及一些非政府组织等。从价值取向来看,我国目前的政府财务报告目标在很大程度上忽视了监督者,特别是社会公众对政府财务信息的需求。而且目前我国的预算权不是统一的,而是分散的,财政公共投资计划,这些资金的调配权并不仅仅在财政,而是被其他职能部门所分割,在这样一种背景条件下,我们所看到的财政管理可以说是支离破碎的。这些显然不适应民主文化下财政监督所倡导的公众价值取向。

3. 审计监督

依据审计对象的不同,环保审计监督大致可分为资源审计、资金审计、专项审计和绩效审计等监督类型。在资源审计方面,资源环境审计在生态文明建设中具有重要作用,它能够揭示相关风险,保障生态安全,促使人们正确处理人类活动、资源、环境和生态系统之间的关系。① 《审计署 2008 ~ 2012 年审计工作发展规划》明确将资源环境审计作为六大重要审计类型之一予以强化。2009 年我国审计署发布的《关于加强资源环境审计工作的意见》指出:"逐步将审计范围从土地资源和水环境审计扩展到海洋资源、森林资源、矿产资源、大气污染防治、生态环境建设、土壤污染防治、固体废物和生物多样性等领域。"在资金审计和专项审计方面,为促进雾霾防治资金的有效使用,审计署于 2014 年将雾霾治理审计作为一项专项审计纳入了各级审计机关的审计范围。对大气污染治理资金审计的法律依据主要体现在 2015 年 8 月发布了《大气污染防治法》,规定县级以上人民政府环境保护主管部门对大气污染防治实施统一监督管理,其他有关部门在各自职责范围内对大气污染防治实施监督管理。县级以上人民政府其他有关部门中的审计机关负有监督大气污染防治资金合法合规性的职责。但目前我国的大气污染治理审计监督仍存在环保专项建设项目未实施,存在滞留资金现象;挪用专项资金,存在弄虚作假、浮夸滥报等现象;重复申报环保项目和会计核算不规范等问题。② 在绩效审计方面,2014 年环境保护部与全国 31 个省(自治区、直辖市)签订了目标责任书,细化分解梳理了近期需要完成的 22 项政策措施,包括 6 项能源结构调整政策,涉及气代煤和洁净煤的扩大使用等;10 项环境经济政策,涉及价格政策、税收政策、投资政策等;6 个方面的管理政策,主要是考核办法、节能环保标准等。③ 而考核地方环境保护目标是否实现的一条基本路径就是发挥审计作用,以促进政策作用有效发挥为目标,加大对大气污染防治各项政策措施执行情况的跟踪审计力度,促进政令畅通,密切关注财政、能源、产业、价格、投资、税收、信贷、金融等大气污染防治政

---

① 参见邢祥娟、陈希晖:《资源环境审计在生态文明建设中发挥作用的机理和路径》,载《生态经济》2014 年第 9 期。

② 参见董丽英、马欢腾:《雾霾治理资金监管机制浅探》,载《财会通讯》2016 年第 25 期。

③ 林忠华:《对做好大气污染防治审计工作的一点思考》,载《中国审计报》2014 年 6 月 18 日,第 5 版。

策措施的执行情况,及时揭示和反映问题,并提出有效解决方案。总之,就环境审计的制度优化而言,应从风险导向的资源审计模式、环境履责审计和大气污染型企业环境绩效审计构建进行突破。

(1)风险导向的资源审计模式。大气污染治理审计主要包括大气污染防治审计和大气环境审计,前者主要是看治理资金投入后,是否建设大气污染治理设施,设施是否正常运转,排放能否达标,其审计目标是促进大气排放达标;后者主要是审查污染防治资金的投入是否使影响区域的大气环境得到改善,其目标是促进大气环境质量好转。气候变化应对审计包括气候变化减缓审计和气候变化适应审计。气候变化减缓审计主要是指对温室气体减排目标的完成情况的审计;气候变化减缓审计主要针对为减少气候变化造成的灾害损失而制定的政策的执行情况的审计。资源环境审计的实质不是对资源环境本身进行审计,而是对政府的环境风险管理进行审计。因此,在识别和评估风险的基础上,审计人员要了解政府缓解、预防和控制上述风险的机理,以帮助审计人员识别、选择审计评价标准,初步确定相关审计范围。

(2)构建环境履责审计机制。政府在大气污染治理当中承担着主导责任,这意味着环境审计是以围绕政府履责而展开的,因此有必要建立和完善环境履责审计。实际上,2015 年 3 月 6 日,中国环境保护部下发的《关于开展政府环境审计试点工作的通知》,就首次明确提出政府环境履责审计的概念。同年 3 月 27 日《中国会计报》在《政府环境审计亟需建立标准体系》中,提出“我国政府履责审计体系尚在探索之中,呼吁建立其标准体系”。自 20 世纪 80 年代起,我国各级政府审计机关开始对环境项目资金进行审计。但到目前为止,我国环境审计理论研究与实务操作尚未形成统一体系,阻碍了政府环境审计的全面实行。① 因此,建立科学严谨并具有可操作性的审计方法体系并确定政府环境履责审计的作用机制与实施路径具有十分重要的意义。

(3)确立大气污染型企业环境绩效审计。大气污染型企业环境绩效审计的目的在于审计机构对被审计单位或项目在环境保护方面的财政、财务收支或经营管理活动的经济性、效率性和效果性的审查。② 在进行大气污染型企业环

---

① 参见周一虹、周畅:《政府环境履责审计作用机制与实施路径探索》,载《会计之友》2015 年第 14 期。

② 参见吴安平、晁莉:《大气污染型企业环境绩效审计的探讨》,载《长春大学学报》2016 年第 9 期。

境绩效审计的过程中，一定要明确审计主体是以国家审计机关为主，同时在未来的不断发展中逐步加入企业内部审计和社会审计作为补充。将环境绩效审计运用到大气污染领域，通过环境绩效审计如实反映环境现状，审查企业在进行环境规划当中是否达标，并且发现企业在污染物处理方面的不足，最终反映出国家和企业内部环境保护制度的不完善之处，以及在生产经营过程中未能有效落实相关条例的环节。并在此基础上提出建议，引起相关部门的重视，促使国家立法机关不断完善相关法律。

第六章　政府治理大气污染的财政分权改革

第一节　府际大气环境财政权责配置的原则确立

一、财权划分维度

中央要想确保地方坚定地执行大气环境保护政策，首先应当确保地方治理大气污染有充足的财政配套资金。一般而言，地方治理大气污染的资金来源主要有本地财政收入、中央财政补助和社会合作资本等，其中为激励地方主动治理大气环境，解除地方对于治理成本的后顾之忧，中央近年来逐渐加大了对空气污染严重地区的财政援助力度。据有关报告显示，2000年以来我国大气污染治理行业投资总体上呈增长趋势，分阶段来看，2001～2007年，投资额逐年增长，年均增长率在25%以上；2008～2010年，工业污染治理投资整体规模有所缩减，大气污染治理投资额也有所下降。2013年全国大气污染治理投资总额约293.5亿元，同比增长13.89%。2014年全国大气污染治理投资总额约337.5亿元。但地方仍旧面临着巨大资金缺口，大气污染防治行动计划实施的直接投资共需1.84万亿元，中央财政投入规模相比实际需求落差较大，我国大气污染治理仍然存在投资总量严重不足等问题。这使中央不得不考虑吸引社会资本参与到大气环境治理中来，在财政部公布的PPP示范项目中环保项目占比最高，环保PPP模式已然成为未来环保领域内一种趋势。[①] 财政配套资金的紧缺并非中央财政支持力度不够，而是分税制后财权被再度集中到中央后导致地方财政汲取能力羸弱、财力匮乏，再加上中央与地方之间事权界限不清晰，混合事权较多，地方政府为中央承担了不必要的事权与支出责任，“中央请客、地方埋单”的现象屡屡出现。前财政部长楼继伟在回答记者提问解读《十八届三中全会深化财税改革重点》时就讲道：“当前中央和地方职责交叉重叠，同管理的事项较多，这种格局造成目前中央财政本级支出只占全国财政支出的15%，地方际支出占到85%。”“财权逐级上收，事权逐级下放”的二律背反无疑加重了地方本就困顿紧张的财力局面，终而刺激了地方政府借助地方融资平台融资变相举债或者依靠土地使用权出让金补充财力，[②]演变为至今难以化解的地方债务危机和房地产泡沫危机。

财权集中化的合理性在于通过平衡中央与地方的财力对比关系来形成稳定的规则，保持中央对地方行为的有效控制能力，同时依靠中央权威力量也能够调节区域间的财政平衡。[③] 此外，面对大气污染的区域化协同治理现实，财权集中于中央也能够消弭地方基于行政区域划分的财政割裂，中央可以对大气污染严重区域实行统一的资金投入，区域内各省市地方之间也能够根据治理分工所需的资金多少进行内部协商分配。从这个角度来看，财权集中有其积极意义，但这必须建立在中央向地方、上级向下级公平合理地转移支付，进而确保地方有足够的财力去替中央办事，以及二者之间权责界限清晰的前提之下的。相反，若是在中国现行国情下过分主张财政分权，至少在实际运行中会衍生出诸多问题，分税制以前实行的财政包干体制，由于过度下放财权和扩大地方自主权限，虽然调动起地方积极性，形成地方“为增长而竞争”的锦标赛体制，但也导致两个比重下降，中央的财政汲取能力和宏观控制能力随之下降。[④] 因而，在我国分权有其底线，[⑤]财政分权亦是如此，如果将财权过度集中到中央政府，地方政府就丧失了自主决定、自主行动和自我负责的能力，那么地方政府就不

---

① 参见宗禾：《新法实行，环保PPP模式成趋势》，载《中国财经报》2015年1月13日，第7版。

② 参见张婉苏：《地方政府举债层级化合理配置研究》，载《政治与法律》2017年第2期。

③ 参见徐键：《分税制下的财权集中配置：过程及其影响》，载《中外法学》2012年第4期。

④ 参见王绍光、胡鞍钢：《中国国家能力报告》，辽宁人民出版社1993年版，第40页。

⑤ 参见王绍光：《分权的底限》，中国计划出版社1997年版，第61页。

再具有“独立人格”，完全沦为中央政府的事务代办机构，但面对复杂频发的大气污染问题，倘若地方政府每次必须得到中央指示才行为，则不仅会极大加重中央政府的负担，大为降低办事效率和错失大气环境危机化解的良机，而且责任会与权力一同集中到中央层面，诱发地方不认真执行，甚至违背中央意志。综上所述，无论是从集权还是分权的角度来论央地财权配置的理想状态，都应当以坚持适度为原则。凡事皆有度，然而此度之拿捏并不容易。财政分权到底是集权多一点还是分权多一点，过去在理论界一直备受争议，随着学术研究对于本土资源的重视，“集权为主分权为辅”的适度财政分权主张逐渐被接受，但对于适度财政分权的评判标准则莫衷一是。本书认为，政府间财权的分化程度都要接受以下标准检验：

（一）中央集权控制原则

尽管防治大气污染需要大量的财力作后盾，但并不一定要通过超限赋予地方财权的方式来解其“财力之渴”，甚至在经济激励、政绩考核和权责结构未有改变的情况下，将财权过度下放给地方政府，可能只是为地方徒增建设性、自惠性和形象性财政支出，不一定会加大对环境污染治理的财政投入。财权分化会引起地方财力上升，但财力上升并不意味着支出去向的合法正当，地方的财政支出去向在很大程度上受到上级和中央的政策影响，同时对于本地区事务地方又担负治理责任，存在财政支出的自主决定空间。故财权分配给地方既有利也有弊，特别是对于大气污染而言，弊端可能更甚于有利。不像公共基础设施建设和民生福利供给等外溢性十分明显的公共产品，大气污染本身就是经济发展的消极产物，任何国家和地方都对大气污染问题避犹不及，不仅在事后治理过程中要花费高额的成本，而且为实现源头防治出台的许多环境政策工具都会对地方经济发展产生拖累效应，这在产业转型升级尚未完成的发展中国家表现得尤为突出，我国当前之所以大气污染如此恶化且循环往复，一个主要的现实国情就是我国还处于发展中国家的经济转型期，欲根治大气污染问题，必然要经历产业优化升级带来的巨额转型成本。走在经济发展前沿的西方国家已然走出了这一转型时期，但也曾耗费令人咋舌的金钱甚至生命代价，我国要走出雾霾困境，就必须下定决心、下大力气、持之以恒、全面布局，凝聚“社会全体”之智，承受“壮士断腕”之痛。治理过程的长期性、治理效果的潜在性、治理关联的经济性和治理成本的高昂性等负面特性相互叠加，使地方政府往往并“不待见”大气污染治理问题，这种“不待见”表现为地方间治理环境的“竞次”竞争和

"搭便车"现象,[①]以致地方会倾向于降低环境规制,降低企业排污标准,更存在企业与政府官员利益合谋,地方政府权力被俘获的可能。[②] 综上,财权分化与大气污染治理之间并非积极的对应关系,甚至有学者通过实证分析得出结论,财政分权加剧了中国的雾霾污染,财政分权度每增加 1%,雾霾污染就增加约 0.4%,"财政越分权,地方政府的自由度就越大,就越有可能按激励方向改变财政支出的结构"。[③] 因而,在激励方向和"经济唯上"思维尚未得以根本扭转的前提下,主张将财权大规模地下放给地方以塑造其自主能力的观点并不符合当下中国现实,一个可靠的方案是:一方面要确保地方财政的自主性和可控性;另一方面还要从中央对地方的激励转型上着力。这两个方面贯穿的一条主线就是要坚持中央对地方的权威控制和权力集中。当然,中央对于财权的集中也要把握一定的度,具体而言,中央财权集中度应当从以下方面进行考量。

(1)中央宏观调控和统筹能力稳定强大。财权集中于中央政府,意味着中央具有宏观调控资源配置的大部分权力和能力,政府决定开征税收、收取使用费或采取其他收入方式,表现为对某些行为、财产或受益等资源配置状态的宏观调控意愿。另外,之所以要保证财权集中于中央,主要还是维护中央统筹治理的权威地位,中央控制了大部分财权,就在财力占有规模和财政汲取能力上优于任何地方个体,但为确保央地财政关系的稳定均衡,经过赋予地方有限税权和举债权,中央和上级对地方政府的下解、转移支付、财政拨贷款,社会合作资本汇入等,分税制改革以后中央与地方总体的财力格局保持基本平衡,总体上呈现对半分,党的十八届三中全会提出要"保持现有中央和地方财力格局总体稳定",2016 年国务院出台的《全面推开营改增试点后调整中央与地方增值税收入划分过渡方案》中,提出全面营改增后央地财政收入划分应当遵从的首要原则就是"保持现有财力大体'五五'格局不变"。总而言之,虽然我国财权向中央政府集中倾斜,但财力格局上以维持央地大体均衡为原则,理论上财权虽然是政府财力汲取的最主要来源,但权力的集中方完全可以通过各种制度和途径来实现财力转移,这样就能既保证财权被中央集中所有,又不至于出现财力格局的失衡。

---

① 参见黄寿峰:《财政分权对中国雾霾影响的研究》,载《世界经济》2017 年第 2 期。

② 参见潘敏杰、武舜臣、张继良:《中国式分权、环境规制与雾霾污染》,载《产业经济评论》2017 年第 1 期。

③ 傅勇、张晏:《中国式分权与财政支出结构偏向:为增长而竞争的代价》,载《管理世界》2007 年第 3 期。

污染物的流动性使大气污染已然成为区域性乃至全国性的共同问题,它打破了对一般地区性事务行政机构设置和属地管理思维的传统认知,而是综合了地方自主和中央权威的双重需要。基于大气污染治理的混合公共产品属性,它属于中央与地方的共同事权,这一点可从《国务院关于推进中央与地方财政事权和支出责任划分改革的指导意见》中得以验证,其中就规定"要将环境保护与治理等体现中央战略意图,跨省(区、市)且具有地域管理信息优势的基本公共服务确定为中央与地方共同财政事权"。由于大气污染治理的共同事权属性,中央肩负着引导资源配置有利于环境保护的宏观调控任务,具有调动地方政府、社会组织和公民个人参与环境保护和治理的号召力和统筹力,并负责制定实施大气环境保护与治理的相关法律法规和政策,部署大气污染治理工作,向地方下达具体治理指标任务,监督地方执行上级和中央的环境政策。

(2)中央对地方自主行动的合理性干预。一旦中央界定了政策问题,明确了政策目标和下达了政治任务,地方就要负责政策的执行和落实。在领土广袤的大国,对于大气生态环境治理的公共事务而言,依靠中央制定详细的、具可操作性的环境政策并不现实,需要在中央统领下发挥地方的主动性和创造性。由此,地方政府要依据本地区实际情况来设计、选择和应用合适的环境政策工具,相对于宏观的经济政治制度或者体制而言,环境政策工具是一种环境治理的行动机制和具体的制度安排,[①]更加具体化和富有可应用性。通常而言,中央政府主要拟定环境政策目标,地方政府整合运用环境政策工具。环境政策工具的制定设计和实施应用是中央给予地方应对环境治理问题的一项自主权力,对于地方的具体治理对策本无干预之必要,但在大气污染问题上为防范地方选择的环境政策工具偏离环境政策目标,中央会对地方的自主行动加以合理性干预。从积极层面来看,中央干预地方自主行动的合理边界在于理由正当。从消极层面来看,这种合理性干预行为实则表现为中央与地方各履其职,各负其责,在彼此权责范围内互不侵扰,中央政府只负责大气污染治理工作的统筹规划,确立统一适用的规则和标准,给地方下达治理任务和目标,地方政府结合本辖区内的大气污染现状实施针对性的治理对策,中央只在地方决策和执行偏离其预设轨道时,加以干预、督促或纠正。财权集中于中央政府,意味着中央集中了大部

① 参见杨洪刚:《我国地方政府环境治理的政策工具研究》,上海社会科学院出版社2016年版,第27页。

分财政收入权，如税收立法权被中央牢牢控制，基本税收制度只能由国家制定法律。

(3)中央享有对地方行为的督查问责权。近年来，为确保地方自主行动与中央政策目标相一致，纠正地方环保执行的怠政、懒政和庸政等不良风气，中央通过设置专门的环境监察局、环境督查中心以及地方环境监察机构、成立环保中央巡视组、督察组等形式，加大了对地方政府及其官员的督查问责。特别是面对地方环境监察执法意愿不强、阻碍过大、力度不足等问题，环保部采取了更有效的区域性监察乃至全国性督查巡视等方式，以此实现中央对地方环境执法的权威控制。中央之所以加大对地方环境保护的督查力度，主要缘由在于地方政府对大气环境治理的消极态度让中央与地方之间既有的信任感消失殆尽，不得已加大对地方环保执法的监督力度。

(二)地方自主能动原则

理论界在论证适度财政分权之标准时，大多将赋予地方财政自主权作为考量因素，财政自主权是地方自主性的一个重要方面，它并非我国法律规范体系中的法定权力，而是一种事实权力，本质上是地方政府具有的一种作为事实效果的财政自主能力。[①] 在应对大气污染治理问题时，由于污染生成的属地性和各地方间污染状况的差异性，有必要让地方结合本地实情自主制定和实施公共政策，有充分的自有财力支付公共治理之成本对价，从而在财政支出上不过分依赖上级和中央政府的财政援助，保持财政收支上的相对支配力，不致让地方政府因缺少财政资金支持而陷入被动。相较联邦制国家的地方自治理念，单一制国家秉承中央集权下的地方自主，强调同时发挥央地两个积极性，"自治"与"自主"存在政体形式背后的地方分权度量差别，自治相较自主的优势是地方所具有的自主决定空间更广阔，中央干预地方政府的权力和机会更少。前者侧重自下而上的国家治理模式；后者偏向自上而下的国家治理模式。但二者在实质内涵上较一致，即无论中央能否容忍地方在政治上的独立性，其都必须保证地方经济上的独立性，只有经济独立，地方才能够有效应对千变万化、纷繁复杂的公共治理问题。地方在经济上的独立性主要表现为财政上的独立性，它是决定地方财政自主性的关键要义。当然，地方政府的财政自主性与财政独立性还是有所区分的，自主型财政以实现地方能动作为为目标，独立型财政以维持地方政府的独立人格为依归，这两类地方财政模式相互印证，地方政府的独立人

---

① 参见徐健:《分权改革背景下的地方财政自主权》,载《法学研究》2012 年第 3 期。

格是其主动作为,发挥官员集体主观能动性的基础性要件,而地方具有自主决断、自主行为和自主担责的能动性又是其人格独立的鲜明特点。不同政府结构组成形式的国家虽然对于地方政府人格独立化的态度不一,但都向着地方半人格化方向发展,在联邦制国家如美国,联邦政府与州政府并不像演说家所称的"在各自领域内拥有最高权力",各州在其性质和行动上受宪法授予联邦政府3大部门的权力的限制,主要表现在征税权的限制(例如,州不得征收进出口税和船舶吨位税),①禁止对联邦工具征收差别待遇税(例如,各州不得对一家合众国银行的支行、联邦债券或联邦财产征税),禁止干预州际贸易,联邦控制货币发行权,刑事立法的限制,保护契约义务等;在单一制国家如法国,地方政府一度在法律上的存在并未得到承认,仅仅被等同为简单的行政区划,②但自1982年社会党上台执政并开启声势浩大的分权改革后,法国从此走上了地方自治的道路,并于2003年通过了宪法修正案,其中明确法兰西共和国为分权型共和国,地方自治在宪政上表现为自主管理原则、财政自治原则、辅助原则以及禁止监护原则等。③ 总之,任何国家都是集权和分权的混合体,只不过二者的搭配比例不尽相同,在中央集权国家更加注重中央权威领导、控制和监督能力,在地方分权国家则更加倾向地方自主决策、行动和担责的能力,理想的央地关系模式应是中央集权与地方自治的最优结合,我们无法对此提出一条确切且普遍适用的分割线,必须依据一国的政治、经济和文化国情和国家治理效果来评判。

因而,我国亟须通过分权改革赋予地方自主能动的权力与能力,这在解决大气污染问题当中事关调动地方积极性,能够让各个地方根据本地污染情况适时适度地作出相应政策安排,中央只需保证地方决策过程的合法性与正当性以及治理效果的正向性即可,中央切不可替地方大包大揽甚至承担责任。当然,给予地方自主性并不等同于地方充分自治,包括环境法规、环境标准、指标考核等都应当由中央来详细制定或提供规范指引。从这一点来看,实际上我国的地方自主性建设主要还是在财政能力上,大力培育地方自主办事的能力,从而保

---

① 参见[美]查尔斯·A.比尔德:《美国政府与政治》(下册),朱曾汶译,商务印书馆1987年版,第530~541页。

② 参见[法]古斯塔夫·佩泽尔:《法国行政法》,廖坤明、周洁译,国家行政学院出版社2002年版,第101页。

③ 参见上官莉娜:《法国地方自治的宪政原则》,载《武汉大学学报》(哲学社会科学版)2012年第5期。

证地方执行中央决策的实施效果，但在地方自主决策方面依然备受掣肘。

（三）正向调节激励原则

衡量一项国家体制设计得优良与否，一个关键因素就在于其能否发挥出正确的激励功能。激励性规则一方面以直接性的奖励机制来促进政府与公民之间的合作，相比于惩罚，奖赏可以带来更高的合作水平；①另一方面以间接性的引导机制来激发公民的理性选择，如在税法方面，与"为约束纳税主体不适当或者不合理的经济行为，在一般税法规则基础上加重特定纳税人群税收负担"②的税法惩罚性规则不同，税法的激励性规则采取鼓励性或奖励性制度或者施予纳税主体正面性税感，引导与促进纳税主体的经济行为良性发展，③在引导公民自觉改变行为从而实现政府期望的治理效果上更具优势，也是税法在现代国家治理进程中的生命力所在。

在激励理论上，政府间财权的合理配置对于大气环境治理中政府官员和排污主体的行为选择具有重要指导意义，具体体现在以下方面：首先，在政府官员的行为激励方面，合理且清晰划分的权责结构是促使其主动作为或拒不干预的前提要件，权力分配享有激励政府官员主动行为，责任具体落实约束政府官员依法行为。当然，权责分享只是起到法律层面上的基础性作用，更深层次的激励来自于政治体系内的官员个体利益需求。通过合理划分财权并明确落实财政征收管理责任，配合政治上的政绩考核机制，能够激励地方官员明确执法、正当执法和主动执法，从而募集到大气污染治理所需的充分财政资金。这就要求在进行财权划分时，不能一味地从中央控制地方的一统统治的国家利益出发，也要考量公共有效治理的地方利益，赋予地方适度财权，构建地方自主财税制度体系，能够有效激励地方汲取财源提供更多更优质的公共产品和服务。为确保财政分权对地方政府激励不至于偏离中央预想状态，有必要通过确立绩效行政理念、重塑政治激励、强化责任追究等方式予以避免和弥补。具体到大气污染治理方面，如何为地方政府架设充沛可用的自主财税体系、积极主动的公共治理动机和效益俱全的国家治理面貌等最佳组合体制，实为重点亦为难点。财税体制是能够将激励功能辐射得更全面深化的国家体制类型之一，它在国家、

---

① 参见章平、许志成、闫佳：《制度如何激发社会合作——基于公共品博弈实验的前沿理论综述》，载《经济与管理评论》2015年第1期。

② 杨颖：《税法的惩罚性规则研究》，法律出版社2014年版，第6页。

③ 参见胡杰：《税法的激励性规则研究》，西南政法大学法律专业2015年硕士学位论文，第7页。

政府与公民之间起到承接关系和表彰意志的作用,设计出正向激励全体关系主体的国家财税体制和具体财税制度,关系到三者合作关系的形成与良性与否,理想的模式是既能够捍卫国家的主权统一和均衡发展,也能够保证地方的财政自主和支出公共,还能够激励民众自觉选择契合公共规划的行为范式。当然,单纯一项体制和制度设计所承载的功能毕竟有限,我们所能做的就是立足于本体制度之最优效应,与他体制度产生最佳关联效果。

另外,在排污主体的行为激励方面,依托财税政策内涵的运行规律,可影响排污主体的经营管理策略或自主行为模式。著名经济学家曼昆曾指出:“人们会通过计算成本与收益作出决策,所以,当成本或收益变动时,人们的行为也会改变,即人们会对激励作出反应。”①这建立于对“理性经济人”的认知假设和分析范式,它从世俗化的视角认识人的自私本性。理性经济人是经济学理性主义发展的理念产物,只是对处于市场经济中的人的一种抽象,代表着一种观察人类活动规律的理性范式。② 当然,人们在做出选择时,并非总是基于经济上的成本收益权衡,心理过程也是影响行为选择的不可忽视环节,每个人心理活动的无规律性使其所做出的真实选择不可能具备完全理性,实际上只能是有限理性而已。站在“有限理性经济人”的观察视角,我们能够控制的就是营造经济激励行为人理性行动的理想模型,以理性经济人的视角实现最普遍的社会效应。政府间在进行财权划分时,一个衡量标准是分权对市场的影响,财权若过于倾向中央政府,则每个地方经济发展差异显著,这对于中央制定统一适用且均等受用的激励措施无疑是巨大挑战;若过度分配给地方政府,则容易产生地方排斥中央命令,拟定的激励方案只符合本地区发展利益而违背整体性的国家发展利益。故而,为引导排污主体基于经济上节约成本和增加利润的理性经营所需,自觉作出改变,通过产业升级或技术改造等削减排污量,政府为此给予财政补贴、税收优惠、直接奖励等,填补排污企业为此付诸的经济成本或增加的营业损失。

二、事权划分维度

府际大气环境财政权责配置的另一维度是事权划分,这也是当前财税体制

---

① [美]曼昆:《经济学原理》,梁小民、梁砾译,北京大学出版社2012年版,第13~15页。

② 参见沈湘平:《理性范式、人的发展阶段与“理性经济人”假设》,载《社会科学》2000年第2期。

改革的重中之重。政府事权规模的复杂性、扩张性和变动性，使我们在列举详细的政府事权清单时困难重重，亦无法提出针对每一项政府事权的央地归属方案，这既是十分庞大的系统研究工程，也是耗费笔墨做无用功的碎片写作。央地事权划分在很多时候都是原则性的，是一种"你中有我，我中有你"的水乳交融关系，想要做到泾渭分明基本不现实，只有将其置于实践中不断碰撞和博弈，才能达致理想状态。[①] 学术界在研究事权划分时，大都提出政府事权划分应当遵循的基本原则，借以适用于某一具体领域进行更加细化的探讨。通过梳理并反思现有的事权划分原则，既有抽象意义上的一般原则，也有适用价值上的具体原则，这些原则或起到理念指导作用，或对事权划分的改革实践具有实用价值。

在一般原则方面，有学者提出的科学原则、兼顾原则、法治原则、适应性原则和事权与支出责任的非完全对称原则等[②]都包含在内。科学原则要求在进行事权划分时应当考虑政府治理事务之属性，从事务本身性质出发作出最科学合理的划分，例如，根据公共产品与服务的受益范围划分全国性与地方性两种类型，进而再在中央与地方之间划分事权。兼顾原则要求既不过度偏向中央集权也不绝对崇尚地方分权，而是在真切认准实际国情的前提下，找准集权与分权的黄金分割点，[③]即坚持适度分权原则，中央不能大包大揽一切事务，也不能将公共治理责任一股脑地全部推给地方政府，在事权划分问题上中央既要顾及地方政府的有限权能，不能将完全不在地方政府职能范围内的事权强制下放，划分给地方某一财政事权要有相应的财力给付做保障，也要兼顾中央规范地方治理过程和结果的整体调控能力，将监管问责类型的事权上收，从而有利于中央政府对全局态势的把握。法治原则要求通过立法规范而非政治规划的方式划分央地事权，防止因领导人的个人意志或政策的随意变动影响政府财政事权的相对确定性。适应性原则反映事权划分问题的本土属性，权力划分合理与否既要切合科学的技术路径，更要迎合国家的经济、政治以及文化现实，只有立足本土的体制改革才最具有生命力。事权与支出责任的非完全对称原则意味着在中央与地方的自主管理事务之外，还存在央地共管事项，一般由中央负责决

---

① 参见白彦锋：《财政事权与支出责任划分：泾渭分明还是动态博弈》，载《中国经济时报》2016年11月7日，第5版。

② 参见朱丘祥：《分税与宪政——中央与地方财政分权的价值与逻辑》，知识产权出版社2008年版，第131～136页。

③ 参见马骏：《中央与地方的财政关系》，载《财税研究》1997年第4期。

策,地方负责贯彻落实,事务决策权由中央掌握,但具体的支出责任则落在地方政府身上,[①]这样事权与支出责任相分离,尽管在当前的事权与支出责任改革中,极力倡导事权与支出责任相一致原则,但基于央地共同事权的客观存在,二者相分离的现实依然不容置喙。

在具体原则方面,政府间事权划分有两个层次:一是政府与市场行为、社会自治的界限在先划定,厘清政府与市场、公民的职能范围与自主空间是进入政府间事权划分议题的必要前提;二是政府间事权如何有效划分,以此形成政府间合理的行政分工,建立起结构优良的政府权力组织结构。首先,政府间事权划分应首先以市场优先为原则:凡是市场可以承担的,绝不让政府承担;凡是市场可以和政府合力承担的,尽量扩大市场的作用;凡是随着资本积累和技术进步已经能够为市场承担的,坚决由市场承担。[②] 市场优先原则的确立要求政府干预应保持必要的谦抑克制,不能逾越政府法定职权的界限,且政府干预权的法律授予和范围界定应以尊重市场决定地位、运用市场内在规律和坚持市场优先调节。这就要求在防治大气污染过程中,明确每一级政府担负的环境事权务必以充分发挥市场作用为基础,政府大气环境事权内容必须体现完善市场、补充市场和服务市场等功能。其次,政府事权还应保持与社会自治之间的应有张力,事权所对应的政府事务来源或面向公共领域,对于私人领域内的个体事务并不直接干涉,只是为防范个体行动无限制而导致集体无理性,政府会承担制定普遍适用规则的统一规制权,当然该类规则的确立依然要受到公民意志表达和公共秩序需求的双重约束。府际大气环境事权划分实际表现为政府统一规制权的内部分配关系,它关系到公共权力组织——政府总体规制介入权利个体存在——公民自主行动的分布密度,中央与地方防治大气污染的过程实质上表现为政府规制公民行动的统一和多元策略,无论是坚持中央统一监管的模式还是创立地方因地制宜的模式,都体现了事权本身的行政管理色彩。然而,在现代国家治理形态中,原有的单纯依靠政府监管的治理模式在效益取得和价值认同上优势渐失,政府监管与社会自治的二元互动治理模式正成为主流。因而,大气环境治理中政府事权范围及分配样态应当与社会自治相衔接,既要发挥

---

① 参见朱丘祥:《分税与宪政——中央与地方财政分权的价值与逻辑》,知识产权出版社2008年版,第135页。

② 冯兴元:《地方政府竞争:理论范式、分析框架与实证研究》,凤凰出版传媒集团、译林出版社2010年版,第177页。

政府监管的作用力，也要留足社会自治的足够空间，确保大气环境治理中政府制定规则的社会可接受性，促成政府与社会在环境保护议题上的最佳合作状态。

另外，认识到抽象概念上的政府事权划分所应坚持的市场优先和社会自治原则之后，具体到政府内部事权划分原则，学界大致有以下认识：一是受益范围原则。奥尔森提出的对等原则与此有异曲同工之妙，他认为当一类公共产品的受益范围恰好等于提供它的政府的疆界时最有效率。但这一原则亦存在问题，由于几乎每一种地方公共产品都有不同的外溢范围，如大气环境治理，且该种外溢会随着社会经济发展和人口流动而处于不断的变化中，然而政府的数目、层次和管辖范围却必须保持一定的稳定性，造成了受益范围与政府辖区不相重合，从而依照该原则进行事权划分只能解决那些统一性的全国公共产品和属地性的地方公共产品的事权类型划分，对于那些"体现中央战略意图、跨省（区、市）具有地域管理信息优势"的共同事权项目[义务教育、高等教育、科技研发、公共文化、基本养老保险、基本医疗和公共卫生、城乡居民基本医疗保险、就业、粮食安全、跨省（区、市）重大基础设施项目建设和环境保护与治理等]，受益范围划分原则起到的指导价值毕竟有限。二是地方优先原则。该原则包括以下几大方面：首先，在事权分配时，尽量将集体行动的每一项任务置于尽可能低的政府级别上，凡是低一级政府和地方政府能够有效处理的事务和提供的公共产品，一般不由上级政府或中央政府处理，市场与地方确实不能解决的，再由上级政府或中央政府提供辅助性支持；其次，在事权划分时先设定初始状态为最低级地方政府保有全部事权，再根据更高级别政府供给的现实需要，分割确立上级乃至中央事权部分，剩余则为地方事权；最后，还应允许不同地方有根据自身情况和偏好采取有区别的事权划分模式。①

第二节　府际大气环境财政权责配置的具体展开

虽然整体上大气环境保护事关立法、行政、司法等多项环节的协同并进，但归根结底在于环境政策的制定—执行流程能否畅通有序，立法与司法只是为环境行政提供法治约束和权利救济，故而只有立足于政府间权责配置议题，对准

① 参见冯兴元：《地方政府竞争：理论范式、分析框架与实证研究》，凤凰出版传媒集团、译林出版社2010年版，第198～200页。

其精确突破点，方可疏通中央与地方之间的合作治理通道。“财政是国家治理的基础和重要支柱”，国家实现有效治理大气污染的关键就在于政府财政权责的合理配置，一个科学的设想便是通过界清中央与地方在大气污染治理问题上的事权与支出责任，依照“以支定收”的原则分配财权和平衡财力，从而实现对地方政策执行的纠偏，最终祛除地方执行的“支出焦虑”和“事权纠葛”。

一、大气环境财政权责配置的路径选择

（一）基本理念：适度分权的思路展开

现代政府是权力政府、公共政府、服务政府和责任政府的合一，政府组织结构设计得合理与否要在政府履行公共管理职能过程中得以检验。分权的适度恰当与否不在于分权的程度超越了集权的势力，而在于分权与集权的配置状态在一国政治体制下对政治实践能否产生积极作用。因而，在对待大气污染治理问题上，不存在绝对的集权主义，也不存在绝对的分权主义，集权与分权的各自占比应根据我国的实际国情而决定。从现有的大气污染治理政策工具体系来看，虽然中央在开拓环保市场和引导社会参与上加快政策补漏，但仍一贯坚持沿用命令控制型治理模式，并逐渐加大集权控制压力和责任追究力度。导致大气污染治理困境屡不得解的关键并不全然是因为中央的环境管理，特别是在空气污染问题日益加剧，一时难以有效缓解的经济发展阶段，强调中央权威，全力推行中央政策有其必要价值，在地方政府缺乏对地方民众负责的有效约束的情况下，中央有维护统治需求、对国家全局负责和控制地方权力滥用的利益、责任和手段，强调中央集权的作用，实际上是发挥中央在宏观层面的政策设计和微观层面的执行规制上的权威决断和强力保障作用。同时，大气污染的治理展开还是要落在具体的地区、政府官员和民众身上，中央出台的政策法令难以做到事无巨细，一方面地方政府会遵守中央的规定，接受中央的委托对本辖区大气环境进行保护；另一方面在允许地方制定适应于本地区实际情况的自主立法或决策领域，本着具化政策执行的目的出台地方性政策法规、灵活运用政策工具和制定实施各类制度等。

因而，综合这两个方面来看，在单一制国家，地方政府的性质处于十分尴尬的地位，既要在中央的统一领导下严格执行上级政策，又拥有针对中央及上级政策法令的“释法”“造法”等自主裁决权力，属于“半自主性”组织。在这种情况下，中央既要确保对地方执行过程和效果的大致可控，又要受到自身能力限制和顾及地方实情来赋予地方一定的自主权能，从而如何在集权控制和分权自

主之间设计出一套权力结构优化、能力匹配适当和责任归属确实的政治体制与治理格局，成为当前解决公共危机的切迫之事。

（二）法治路径：财政权责配置的灵魂归宿

政府间权责配置法治化和规范化是财税体制改革和全面依法治国过程中的重点任务，权责法定兼具授权与控权两个方面意旨，它既是支撑各级政府行权正当性的法律依据，也起到对权力作用场域的限定作用。[①] 一直以来，我国在处理央地关系问题上缺乏宪法明示条款和专门法律规范，主要依据便是现行《宪法》第3条第4款规定的“两个积极性原则”，即“中央和地方的国家机构职权的划分，遵循在中央的统一领导下，充分发挥地方的主动性、积极性的原则”。“两个积极性”原则的笼统性和政治性使我国政府间权责配置处于长期的无序变动状态，体现出中央权威意志下的权力下放，分权和授权都游离于法律法规之外，既未能以立法形式明确政府间职权范围，亦没有建构权责划分的法定决策机制，终而导致府际权责划分既不清晰也不规范，使中央和地方为扩大各自的权力提供了过于广阔的法律空间，[②]衍生政府职权“错位”“越位”“缺位”等问题。为此，《国务院关于推进中央与地方财政事权和支出责任划分改革的指导意见》提出，“要将中央与地方财政事权和支出责任划分基本规范以法律和行政法规的形式规定，将地方各级政府间的财政事权和支出责任划分相关制度以地方性法规、政府规章的形式规定，逐步实现政府间财政事权和支出责任划分法治化、规范化”。在推进政府间大气环境权责配置上，坚持法治分权路径是该项改革的灵魂归宿。

府际大气环境权责配置的法治化路径主要体现在立法、执法和司法层面上。首先，在立法层面上，修订现有宪法法律和制定规范央地关系的专门法律，应修订宪法中设立处理央地关系的一般条款，将“两个积极性”的政治原则进一步细化提炼成府际权责配置应遵循的诸项法治原则；同时，还应修订中央和地方政府组织构成和权责承担的相关规定，改变央地权责中央决定的政治做法为原则划分的法定约束，例如，《日本国宪法》中就规定：“关于地方公共团体的组织及运营事项，根据地方自治的宗旨以法律规定之。”此外，还有必要制定处理央地关系的专门法律，一些经济发达国家早有相关立法成果，如法国的《关于市镇、省和大区的权利和自由法》、日本的《地方自治法》和《地方分权一览

---

① 参见刘剑文、侯卓：《事权划分法治化的中国路径》，载《中国社会科学》2017年第2期。

② 参见薄贵利：《集权分权与国家兴衰》，经济科学出版社2001年版，第258页。

法》等。当前学界的争论主要在于到底是制定一部统合全部的“中央与地方关系法”，还是从最为紧迫和棘手的财政领域着手制定“政府间财政关系法”。目前看来，依照我国自上而下的渐进式改革特征，先解决政府间“财”的顽疾再破解“政”的问题更为恰当，同时由人大制定《政府间财政关系法》也已迫在眉睫。其次，在执法层面上，有法可依只是第一步，还要向有法必依转变，中央在分配和调整央地权责关系时应当在宪法法律规定的实体和程序要求内进行，不能以中央权威政治决定为划分依据，并且中央和地方都要根据权责配置依法行为，不能突破府际权责划分的基本原则和具体规则。最后，在司法层面上，政府间大气环境权责配置难免存在决策设计失误或随形势变化与现实相背离而产生划分争议，由于中央和地方作为权责争议的当事方，偏向任何一方的争议裁定机制都可能因为利益偏差而导致政府间权责矛盾的扩大化，故有必要寻求一种当事主体之外的第三方调节机制，即从司法或立法维度建构化解央地争议的居中调节或违宪审查机制。

（三）改革关键：事权与支出责任划分

当前，面对大气污染治理事务上央地权力分配存在的弊端缺漏，紧要之宜便是实现政府间纵横权责的合理配置，形成中央与地方间“稳定的法定的事权关系”，①只有大气环境保护事权和支出责任得到清晰划分，政府主导大气污染治理的能动作用方可得以全力发挥，政府的干预行为才会受到有效规范和监督。然而，政府事权划分不仅是一项技术考验的复杂治理过程，还受到政治掣肘。哪些应由政府干预，哪些要回归市场配置；哪些该由中央政府负责，哪些又是地方政府的权限所在，享有一定事权的同时又该由哪方履行财政支出责任，这些都是围绕着政府治理大气污染过程中生成的诸多问题所在。

具体到大气污染治理事务，一级政府负责某一项空气治理和保护事权，就必须由中央赋予其适当的财权或通过上级转移支付等形式保障其财力，从而让大气污染治理可以顺利进行下去。理想的府际大气环境事权设计是“一级政府、一级事权、一级支出责任”，但由于环境污染的扩散性、复杂性，政府间在大气污染治理上存在事权交叉的现实可能，这就使厘清大气环境治理中的财政权责对应关系并不简单，但却是当前我国化解大气环境权责纠葛的焦点所在。2013 年党的十八届三中全会通过的《关于全面深化改革若干重大问题的决定》中提出要建立事权和支出责任相适应的制度，逐步理顺事权关系。此后，2016

① 王绍光、胡鞍钢：《中国国家能力报告》，辽宁人民出版社 1993 年版，第 162 页。

年国务院发布的《关于推进中央与地方财政事权和支出责任划分改革的指导意见》又提出针对性的改革方案，其中环境事权方面的划分大致有三条路径：一是国界河湖治理、全国性战略性自然资源使用和保护等确定为中央财政事权；二是体现中央战略意图、跨省（区、市）且具有地域管理信息优势的环境保护与治理被确定为中央与地方共同财政事权；三是将全国范围内环境质量监测和对全国生态具有基础性、战略性作用的生态环境保护等基本公共服务，逐步上划为中央的财政事权。此外，该文件亮点颇多，主要围绕中央如何决定财政事权而展开，具体包括以下方面：

1. 明确了中央决定财政事权的总体要求

《国务院关于推进中央与地方财政事权和支出责任划分改革的指导意见》提出的财政事权的中央决定方略，包含积极和消极两个层面上的内容。在积极方面，中央在财政事权的确认和划分上拥有决定权，这是维护中央权威的外在表现；在消极方面，中央授权地方履行财政事权，要以调动和保护地方干事创业的积极性和主动性为目标指引，最大限度地减少中央对微观事务的直接管理，即中央决定地方财政事权必须克制集权主义的冲动，尽可能地激发地方自主治理的意愿。这种中央决定财政事权的基本要求，符合我国治理的需要，与其他关系国家稳定运行的大政方针、发展战略和整体规划的顶层设计类似，央地财政事权的划分归属于国家政权组织形式的宪法构造，也应纳入中央事权的范围，由中央做相应的合理安排。然而，“中央决定论”依旧有不成熟的地方，它将事权划分的决定权集中到中央手中，地方政府承担的事权体系是中央设计的结果，但这种设计并非完全理性的存在物，而是可能基于种种形势的演化发展而脱离现实。因此，中央决定财政事权有其必要性，但如何通过开创地方政府、专家乃至民众协商参与的中央决定程序机制仍尤为必要。这意味着中央在进行政府事权划分设计时，并不是完全依赖于中央决策层的理性智慧，也要听取地方政府、专家和民众的意见。

2. 建立财政事权划分动态调整机制

《国务院关于推进中央与地方财政事权和支出责任划分改革的指导意见》提出财政事权划分要根据客观条件变化进行动态调整，对新增及尚未明确划分的基本公共服务，要根据社会主义市场经济体制改革进展、经济社会发展需求以及各级政府财力增长情况，将应由市场或社会承担的事务交由市场主体或社会力量承担，将应由政府提供的基本公共服务统筹研究划分为中央财政事权、地方财政事权或中央与地方共同财政事权。另外，还专门针对环境质量监测等环境事权上划为中央财政事权提出了要求。财政事权划分的动态调整源自政府事权的不稳定性，在公共事务之本体维度，既存在因市场功能完善而产生的政府职能萎缩，也存在因公共服务新生而发生的政府职能扩张；在政府组织之重组维度，国家出于某种统治需要会不时地调整政府组织形式，一旦政府机构发生变动，其享有的职权就要分散、调整或集中。基于政府事权的易变性，财政事权划分将是一项永恒的政治课题，这就对中央决定财政事权划分提出第二项挑战，即中央政府何以应对纷繁变化的社会事务并作出及时有效的事权调整，已俨然成为当今世界各国政府面临的共同难题。面对社会管理事务的动态变化，若要塑造动态调整事权的政府能力，就要坚持事权划分的基本原则，把握变化后的公共事务本质属性，协调好原有的事权主体与调整后的事权主体间的利益冲突，做好权力交接工作。

3. 建立政府间财政事权划分争议处理机制

《国务院关于推进中央与地方财政事权和支出责任划分改革的指导意见》提出："中央与地方财政事权划分由中央裁定，已明确属于省以下的财政事权划分争议由省级政府裁定。明确中央与地方共同财政事权和中央委托地方行使的财政事权设置的原则、程序、范围和责任，减少划分中的争议。"由此可见，该文件基本遵循的争议处理思路是央地事权划分由中央裁定，省以下事权划分由省级政府裁定，但对于央地共同事权和中央委托地方执行的事权，并未提出明确的裁定主体，只是要求通过该类型事权设置的规范化，尽量减少划分中的争议，但无法避免央地共同事权中因中央决策失误导致争议涌现。事权划分争议处理是中央决定事权的第三项挑战，它是为避免事权划分不明确导致政府职权界限模糊，进而提出的一项解决机制，这种政府间事权划分争议处理机制的建立尤为迫切，它是对中央决定事权和动态调整事权的有效补充，为应对府际间事权划分突发争议提供了一条可行的化解之道。当然，依据字义，本处的裁定应为行政裁定或者政治裁定，对于通过行政决断还是司法诉讼的方式来申请裁定，并未明确。另外，裁定如何体现中央和地方、省级与下级之间的协调民主，共同事权和委托事权的争议解决机制亦是无法回避的方面。

（四）共同事权：财政权责配置的疑难破解

所谓共同事权，或交叉事权、混合事权等，是指中央和地方共同承担的事权类型，它是央地各自独立事权之外的另一存在形式。依照我国现有事权改革方案，教育、医疗、卫生、就业、环保、科研、公共文化、粮食安全等属于央地共同事权，但这是基于整体领域的抽象划分，实际上在各个领域内的大事权下还存在更细碎的小事权，这些内容更加具体的小事权的归属其实是可以清晰界分的，只是长期以来我国政府间权责划分滞后，中央和地方都以“高效办事”为行为取向，以统一的“大政府”形象面向世人，不太关注政府内部权责配置的明晰化，鉴于统治者认识的局限性和渐进性，真正需要央地共担的共同事权种类至少通过事权划分改革之后是可以大为减少的，这也是《国务院关于推进中央与地方财政事权和支出责任划分改革的指导意见》当中所提出的“要减少并规范中央与地方共同财政事权”这一目标任务的原因所在。了解至此，我们发现纵然环境保护和治理被视为央地共同事权之一种，但所包含的下属事权也有着具体可明的定位，如环境质量监测事权的上收等，都体现了减少环境保护与治理这一笼统的共同事权定性的改革路径。

在共同事权方面，主要表现为事权中的决策权归属中央政府，地方政府拥有执行权，此时中央与地方之间存在委托代理的关系，有学者将此种情形下的央地关系与企业的内外关系即企业内部的雇主与员工间的“雇佣制”和企业外部的发包方与承包方间的“发包制”相类比，认为在行政组织间存在“内部发包制”，具有两个方面的特征：一是委托人（发包方）拥有正式权威（如人事控制权、监察权、指导权和审批权）和剩余控制权（如不受约束的否决权和干预权）；二是具体的执行权和决策权交给了承包方，而且承包方还以自由裁量权的方式享有许多实际控制权。① “行政发包制”的实质含义是将央地关系“类公司化”，是站在组织关系的视角做出的政治分析，归根结底反映为针对公共治理事务的委托代理关系，这种委托代理关系模型实际上建立在中央集权的基础之上，主要的权力类型由中央掌握，地方拥有的更多是执行权，这种关系下容易产生央地关系的二元悖论，即基于中央权力优势的集权控制和地方地缘优势的裁量自由而发生“上下分治”的治理局面。

央地委托代理关系中最为突出的特征——决策权与执行权的分离，让共同事权的双方——中央政府和地方政府在治理某一具体公共事务时陷入了“权力残缺”的被动，中央因缺失执行权而无法将自身的意志完全地实现，地方因缺乏决策权而在应对公共治理问题上严重依赖上级和中央。在公共治理事务上决策权与执行权一般应相互捆绑而存在，共同事权却将二者割裂开来，在大气环境保护事权领域，中央是提出全国环境保护战略、制定统一规则标准和下达地方治理任务的决策者，地方依据中央政府的决策部署展开行动，这种分割

① 参见周黎安：《行政发包制》，载《社会》2014 年第 6 期。

虽然使大气污染治理更为烦琐复杂，增添了中央与地方以及区域地方之间的忠诚和信任危机测试，但对于有效治理环境污染而言仍不失为明智之举。这是让地方积极主动去管理好和治理好本地区内的大气环境无非理想之花，再者鉴于将决策权与执行权集于中央政府一身的成本扩增劣势，又不可将全部权责赋予中央。在此，至少在解决大气环境治理和保护问题上，实行央地委托代理模式是具有合理性的，但合理的改进建议是中央决策权又不宜过大，要留足地方执行中央政策时的自主决定权，这意味着中央一般只需通过理念塑造、人事控制、设立目标、激励监管和建构规则等宏观层面确保地方政府治理大气污染的积极性、主动性和自主性，地方政府依据本地区实情制定相应的地方环保规定，分解和确立本地区的大气治理任务以及灵活地创制运用环境政策工具等，但地方的自主决定都应当在国家的宪法法律框架内进行，不应偏离于中央政府的整体环境保护目标要求。

二、大气环境财政权责配置的机制构建

除了抽象层面上政府间大气环境权责配置应坚持原则导向和路径优化外，还要从机制构建上提供中央和地方财政权责划分的公开透明、应机调整和争议调解的制度支持。首先，在权责划分的公开透明上，对已作出明确分配的政府大气环境财政权责应当予以清单化，通过“权责公示”的静态方式从而让政府组织知悉其职责范围，也能够让公众在了解政府权能结构的基础上发挥应有的社会监督作用。其次，政府大气环境财政权责并不是一成不变的，而是要随着大气污染治理的任务推进和效果导向因时因地地作出调整，因而除了在静态上将已分配固定的政府权责清单化，还要在动态上依据大气污染治理的现实和地域变化，做出相应的时空调整。最后，纵然以科学划分原则和路径以及动态调整机制来指导和操作政府间大气环境财政权责配置工作，亦难免会发生因决策非理性和形势突变性而导致央地争议的出现，这时就有必要建立府际权责划分争议的调节处置机制，起到定分止争、缓和政府间矛盾的作用。

（一）行政清单机制

权力清单、负面清单和责任清单制度构成了我国行政体制改革中推动政务公开化的流行词汇，自 2009 年“权力清单”首次出现在官方正式文件中，上海 2013 年 9 月推出“负面清单”管理模式以来，党的十八届三中全会又再次强调“权力清单”，“清单”一词就风靡开来，已成为国家治理进程中提升政治文明的

显要工具。“清单”一词原指日常生活和交易往来中表示记录结果的载体，具有分类化、精细化和明确化等特点，能够让人一眼即知事情的进展状态和结果产出，将这一通俗用语挪用到政府权责配置状态的公示公开上，既包含对行政公开的民主呼吁，更是实现政府内部明确分工、权力分属和责任分明的技术关键。2013 年 11 月党的十八届三中全会通过的《中共中央关于全面深化改革若干重大问题的决定》中提出“推行地方各级政府及其工作部门‘权力清单’制度，依法公开权力运行流程”。2015 年 3 月 5 日，李克强总理在《政府工作报告》中强调，“制定市场准入负面清单，公布省级政府权力清单、责任清单，切实做到法无授权不可为，法定职责必须为”，将权力清单、负面清单和责任清单作为推进行政公开的主要任务。2015 年国务院更是相继印发了《关于实行市场准入负面清单制度的意见》和《国务院部门权力和责任清单编制试点方案》两则政策文件，首先从市场准入上和中央政府部门方面分别落实负面清单、权力清单和责任清单。依照负面清单、权力清单和责任清单的关联关系来看，负面清单侧重于解决市场与政府之间的权利与权力界限，权力清单和责任清单则偏向政府内部之间的权责分配。

具体到环境保护领域，行政清单机制也正得以广泛应用。首先，在国家发布的市场准入负面清单的政策规定中，生态环境被作为重要的考量因素，主要体现在三个方面：一是负面清单要严格体现环境保护的政策需求，通过环境保护、资源节约、技术、安全标准等对市场准入实行准入控制。二是负面清单要体现放管结合，统筹考虑国家安全、生态环境、群众利益、安全生产等方面的因素，建立安全审查监管追责机制，形成政府监管、企业自治、行业自律、社会监督的新格局。三是负面清单的制定要体现地方性，允许省级政府根据本地区资源要素禀赋、主体功能定位、生态环境影响等因素，提出调整市场准入负面清单的建议，报国务院批准后实施。其次，虽然中央政府部门权责清单编制试点只限于国家发改委、民政部、司法部、文化部、海关总署、税务总局、证监会 7 个部门，未能将环境保护部纳入试点范围，但试点方案中也对试点以外的中央部委提出预先准备的任务要求。实际上我国很多地方以及中央环保部门都在积极推进政府权责清单化，如环境标志产品政府采购清单、节能产品政府采购清单、重点生态功能区产业准入负面清单、大气污染物源排放清单等，具体到大气污染治理领域，环保部先后印发《关于大气污染物源排放清单编制试点工作有关事项的通知》《大气细颗粒物一次源排放清单编制技术指南（试行）》《大气挥发性有机物源排放清单编制技术指南（试行）》《大气氨源排放清单编制技术指南（试行)》《民用煤大气污染物排放清单编制技术指南(试行)》等文件。只不过目前所正推进的清单制度更多的是一种基于治理客体的标准梳理,而并非基于行政主体的权责划分,无论是绿色采购清单、节能清单还是排放清单,都与政府权责划分相距甚远。当然,这些客体层面的清单化也是十分必要的,并且由于需要海量信息数据的支持在技术上面临重重挑战,相比之下,主体层面的清单化将是技术改造后面临的更大难题,政府组织内部的权责划分并非简单的技术问题,更多情况下它是政治、经济、文化、法律等多方交融的产物,这比单纯的技术难题具有更加的不确定性。

就大气污染防治而言,政府间的相关财政权责也是极其丰富而难以一一罗列的,这使无论在理论研究还是政府决策和清单编制上都存在涵盖内容的不全面性这一弊端。然而,随着社会对公共事务治理绩效性的日渐苛求,我们不能以复杂琐碎而逃避该类问题,至少在理论研究上应当在提出清单编制所应遵循的基本原理出发,以分类方式大致设想出大气污染治理中三项清单制度的基本框架。故而,本部分先从理论上提出大气环境清单编制的基本要求出发,再从类型上试图勾勒大气环境行政清单的简略图谱。在清单编制应当遵循的基本要求方面,首先,市场准入的负面清单设计应以最大限度发挥市场功用为前提基础,负面清单的最大价值体现就是"法无禁止即自由",只要不在市场准入的负面清单里,市场就可以自由进入和行动。为此,一方面,应当严格控制负面清单的规模,市场准入负面清单所列举的事项越多意味着市场自由空间越小,政府干预空间越大;另一方面,不能将生态环境过于提高到影响市场准入的决定因素,环境影响和效益是设置市场准入门槛的一个考量方面,应对不同产业、不同结构和不同环境效益的市场主体区别对待,从而引导市场资本更多地投向环保节能产业。其次,政府部门的权力清单和责任清单编制应当在适度分权原则的要求下,最大限度地分清中央和地方、省以下地方政府之间以及各级政府部门间的权责分配,通过法治分权的路径科学划分、动态调整和协商调节政府间环境财政权责,坚持财权集中下赋予地方充分的财政自主能力,坚持事权划分与支出责任归属相适应,从而让地方在防治大气污染上不受制于财政紧缺的现实约束,以及让地方准确知悉自己的环境权责范围,有利于地方政府部门顺利行使权力,上级和中央政府以及社会公众有效问责监督。

表 6.1　政府间大气环境财政权责清单

事权类型	法律依据	事权配属
确保环境质量	《环境保护法》第 6 条	地方
支持环保科技研发、鼓励环保产业发展	《环境保护法》第 7 条	中央
环境保护宣传和普及	《环境保护法》第 9 条	地方
环境保护监督管理	《环境保护法》第 10 条	中央、地方分别负责
环境保护规划	《环境保护法》第 13 条	中央、地方分别负责
制定与环境相关的经济、技术政策	《环境保护法》第 14 条	中央
制定环境质量标准、污染物排放标准	《环境保护法》第 15 条、第 16 条	中央、地方分别负责
建立、健全环境监测制度	《环境保护法》第 17 条	中央
环境资源承载能力监测预警机制	《环境保护法》第 18 条	省级以上政府
建立跨行政区域的重点区域、流域环境污染和生态破坏联合防治协调机制	《环境保护法》第 20 条	中央，其余由地方协调或协商解决
改善区域环境质量	《环境保护法》第 28 条	地方
生态保护红线的制定与实施	《环境保护法》第 29 条	中央、地方分别负责
淘汰落后环境保护技术、工艺、设备和产品	《清洁生产促进法》第 12 条	中央
支持大气污染防治技术研发	《大气污染防治法》第 6 条	中央

(二)动态调整机制

“中央与地方责权的具体划分，不是仅依靠抽象的原则就先验地静态确定，而是伴随历史的变迁在现实过程中由相关方的博弈所动态塑造。”①《国务院关于推进中央与地方财政事权和支出责任划分改革的指导意见》提出，“财政事权划分要根据客观条件变化进行动态调整”，逐步将全国范围内环境质量监测和对全国生态具有基础性、战略性作用的生态环境保护等基本公共服务逐步上划为中央的财政事权。此外，对于新增及尚未明确划分的基本公共服务，要根据改革进展、发展需求和财力情况，将由市场和社会承担的交予市场和社会，对于政府承担的部分按照要求分别划分。一方面，权责划分的动态调整机制涉及已分配的部分，由于某种情况的变化需要作出相应改变；另一方面，还涉

① 宣晓伟：《推进中央和地方事权划分的法治化》，载《中国党政干部论坛》2015 年第 10 期。

及未分配的新增公共职能领域，此时需要在分析该公共事务性质的基础上新设和重置政府权责。虽然央地权责关系的静态配置能够在技术上达到人为理想的状态，但并不保证其能够适应千变万化的公共治理现实，在大气污染治理领域，中央和地方各自和共同负责的治理事项复杂多变，固定化的权责结构关系实际上效率低下，一旦出现区域性的大气污染问题，地方会基于权责属地化、中央会因为执行权力缺失而陷入双重无力的困境。央地权责关系并不仅仅停留于政治意义上的行政分工和责任担当，而是通过权责的界定获取和保留隐性的官员利益和央地利益，在不同的利益取向下，政府间权责的每一次静态配置和动态调整都隐含着不同利益主体的激烈博弈斗争，因此，要对现有的央地权责结构进行动态调整，以契合公共治理的现实需要，就应当考量权责调整后对中央和地方的利益联动效应，尽量在调和各方利益需求的基础上达成权责调整的合意，避免未经听取地方意见的权责调整遭遇执行受挫。

（三）争议处理机制

对于央地间财政权责划分争议处理机制的构建，《国务院关于推进中央与地方财政事权和支出责任划分改革的指导意见》提出的解决方案是中央和省级政府予以行政裁定的方式，这种集权意志下的行政裁定，很难修复政府间因财政权责划分纠葛而产生的关系破裂，甚至因将争议处理权限赋予中央和省级政府，地方政府完全丧失民主表达的机会，政府间权责争议处理不过是中央和省级政府的重新安排而已，既无法避免因央地协商不充分而导致决策的再次失误，亦会因为未能在宪法人格上将各级政府组织平等对待，从而发生地方政府对中央和省级政府裁定的潜在抵触性。在行政体制的人为设计下，财政权责划分争议不可避免，对于无法规避的错误，需要我们预先提供有效的弥补纠错机制，政府间财政权责划分争议处理机制建立的价值意义就在乎于此。政府组织视阈下的府际财政权责争议与公私主体视野下的纠纷争议有所不同，后者涉及私对私或公对私之间的冲突纠纷，由于各纠纷主体的人格独立，且出于司法的中性调节功能，司法救济机制得以普遍适用，然而，在我国特殊的国情体制下，司法调节却很难介入到央地政府间的权责划分争议当中。这主要是因为以下原因：一是中央政府未能赋予地方政府“主体性”和“积极性”不够，[①]地方被定位为中央派出和设立在各个地区的代理机构，其权力实际上并非来源于法律授权

① 参见苗连营、王圭宇：《地方“人格化”、财政分权与央地关系》，载《河南社会科学》2009年第2期。

而更多的是来自中央政府的分配,从而使地方政府在宪法上缺乏独立人格作为自主行动支持,也就导致在解决权责争议时中央依旧以行政裁定的方式来平息府际争议,未能站在央地各自独立法律人格层面上寻求建立司法调节机制。二是司法功能在解决行政组织结构问题上依旧受到严格限制。联邦体制国家美国,维护联邦主义结构的任务并未托付给州而是交给了法院特别是联邦最高法院。单一体制国家日本,虽然倾向对于行政内部的争议尽可能采用简单迅速的行政解决手段,但对于行政手段实在难以解决的情况则要交由司法裁判。司法调节作为居中协调央地关系的一种手段,有着一定的优点,但也存在不足之处。就其优点而言,首先,中央与地方的权责冲突最终表现为私人之间的利益纠纷,以司法手段来调节央地关系实际上是调整私主体之间的关系,“法院就不是解决中央与地方孰是孰非的问题,而是解决一个个别案件”。其次,以司法方式调整政府间的权力范围,除了避免政府单位之间的直接对抗的一切不利之外,较之制定详尽和精确的宪法还是更正确地划分权限的方式。最后,司法过程的性质还保证地方政府合理的权限不容易受到侵犯,相对于中央政府,法院是超然的第三者。[①] 就其缺点而言,通过司法机关解决中央与地方冲突将耗费巨大成本,所以它应是一种最后的不得已的选择,而不应是最优先的选择。[②] 正因如此,各国及地区对于司法调节央地关系的态度并不一致,有的国家较为依赖宪法审查机制,例如,法国的宪法委员会在地方分权化改革中发挥了重要作用,对地方分权的程度、中央权力与地方权力的界限、“共和国不可分原则”的理解等问题产生争议时,最终都被提交到宪法委员会进行审查,也有的国家十分注重司法审查机制,例如,美国在经历马歇尔法院和坦尼法院两个时期后,联邦法院调节联邦与各州关系的“弹簧”机制已然形成,一旦权力向联邦和州的任何一方过度倾斜,联邦法院就会行使权力恢复平衡,[③]更有的国家比较青睐行政内部处理机制,如日本在总务省下就设有专门的中央地方纠纷处理委员会,具有相对的独立性,依托行政裁定快速反应的优势避免了司法调节的成本负担。

结合我国的国情来看,其与日本的单一制具有很多相似之处。正因如此,从现实改革的可行性上来看,在我国司法与政治之间具有千丝万缕的联系,司法调

---

① 参见刘海波:《中央与地方关系的司法调节》,载《法学研究》2004 年第 5 期。

② 参见田芳:《日本中央与地方行政争议处理机制的构建、特点及启示》,载《南京工业大学学报》(社会科学版)2007 年第 4 期。

③ 参见郭殊:《论中央与地方关系中的司法调节——以美国联邦司法判例为线索》,载《法商研究》2008 年第 5 期。

节央地关系的理想格局一时难以建立起来，相比之下，设立专门的央地争议处理机构更具可操作性，也更少一些体制束缚和阻碍，因而建议在全国人大和省级人大之下设立独立的中央与地方争议处理委员会，分别负责裁定中央和地方政府以及省以下地方政府的权责争议，改变现有《国务院关于推进中央与地方财政事权和支出责任划分改革的指导意见》中将裁定权直接赋予中央政府和省级政府的做法。但同时也要认识到央地争议处理委员会的主要作用并不在于通过行政裁定结果形成对中央和地方政府的强制约束力，而是起到居中协调的作用，特别是给地方政府平等表达和对话协商的机会和途径。另外，也要认识到这种行政内部解决方案所具有的局限性，即其依然难以保证中央不对地方施加不合理的干预，而且央地权责争议更多夹杂着对个体利益的影响，若裁定结果对个人不利，应容许当事人有提起诉讼的权利，再者央地争议处理委员会作出的结果有时也并非一致的，也可能存在争议不能得以有效解决的情况，此时还应确立司法调节的兜底规则，维护司法守卫社会公平正义的最后底线。

第三节　政府主导大气环境合作治理的角色塑造

一、党的领导

实践中，主导着国家对大气污染治理的态度。在通过各级政府落实。需要注意的是，党内法规对于党员在大气污染治理中的诸多行为有所规范。对其进行研究是立基于实践的推进。同时，由于党在我国大气污染治理中扮演的重要角色，其对央地大气污染治理财权事权的分担也起到了重要作用，因此，党内法规对大气污染治理财权事权分担也起到了规范和监督的重要保障作用。另外，当前的大气污染治理是一个多元主体共治的过程，各元主体在其中都承担了相应的权利（力）和义务，相伴而来，也必须受到监督承担相应责任。

党在大气环境合作治理中扮演着领导角色，同时也承担着引导生态发展的责任。在大气环境合作治理中加强党的领导要做到以下几点：一是在政治上，我们要坚持党的领导地位不动摇，维护国家政治格局的稳定性；二是提升党在大气环境治理中的领导能力，加强党内民主、协商民主和公共民主，体现执政为民的要求。三是在强调党的领导地位的同时，也要强调党的领导责任，这既包括党的最高领导责任，也包括地方党组织成员的领导责任。前者一般可通过协商政治民主的途径来实现，应当积极发挥政协组织的参政议政和民主监督职能，确保协商政治民主下党的环保决策符合人民利益，有利于环境保护和治理的顺利实施;后者除了加强政治民主以外,还应建立起有效的党组织干部领导责任追究机制。为此,2015 年中共中央办公厅、国务院办公厅印发了《党政领导干部生态环境损害责任追究办法(试行)》,其中第 3 条就明确了"地方各级党委和政府对本地区生态环境和资源保护负总责,党委和政府主要领导成员承担主要责任,其他有关领导成员在职责范围内承担相应责任。中央和国家机关有关工作部门、地方各级党委和政府的有关工作部门及其有关机构领导人员按照职责分别承担相应责任",并对党政领导干部生态环境损害责任追究的具体情形、处理方式、责任形式等都作出了详细规定。

二、中央与地方权力关系

首先,重塑中央的权威性角色,其权威地位更多地向环境统筹治理、地方治理督导和社会培育的权威责任转变。中央政府作为大气环境治理的最高决策者、制度设计者和行动施展者,必然要成为主导大气环境治理的最大力量,但这一力量的发挥并不意味着遵照从上至下"命令—执行"的"中央设计型"环境治理,而是中央要创制出大气环境治理的合作氛围,为各治理主体达成合作共识提供制度前提。中央应通过顶层设计营造有利于环境合作治理的体制与机制,统筹全国的环境保护和治理事务,在经济发展与环境保护之间更加倾向后者,在集权与分权之间更加注重治理导向,在强制和自治之间更加注重下层的自主行动,由此形成"中央引导型"环境治理模式,即中央的主要任务和责任是创制出地方政府和全体社会积极参与大气环境治理的合作引导机制,这一引导治理机制可基于经济社会的利益现实,借助财税政策来有效促成。

其次,中央政府与地方政府之间在大气环境治理问题上,要严格监管地方政府的大气环境治理,将大气环境治理引入官员政绩考核体系并实行官员离任环保审计。我国现行《环境保护法》第 26 条就规定"国家实行环境保护目标责任制和考核评价制度",《"十三五"国家审计工作发展规划》中也将资源环境作为审计的重要组成部分,提出 2017 年制定《领导干部自然资源资产离任审计暂行规定》的目标。再者,还要建立针对地方治理环境的奖励机制。2014 年修订通过后的《环境保护法》第 11 条规定,"对保护和改善环境有显著成绩的单位和个人,由人民政府给予奖励",通过对官员的政治激励和对地方的物质奖励来促使地方重视环境保护,形成地方政府之间在环境保护上的良性竞争秩序。

最后,中央政府应通过民主注入、制度激励和宣传教育来引导社会配合环境保护,保障公民和环保组织对大气环境治理过程中的参与权、听证权、建议权、监督权、信息反馈权等应有权利，特别要在环境财政收支活动中引入民主要素，将大气环境治理的国家权力与社会权力相结合，实现政府治理权力的合法正当行使。借助中央开征环境税、税收优惠减免、发放环境补贴等财税政策激励市场和个体理性生产和消费，例如，现行《环境保护法》第 21 条就规定了政府可以采取财政、税收、价格以及政府采购等措施来促进生态环境发展。另外，还要发挥中央政府在环保宣传教育方面的最高组织者的作用，依据现行《环境保护法》第 9 条的规定，各级地方政府是环境保护宣传教育的地方组织者，基层群众性自治组织、社会组织、环境保护志愿者是具体实施者。

三、责任制政府下的自主地方

1. 权力地方。首先，央地关系构建必须以法治化的面向为核心，大气环境治理的府际分权必须要以坚持法治路径为前提。其次，环境领域的治理分权应从财政切入，厘清政府间大气环境治理的事权类型，依法进行事权的科学划分。2016 年国务院《关于推进中央与地方财政事权和支出责任划分改革的指导意见》明确环境保护与治理为中央与地方的共同事权，实际体现了环境风险异质之上的央地“责任共担”。对于具体的环境事权而言，要依据各自属性不同作出相应区别划分，例如，环境监测事权就不宜下放给地方，由中央来掌握可以对地方起到很好的牵制作用。最后，在解决政府间大气环境治理事权与财权的划分争议时，还应当赋予地方政府寻求裁定和诉诸救济的正当权利。该意见将央地间的事权划分争议交由中央裁定，省以下的划分争议交由省级政府裁定，但对于环境保护这一共同事权而言，文件中只提出了减少划分争议，并未说明具体的解决方案。本书认为，既然大气环境治理为央地共同事权，那么在责任同一性原则下就有必要建立央地之间关于大气环境共同事权划分争议的行政协商机制，并有必要建立起大气环境事权划分争议的司法调节机制。

2. 能力地方。清晰明确的权力划分是构筑能力地方的第一步，同时，还要保障地方有效行使大气环境治理权力的财力、物力和人力。确保地方“治权”的前提是赋予其“财力”，当然财力的赋予不一定要通过财权的划分来实现，中央可以通过转移支付、税收返还、奖补措施来实现财力的转移，但这种转移过程必须遵循严格的程序规定并符合地方治理的实情。我国现行《环境保护法》第 31 条规定，国家建立健全生态保护补偿制度和财政转移支付制度，但这主要侧重于纵向上的财力补偿，横向甚至斜向上的财政转移支付和生态补偿机制尚待确立和完善。值得欣慰的是，该条第 3 款也提出受益地区和生态保护区可通过协商或者按照市场规则来进行生态保护补偿,但转移支付方面仍有待突破。除了对地方政府的能力赋予之外,还要注意对其能力进行应有的限制,这种限制体现在通过设立严格的预算程序约束地方,以预算公开发挥公民监督作用,以政治上的人事权和问责制实现中央控制。

3. 责任地方。强调地方权力与能力,最终是为了获得一个有责任担当的积极地方。地方政府在大气环境治理上除了要向中央和上级政府负责以外,更重要的是对本地居民负责。责任的公共指向性而非政治依存性将决定地方政府的环境政策制定或执行是否基于社会公共利益所需。除了通过中央的政治压力和官员激励形成责任地方以外,还应强化来自地方民众的权利监督制约,以实现大气环境治理过程中财政收支的公开透明为契机,在地方民众的参与和监督下形成自下而上的民主控制。同时,应引导地方政府官员主动履职,这就需要提升地方主任官员的政治觉悟、落实大气环境治理责任制和引入大气环境保护的激励举措,强化地方官员对中央的忠诚度和对民众的责任感。

四、自治理念下的有效市场驱动

自治精神和自由竞争是市场经济应当具有的基本特质,政府主导大气污染治理是通过对市场的转化作用而展开的,政府干预能够在一定程度上纠正环境保护中的市场失灵缺陷,环境经济政策特别是环境财税政策的运用能够使市场的自发行为更加契合社会利益所需,驱使市场主体提升环保道德和社会责任意识。当然,政府干预必须保持谦抑品性,不能过度侵扰市场的自治领域和自由竞争秩序,政府所要做的就是通过创设规制或激励制度来纠正或引导市场经济发展的社会效果,其中就包括生态环境保护效果,将绿色发展、可持续发展等理念嵌入市场机制中,由此创建绿色型市场经济机制,从而有效发挥市场在防止大气污染过程中的驱动作用,即内在地驱动市场主体被动或主动地改变经营管理策略,遵循市场运行规律使其行为更加符合大气环境保护的公共利益需要。在大气污染防治上,主要问题还是在于如何在政府的有效干预下形成一个绿色环保导向的市场经济机制,从而从源头上减少大气污染物的排放。

此外,市场在大气污染治理上的驱动作用不仅体现在促进市场经济由全部私利性向兼顾公益性的立基转变,更为重要的是在大气污染防治这一公共服务提供问题上,市场并非绝对的功能失灵;相反,市场驱动解决大气环境问题比政府主导大气环境治理更有效,只是要将主要提供私产品的市场转到提供准公共产品和服务这一领域中来,政府就必须为之搭建平台、积极引导和提供保障。

因此,政府有必要认识到市场在大气污染治理中的重要作用,尤其是要尊重市场在资源配置中的决定性地位,只有将防治大气污染和市场经济机制相衔接,完善市场调节手段,尊重市场运行规律,创建环保激励型市场,改变市场主体的自私决策行为,从而让市场在大气污染防治中发挥真正有效的驱动作用。

五、环境伦理下的道德社会进步

"环境危机从根本上来说就是现代文明和生态系统之间的冲突",[①]从人类本身反思环境危机和寻找环境治理出路已成为环境保护的重中之重,它预示着人们逐渐从人类中心主义向生态中心主义转变,更加强调人在制造和解决环境问题中的决定意义,这种自我反思型生态环境观是环境伦理的体现。环境伦理观实际上是人类在经受环境灾害和治理无力的情况下而产生的,它代表着人类开始自我反省,在个人道德体系中加入环保道德一面。从公民个人生存权与公共环境权之间关系来看,二者既存在利益冲突,但也具有利益协调的可能,因为经济发展与生态保护并非绝然对立的关系,同时,个人生存权和发展权的保障也不一定以牺牲生态环境利益为代价,二者实际上是协调而生的。基于此,对于公民个人而言,既要认识到生存和发展的重要性,也要认识到偏离绿色可持续发展轨道的自私行为所导致的后果——对个人身心健康的损害,即在环境伦理上关键在于转变公民的道德素质,避免过度关注经济发展和个体利益实现的目光短视,而应从长远利益出发,促进整个社会的道德进步。

首先,应当强化环保组织的公益作用,通过宣传引导来促进环保组织的社会认同和救济依赖,要逐步培育环保组织参与环境治理的意识和能力,将一定的大气环境治理权下放给公益组织,拓展其代表公众向政府表达意愿的民主路径,让环保组织在公益性目标下理性且自由地向政府表达诉求,赋予环保组织以环境公益诉权无疑是塑造社会监督的制度突破。

其次,道德社会的最终实现要通过在全体社会中形成共同的危机意识、共同的绿色信仰和共同的社会责任3个方面进行。首先,要在全社会形成共同的环境危机意识,政府可以加大对公众的环境警示教育来引发对环境危机的反思,从而改变人们的日常生产生活行为。其次,要在全社会树立共同的绿色信仰,通过宣传教育在全社会营造爱护环境的良好氛围,要加强环境保护的主体意识,保障公

---

① [美]阿尔·戈尔:《濒临失衡的地球——生态与人类精神》,陈嘉映译,中央编译出版社1997年版,前言。

民参与环境治理的基本政治权利。最后,要提升公民个体的社会责任感,除了政府加大督查和处罚力度以外,还可以通过市场的软法自治,将环境理念植入到市场竞争的要素结构当中,让企业形成自觉保护环境的社会责任意识。

附表 1:“211 节能环保”一般公共预算支出科目设置

一般公共预算支出分类科目	211	01		环境保护管理事务
			01	行政运行
			02	一般行政管理事务
			03	机关服务
			04	环境保护宣传
			05	环境保护法规、规划及标准
			06	环境国际合作及履约
			07	环境保护行政许可
			99	其他环境保护管理事务支出
		02		环境监测与监察
			03	建设项目环评审查与监督
			04	核与辐射安全监督
			99	其他环境监测与监察支出
		03		污染防治
			01	大气
			02	水体
			03	噪声
			04	固体废弃物与化学品
			05	放射源和放射性废物监管
			06	辐射
			07	排污费安排的支出
			99	其他污染防治支出
		04		自然生态保护
			01	生态保护
			02	农村环境保护
			03	自然保护区
			04	生物及物种资源保护
			99	其他自然生态保护支出

续表

一般公共预算支出分类科目	211	05		天然林保护
			01	森林管护
			02	社会保险救助
			03	政策性社会性支出补助
			06	天然林保护工程建设
			99	其他天然林保护支出
		06		退耕还林
			02	退耕现金
			03	退耕还林粮食折现补贴
			04	退耕还林粮食费用补贴
			05	退耕还林工程建设
			99	其他退耕还林支出
		07		风沙荒漠治理
			04	京津风沙源治理工程建设
			99	其他风沙荒漠治理支出
		08		退牧还草
			04	退牧还草工程建设
			99	其他退牧还草支出
		09		已耕草原退耕还草
			01	已耕草原退耕还草
		10		能源节约利用
			01	能源节约利用
		11		污染减排
			01	环境监测与信息
			02	环境执法监察
			03	减排专项支出
			04	清洁生产专项支出
			99	其他节能环保支出
		12		可再生能源
			01	可再生能源
		13		循环经济
			01	循环经济

续表

一般公共预算支出分类科目	211	14		能源管理事务
			01	行政运行
			02	一般行政管理事务
			03	机关服务
			04	能源预测预警
			05	能源战略规划与实施
			06	能源科技装备
			07	能源行业管理
			08	能源管理
			09	石油储备发展管理
			10	能源调查
			11	信息化建设
			13	农村电网建设
			50	事业运行
			99	其他能源管理事务支出
		99		其他污染减排支出
			01	其他节能环保支出
政府性基金预算支出分类科目	211	60		可再生能源电价附加收入安排的支出
			01	风力发电补助
			02	太阳能发电补助
			03	生物质能发电补助
			99	其他可再生能源电价附加收入安排的支出
		61		废弃电器电子产品处理基金支出
			01	回收处理费用补贴
			02	信息系统建设
			03	基金征收管理经费
			04	其他废弃电器电子产品处理基金支出

资料来源：中华人民共和国财政部：《2017 年政府收支分类科目》，中国财政经济出版社 2016 年版。

参考文献

一、著作类

1. 毛泽东:《毛泽东著作选读》(下册),人民出版社1986年版。

2. 习近平:《习近平谈治国理政》,外文出版社2014年版。

3. [法]托克维尔:《论美国的民主》(上卷),董果良译,商务印书馆1989年版。

4. [法]卢梭:《社会契约论》,李平沤译,商务印书馆2011年版。

5. [澳]凯尔森:《法与国家的一般理论》,沈宗灵译,商务印书馆2013年。

6. [美]罗斯科·庞德:《通过法律的社会控制、法律的任务》,沈宗灵译,商务印书馆1984年版。

7. [德]威廉·冯·洪堡:《论国家的作用》,林远荣、冯兴元译,中国社会科学出版社1998年版。

8. [德]乌尔里希·贝克:《风险社会》,何博闻译,译林出版社2004年版。

9. [法]让·皮埃尔·戈丹:《何谓治理》,钟震宇译,社会科学文献出版社2010年版。

10. [美]贝尔·丹尼尔:《资本主义文化矛盾》,赵一凡、蒲隆、任晓晋译,生活·读书·新知三联书店1989年版。

11. [印]阿玛蒂亚·森:《正义的理念》,王磊、李航译,中国人民大学出版社 2013 年版,第 77 页。

12. [美]曼瑟尔·奥尔森:《集体行动的逻辑》,陈郁、郭宇峰、李崇新译,格致出版社、上海三联书店、上海人民出版社 2014 年版。

13. [美]凯斯·R. 桑斯坦:《权利革命之后——重塑规制国》,钟瑞华译,中国人民大学出版社 2008 年版。

14. [德]卡尔·施密特:《宪法学说》,刘锋译,上海人民出版社 2005 年版。

15. [法]古斯塔夫·佩泽尔:《法国行政法》,廖坤明、周洁译,国家行政学院出版社 2002 年版。

16. [美]查尔斯·A. 比尔德:《美国政府与政治》(下册),朱曾汶译,商务印书馆 1987 年版。

17. [日]宫泽俊义:《日本国宪法精解》,董璠舆译,中国民主法制出版社 1990 年版。

18. [美]曼昆:《经济学原理》,梁小民、梁砾译,北京大学出版社 2012 年版。

19. [美]保罗·萨缪尔森、威廉·诺德豪斯:《经济学》(上册),肖琛等译,商务印书馆 2011 年版。

20. [美]华莱士·E. 奥茨:《财政联邦主义》,陆符嘉译,译林出版社 2012 年版。

21. [美]爱伦·鲁宾:《公共预算中的政治:收入与支出,借贷与平衡》,叶娟丽、马骏等译,中国人民大学出版社 2001 年版。

22. [美]艾伦·希克:《当代公共支出管理方法》,王卫星译,经济管理出版社 2000 年版。

23. [美]B. 盖伊·彼得斯:《税收政治学:一种比较的视角》,郭为桂,黄宁莺译,凤凰出版传媒集团、江苏人民出版社 2008 年版。

24. [德]布里安·P. 辛普森:《市场没有失败》,齐安儒译,中央编译出版社 2012 年版。

25. [美]查尔斯·沃尔夫:《市场或政府——权衡两种不完善的选择/兰德公司的一项研究》,谢旭译,中国发展出版社 1994 年版。

26. [英]罗杰·珀曼等:《自然资源与环境经济学》,张涛等译,中国经济出版社 2002 年版。

27. [美]保罗·R. 伯特尼、罗伯特·N. 史蒂文斯:《环境保护的公共政策》,穆贤清、方志伟译,上海人民出版社 2004 年版。

28. [瑞典]托马斯·思德纳:《环境与自然资源管理的政策工具》,张蔚文、黄祖辉译,上海三联书店、上海人民出版社 2005 年版。

29. [美]芬德利、法贝尔等:《美国环境法简论》,程正康译,中国环境科学出版社 1986 年版。

30. [日]岸根卓郎:《环境论——人类最终的选择》,何鉴译,南京大学出版社 1999 年版。

31. [美]彼得索尔谢姆:《发明污染:工业革命以来的煤、烟与文化》,启蒙编译所译,上海社会科学院出版社 2016 年版。

32. [美]魏伊丝:《公平地对待未来人类:国际法、共同遗产与世代间衡平》,汪劲等译,法律出版社 2000 年版。

33. [美]阿尔·戈尔:《濒临失衡的地球——生态与人类精神》,陈嘉映译,中央编译出版社 1997 年版。

34. 俞可平主编:《治理与善治》,社会科学文献出版社 2000 年版。

35. 杨洪刚:《中国环境政策工具的实施效果与优化选择》,复旦大学出版社 2011 年版。

36. 葛克昌:《税法基本问题(财政宪法篇)》,北京大学出版社 2004 年版。

37. 刘剑文、侯卓、耿颖、陈立诚:《财税法总论》,北京大学出版社 2016 年版。

38. 冉冉:《中国地方环境政治:政策与执行之间的距离》,中央编译出版社 2015 年版。

39. 楼继伟:《中国政府间财政关系再思考》,中国财政经济出版社 2013 年版。

40. 赵永茂、孙同文、江大树:《府际关系》,台北,元照出版股份有限公司 2001 年版。

41. 王绍光、胡鞍钢:《中国国家能力报告》,辽宁人民出版社 1993 年版。

42. 洪大用:《公众环境保护的政府指向》,载《中国社会发展研究报告 2005》,中国人民大学出版社 2006 年版。

43. 中华人民共和国财政部:《2017 年政府收支分类科目》,中国财政经济出版社 2016 年版。

44. 陈清秀:《税法总论》,台北,元照出版股份有限公司 2012 年版。

45. 刘剑文、熊伟:《税法基础理论》,北京大学出版社 2004 年版。

46. 郑永年:《中国的行为联邦制——中央地方关系的变革与动力》,邱道隆译，东方出版社 2013 年版。

47. 中国环境保护行政二十年编委会编：《中国环境保护行政二十年》，中国环境科学出版社 1994 年版。

48. 周雪光：《中国国家治理的制度逻辑：一个组织学研究》，生活·读书·新知三联书店 2017 年版。

49. 周黎安：《转型中的地方政府：官员激励与治理》，格致出版社、上海人民出版社 2008 年版。

50. 马骏：《公共预算：比较研究》，中央编译出版社 2011 年版。

51. 吴舜泽等：《中国环境保护投资研究》，中国环境出版社 2014 年版。

52. 汪劲、严厚福，孙晓璞编译：《环境正义：丧钟为谁而鸣——美国联邦法院环境诉讼经典判例选》，北京大学出版社 2006 年版。

53. 熊伟：《财政法基本问题》，北京大学出版社 2012 年版。

54. 谭建立：《中央与地方财权事权关系研究》，中国财政经济出版社 2010 年版。

55. 钟雯彬：《公共产品法律调整研究》，法律出版社 2008 年版。

56. 杨立华：《中国环境监察监测之事权财权划分研究》，北京大学出版社 2015 年版。

57. 杨朝飞、杜跃进：《"治霾在行动"研究报告》，中国环境出版社 2015 年版。

58. 徐家骝：《日本环境污染的对策和治理》，中国环境科学出版社 1990 年版。

59. 陈泉生、张梓太：《宪法与行政法的生态化》，法律出版社 2001 年版。

60. 世界银行编著：《1997 年世界发展报告：变革世界中的政府》，蔡秋生等译，中国财政经济出版社 1997 年版。

61. 徐志雄：《现代宪法论》，台北，元照出版股份有限公司 2004 年版。

62. 陈新民、刘孔中：《宪法解释之理论与实务》（第 3 辑下册），台北，"中研院社科所"2002 年版。

63. 朱孔武：《财政立宪主义研究》，法律出版社 2006 年版。

64. 黎江虹：《中国纳税人权利研究》，中国检察出版社 2010 年版。

65. 梁本凡：《绿色税费与中国》，中国财政经济出版社 2002 年版。

66. 王绍光：《分权的底限》，中国计划出版社 1997 年版。

67. 杨洪刚：《我国地方政府环境治理的政策工具研究》，上海社会科学院出版社 2016 年版。

68. 杨颖:《税法的惩罚性规则研究》,法律出版社 2014 年版。

69. 朱丘祥:《分税与宪政——中央与地方财政分权的价值与逻辑》,知识产权出版社 2008 年版。

70. 冯兴元:《地方政府竞争:理论范式、分析框架与实证研究》,凤凰出版传媒集团、译林出版社 2010 年版。

71. 薄贵利:《集权分权与国家兴衰》,经济科学出版社 2001 年版。

二、论文类

1. 冉冉:《"压力型体制"下的政治激励与地方环境治理》,载《经济社会体制比较》2013 年第 3 期。

2. 熊伟:《中国国家治理的进路选择:财税治理及其模式转换》,载《现代法学》2015 年第 3 期。

3. 武玉坤:《预算资金分配的内在逻辑:政治还是经济?》,载《中山大学学报》(社会科学版)2010 年第 2 期。

4. 刘剑文:《论领域法学:一种立足新兴交叉领域的法学研究范式》,载《政法论丛》2016 年第 5 期。

5. 熊伟:《问题导向、规范集成与领域法学之精神》,载《政法论丛》2016 年第 6 期。

6. 季卫东:《问题导向的法治中国构思》,载《法制与社会发展》2014 年第 5 期。

7. 高利红:《论财政体制与我国环境法的实施责任——以丹江口市为例》,载《法学杂志》2016 年第 3 期。

8. 刘丹鹤:《环境规制工具选择及政策启示》,载《北京理工大学学报》(社会科学版)2010 年第 2 期。

9. [澳]马克·比森:《环境威权主义的到来》,载俞可平主编:《中国治理评论》(第 2 辑),冉冉译,中央编译出版社 2012 年版。

10. 李伯涛、马海涛、龙军:《环境联邦主义理论述评》,载《财贸经济》2009 年第 10 期。

11. 周雪光:《权威体制与有效治理:当代中国国家治理的制度逻辑》,载《开放时代》2011 年第 10 期。

12. 冉冉:《政体类型与环境治理绩效:环境政治学的比较研究》,载《国外理论动态》2014 年第 5 期。

13. [英]格里・斯托克:《作为理论的治理:五个论点》,华夏风译,载《国际社会科学杂志》1999 年第 1 期。

14. 闫帅:《公共决策机制中的“央地共治”——兼论当代中国央地关系发展的三个阶段》,载《华中科技大学学报》(社会科学版)2012 年第 4 期。

15. 周志家:《环境保护、群体压力还是利益波及——厦门居民 PX 环境运动参与行为的动机分析》,载《社会》2011 年第 1 期。

16. [英]蒂姆・佛西:《合作型环境治理:一种新模式》,谢蕾译,载《国家行政学院学报》2004 年第 3 期。

17. 陈海嵩:《国家环境保护义务的溯源与展开》,载《法学研究》2014 年第 3 期。

18. [美]约翰・麦克米兰:《市场设计与环境治理》,载吴敬琏主编:《比较》(第 20 辑),中信出版社 2005 年版。

19. 王晋:《第三部门:市场与政府的非零和产物——兼论我国第三部门的现状及发展趋势》,载《政治学研究》2004 年第 3 期。

20. 徐祥民:《环境权论——人权发展历史分期的视角》,载《中国社会科学》2004 年第 4 期。

21. [日]黑川哲志:《从环境法的角度看国家的作用及对后代人的责任》,王树良、张震译,载《财经法学》2016 年第 4 期。

22. 陈海嵩:《雾霾应急的中国实践与环境法理》,载《法学研究》2016 年第 4 期。

23. 张璐:《从利益限制到利益增进——环境资源法研究视角的转换》,载《法学评论》2004 年第 3 期。

24. 熊伟:《环境财政、法制创新与生态文明建设》,载《法学论坛》2014 年第 4 期。

25. 刘剑文、侯卓:《“理财治国”理念之展开——另一种国家治理模式的探索》,载刘剑文主编:《财税法论丛》(第 13 卷),法律出版社 2013 年版。

26. 蔡茂寅:《财政作用之权力性与公共性——兼论建立财政法学之必要性》,载《台大法学论丛》第 25 卷第 4 期。

27. 郇庆治:《环境政治学研究在中国:回顾与展望》,载《鄱阳湖学刊》2010 年第 2 期。

28. 杜辉:《环境司法的公共治理面向——基于“环境司法中国模式”的建

构》,载《法学评论》2015 年第 4 期。

29. 吕忠梅、张忠民、熊小青:《中国环境司法现状调查——以千份环境裁判文书为样本》,载《法学》2011 年第 4 期。

30. 谭冰霖:《环境规制的反身法路向》,载《中外法学》2016 年第 6 期。

31. 张继兰、虞崇胜:《环境治理:权威主义还是民主主义?》,载《学习与实践》2015 年第 9 期。

32. [美]艾伦·罗森博姆:《分权、治理与民主》,载《国家行政学院学报》2001 年第 4 期。

33. 虞崇胜、张继兰:《环境理性主义抑或环境民主主义——对中国环境治理价值取向的反思》,载《行政论坛》2014 年第 5 期。

34. 何艳玲、汪广龙:《中国转型秩序及其制度逻辑》,载《中国社会科学》2016 年第 6 期。

35. 贺璇、王冰:《"运动式"治污:中国的环境威权主义及其效果检视》,载《人文杂志》2016 年第 10 期。

36. 冯贵霞:《中国大气污染防治政策变迁的逻辑——基于政策网络的视角》,山东大学政治学与管理学院 2016 年博士学位论文。

37. 周宏春、季曦:《改革开放三十年中国环境保护政策演变》,载《南京大学学报》(哲学人文科学社会科学)2009 年第 1 期。

38. 郭薇:《中国环境政策思路的演变与发展——访原全国人大环资委主任委员曲格平》,载《环境保护》2009 年第 23 期。

39. [美]白兰:《简评〈中华人民共和国大气污染防治法〉》,载《法学评论》1989 年第 2 期。

40. 王洛忠、丁颖:《京津冀雾霾合作治理困境及其解决途径》,载《中共中央党校学报》2016 年第 3 期。

41. 张晏:《中国环境司法的现状与未来》,载《中国地质大学学报》(社会科学版)2009 年第 5 期。

42. 王明远:《论我国环境公益诉讼的发展方向:基于行政权与司法权关系理论的分析》,载《中国法学》2016 年第 1 期。

43. 万江:《指标控制与依法行政:双重治理模式的实证研究》,载《法学家》2017 年第 1 期。

44. 熊伟:《专款专用的政府性基金及其预算特质》,载《交大法学》2012 年第 1 期。

45. 折晓叶、陈婴婴:《项目制的分级运作机制和治理逻辑——对"项目进村"案例的社会学分析》,载《中国社会科学》2011 年第 4 期。

46. 黄爱宝:《论府际环境治理中的协作与合作》,载《云南行政学院学报》2009 年第 5 期。

47. 杨龙、刘建军:《环境治理中府际合作的逻辑》,载《中国环境管理》2012 年第 3 期。

48. 邓可祝:《美国州际环境合作及启示》,载《环境保护》2012 年第 18 期。

49. 张黎黎:《美国环境执法机构设置及其启示》,载《广州环境科学》2008 年第 4 期。

50. 杜群:《日本环境基本法的发展及我国对其的借鉴》,载《比较法研究》2002 年第 4 期。

51. 宋宁而、姜春洁:《论日本环境教育立法中的"社会参与"激励原则》,载《科学与管理》2010 年第 5 期。

52. 李勇军:《政策网络与治理网络:概念辨析与研究维度》,载《广东行政学院学报》2013 年第 1 期。

53. 石凯、胡伟:《政策网络理论:政策过程的新范式》,载《国外社会科学》2006 年第 3 期。

54. 李伟伟:《中国环境政策的演变与政策工具分析》,载《中国人口·资源与环境》2014 年第 5 期。

55. 张玉:《财税政策的环境治理效应研究》,山东大学经济学院 2014 年博士学位论文。

56. 刘大洪:《论经济法上的市场优先原则:内涵与适用》,载《法商研究》2017 年第 2 期。

57. 刘祖云、杨华锋:《政府的"三种能力":情境认知、组织调适与社会治理》,载《上海行政学院学报》2009 年第 1 期。

58. 冉冉:《中国环境政治中的政策框架特征与执行偏差》,载《教学与研究》2014 年第 5 期。

59. 侯一麟:《政府职能、事权事责与财权财力:1978 年以来我国财政体制改革中财权事权划分的理论分析》,载《公共行政评论》2009 年第 2 期。

60. 徐阳光:《论建立事权与支出责任相适应的法律制度——理论基础与立法路径》,载《清华法学》2014 年第 5 期。

61. 吴笛:《中央和地方事权与财权的划分与改革思路》,载《合肥工业大学学报》(社会科学版)2010 年第 2 期。

62. 郑毅:《中央与地方事权划分基础三题——内涵、理论与原则》,载《云南大学学报》(法学版)2011 年第 4 期。

63. 杨灿明、赵福军:《财政分权理论及其发展述评》,载《中南财经政法大学学报》2004 年第 4 期。

64. [美]黄佩华:《费改税:中国预算外资金和政府间财政关系的改革》,王桂娟译,载《经济社会体制比较》2000 年第 6 期。

65. 靳东升、龚辉文:《排污费改税的历史必然性及其方案选择》,载《地方财政研究》2010 年第 9 期。

66. 熊伟:《地方债与国家治理:基于法治财政的分析径路》,载《法学评论》2014 年第 2 期。

67. 华国庆:《地方债危机:中央政府"救"与"不救"的权衡》,载《武汉大学学报》(哲学社会科学版)2015 年第 3 期。

68. 柏仇勇:《环境监测事权划分与管理体系改革》,载《中国机构改革与管理》2017 年第 3 期。

69. [美]乔治·施蒂格勒:《经济生活中的政府管制》,载吴敬琏主编:《比较》(第 20 辑),中信出版社 2005 年版。

70. 逯元堂等:《环境保护事权与支出责任划分研究》,载《中国人口·资源与环境》2014 年第 11 期。

71. 顾昕:《俘获、激励和公共利益:政府管制的新政治经济学》,载《中国行政管理》2016 年第 4 期。

72. 张康之:《论合作》,载《南京大学学报》(哲学人文科学社会科学版)2007 年第 5 期。

73. 吴卫星:《环境权入宪之实证研究》,载《法学评论》2008 年第 1 期。

74. 张一粟、陈奇伟:《论我国环境权入宪的基本架构》,载《法学论坛》2008 年第 4 期。

75. 吕忠梅:《再论公民环境权》,载《法学研究》2000 年第 6 期。

76. 张一粟、陈奇伟:《论我国环境权入宪的基本架构》,载《法学论坛》2008 年第 4 期。

77. 韩大元:《宪法实施与中国社会治理模式的转型》,载《中国法学》2012 年第 4 期。

78. 蔡定剑:《宪法实施的概念与宪法施行之道》,载《中国法学》2004 年第

1期。

79. 谢维雁:《论我国复合型宪法诉讼制度的构建》,载《法商研究》2009年第2期。

80. 谢庆奎:《中国政府的府际关系研究》,载《北京大学学报》(哲学社会科学版)2000年第1期。

81. 熊伟:《认真对待权力:公共预算的法律要义》,载《政法论坛》2011年第5期。

82. 王绍光:《从税收国家到预算国家》,载《读书》2007年第10期。

83. 张守文:《论税收法定主义》,载《法学研究》1996年第6期。

84. 陈治:《迈向实质意义的预算法定》,载《政法论坛》2014年第2期。

85. 禄元堂:《中央财政环境保护预算支出政策优化研究》,财政部财政科学研究所2011年博士学位论文。

86. 吴舜泽等:《"211环境保护"科目建立和实施并未有效扭转环保机构经费"有渠无水"的状态》,载《重要环境信息参考》2009年第7期。

87. 熊伟:《预算执行制度改革与中国预算法的完善》,载《法学评论》2001年第4期。

88. 黎江虹:《规范性和有效性:政府预算中的二重奏》,载《武汉大学学报》(哲学社会科学版)2015年第3期。

89. 黄家强:《从规范到有效:预算调整的合理界定——兼评新〈预算法〉的突破和不足》,载《中南财经政法大学研究生学报》2015年第1期。

90. 张亲培、素坤:《中国压力型预算调整研究》,载《学术界》2010年第5期。

91. 龚雪:《论新预算法法律责任的缺陷与完善》,载《特区经济》2016年第1期。

92. 蒋悟真、王莎莎:《预算违法行为的法律责任探讨》,载《江西财经大学学报》2009年第1期。

93. 蒋悟真、胡明:《预算法的可诉性理念及其司法机制构建》,载《当代法学》2012年第5期。

94. 胡明:《预算治理现代化转型的困境及其破解之道》,载《法商研究》2016年第6期。

95. 孟庆瑜:《绩效预算法律问题研究》,载《现代法学》2013年第1期。

96. 房巧玲、刘长翠、肖振东:《环境保护支出绩效评价指标体系构建研究》,载《审计研究》2010 年第 3 期。

97. 华国庆:《预算民主原则与我国预算法完善》,载《江西财经大学学报》2011 年第 4 期。

98. 胡锦光、张献勇:《预算公开的价值与进路》,载《南开学报》(哲学社会科学版)2011 年第 2 期。

99. 王雍君:《参与式预算:逻辑基础与前景展望》,载《经济社会体制比较》2010 年第 3 期。

100. 蒋悟真:《推动预算民主的三条进路》,载《法学》2011 年第 11 期。

101. 秦长城:《环境税:"绿色税制"一大步》,载《新理财》2017 年第 Z1 期。

102. 王利:《论我国环境法治中的污染者付费原则——以紫金矿业水污染事件为视角》,载《大连理工大学学报》(社会科学版)2012 年第 4 期。

103. 王惠:《试论税法谦抑性》,载《税务研究》2011 年第 2 期。

104. 叶金育、褚睿刚:《环境税立法目的:从形式诉求到实质要义》,载《法律科学》2017 年第 1 期。

105. 黄家强:《两个积极性:全面营改增中央地收入划分的法学视角》,载《财政监督》2016 年第 18 期。

106. 卿玲丽、屈静晓、文春晖:《"营改增"后地方税体系的完善对策》,载《税收经济研究》2016 年第 3 期。

107. 陈盛光:《中国税制"绿色化"与生态税》,载《中央财经大学学报》2003 年第 1 期。

108. 冯禹丁:《立法法"税收法定"修订逆转背后》,载《法治与社会》2015 年第 5 期。

109. 肖俊极、孙洁:《消费税和燃油税的有效性比较分析》,载《经济学》(季刊)2012 年第 4 期。

110. 林伯强等:《资源税改革:以煤炭为例的资源经济学分析》,载《中国社会科学》2012 年第 2 期。

111. 熊伟:《法治视野下清理规范税收优惠政策研究》,载《中国法学》2014 年第 6 期。

112. 叶金育:《税收优惠统一立法的证成与展开——以税收优惠生成模式为分析起点》,载《江西财经大学学报》2016 年第 2 期。

113. 张守文:《"结构性减税"中的减税权问题》,载《中国法学》2013 年第 5 期。

114. 徐阳光:《地方财政自主的法治保障》,载《法学家》2009 年第 2 期。

115. 邢祥娟、陈希晖:《资源环境审计在生态文明建设中发挥作用的机理和路径》,载《生态经济》2014 年第 9 期。

116. 董丽英、马欢腾:《雾霾治理资金监管机制浅探》,载《财会通讯》2016 年第 25 期。

117. 周一虹、周畅:《政府环境履责审计作用机制与实施路径探索》,载《会计之友》2015 年第 14 期。

118. 吴安平,晁莉:《大气污染型企业环境绩效审计的探讨》,载《长春大学学报》2016 年第 9 期。

119. 张婉苏:《地方政府举债层级化合理配置研究》,载《政治与法律》2017 年第 2 期。

120. 徐键:《分税制下的财权集中配置:过程及其影响》,载《中外法学》2012 年第 4 期。

121. 黄寿峰:《财政分权对中国雾霾影响的研究》,载《世界经济》2017 年第 2 期。

122. 潘敏杰、武舜臣、张继良:《中国式分权、环境规制与雾霾污染》,载《产业经济评论》2017 年第 1 期。

123. 傅勇、张晏:《中国式分权与财政支出结构偏向:为增长而竞争的代价》,载《管理世界》2007 年第 3 期。

124. 徐健:《分权改革背景下的地方财政自主权》,载《法学研究》2012 年第 3 期。

125. 上官莉娜:《法国地方自治的宪政原则》,载《武汉大学学报》(哲学社会科学版)2012 年第 5 期。

126. 章平、许志成、闫佳:《制度如何激发社会合作——基于公共品博弈实验的前沿理论综述》,载《经济与管理评论》2015 年第 1 期。

127. 胡杰:《税法的激励性规则研究》,西南政法大学法律硕士专业 2015 年硕士学位论文。

128. 沈湘平:《理性范式、人的发展阶段与"理性经济人"假设》,载《社会科学》2000 年第 2 期。

129. 马骏:《中央与地方的财政关系》,载《财税研究》1997 年第 4 期。

130. 刘剑文、侯卓:《事权划分法治化的中国路径》,载《中国社会科学》2017 年第 2 期。

131. 周黎安:《行政发包制》,载《社会》2014 年第 6 期。

132. 曹正汉:《中国上下分治的治理体制及其稳定机制》,载《社会学研究》2011 年第 1 期。

133. 宣晓伟:《推进中央和地方事权划分的法治化》,载《中国党政干部论坛》2015 年第 10 期。

134. 苗连营、王圭宇:《地方"人格化"、财政分权与央地关系》,载《河南社会科学》2009 年第 2 期。

135. 刘海波:《中央与地方关系的司法调节》,载《法学研究》2004 年第 5 期。

136. 田芳:《日本中央与地方行政争议处理机制的构建、特点及启示》,载《南京工业大学学报》(社会科学版)2007 年第 4 期。

137. 郭殊:《论中央与地方关系中的司法调节——以美国联邦司法判例为线索》,载《法商研究》2008 年第 5 期。

138. 李牧鸣:《臭氧污染看不见,却比 PM2.5 更可怕》,载《人民周刊》2016 年第 12 期。

139. 乔欣:《从"事权"到"财政事权"》,载《新理财(政府理财)》2016 年第 9 期。

140. Office USGA, Interstate Compacts: An Overview of the Structure and Governance of Environment and Natural Resource Compacts, 2007.

141. Paul A. Grout, "Margaret Stevens, The Assessment: Financing and Managing Public Services", *Oxford Review of Economic Policy*, 2003.

142. Stewart R. B., "Pyramids of sacrifice? Problems of federalism in mandating state implementation of national environmental policy", *The Yale Law Journal*, 1977.

143. Oates, "On environmental federalism", *Virginia Law Review*, 1997.

144. Oates W. E., "A Reconsideration of Environmental Federalism", *Discussion Papers*, 2001.

145. Rodger A. Payne, "Freedom and the Environment", *Journal of Democracy*, 1995.

146. Winslow M., "Is democracy good for the environment?" *Journal of Environmental Planning and Management*, 2005.

147. Guilarte M., Marin B., Mayntz R., "Policy Network: Empirical

Evidence and Theoretical Considerations", *Contemporary Sociology*, 1994, p. 425.

148. Wilson J. D. ,"Capital Mobility and Environmental Standards: Is there a Theoretical Basis for a Race to the Bottom?" *Fair Trade and Harmonization: Prerequisites for free Trade*, 1996.

149. Oates W. E. , Portney P. R. ,"The Political Economy of Environmental Policy", *Handbook of Environmental Economics*, 2003.

三、报刊网站类

1. 王文婷:《让税收法定原则真正落地》,载《学习时报》2016 年 10 月 6 日,第 6 版。

2. 张彬、杨烨、钟源:《十面"霾"伏发展之痛》,载《经济参考报》2013 年 12 月 30 日,第 A02 版。

3. 冯洁、汪韬:《"开窗":求解环境群体性事件》,载《南方周末》2012 年 11 月 29 日,第 B09 版。

4. 孙秀艳:《排污费花到哪儿去了》,载《人民日报》2014 年 8 月 30 日,第 9 版。

5. 李春莲:《42 家电企获 30 亿元政府补贴遭煤企吐槽,每年拿上千亿元环保补贴却难阻"骗补"》,载《证券日报》2016 年 4 月 21 日,第 C02 版。

6.《〈大气污染防治行动计划〉实施情况中期评估报告》,载《中国环境报》2016 年 7 月 6 日,第 2 版。

7. 中国环境报:《环境基准研究亟待加强》,载《中国环境报》2014 年 5 月 8 日,第 8 版。

8. 刘霞:《车船税按排量计征争议犹存》,载《第一财经日报》2011 年 2 月 28 日,第 C01 版。

9. 林忠华:《对做好大气污染防治审计工作的一点思考》,载《中国审计报》2014 年 6 月 18 日,第 5 版。

10. 宗禾:《新法实行,环保 PPP 模式成趋势》,载《中国财经报》2015 年 1 月 13 日,第 7 版。

11. 白彦锋:《财政事权与支出责任划分:泾渭分明还是动态博弈》,载《中国经济时报》2016 年 11 月 7 日,第 5 版。

12. 杨朝飞:《我国环境法律制度与环境保护》,载中国人大网: http://

www. npc. gov. cn/npc/zgrdzz/2012－12/03/content_1744456. htm。

13.《以政绩考核促进发展观念的转变——聚焦中组部干部政绩考核新规》，载新华网：http://renshi. people. com. cn/n/2013/1211/c139617－23815386. html。

14.《财政部通报5起中央大气污染防治专项资金检查典型案例》，载人民网：http://politics. people. com. cn/n1/2016/1212/c1001－28943596. html。

15. 高敬：《我国今年将实现环保督察全覆盖》，载新华社：http://news. xinhuanet. com/politics/2017－01/30/c_1120394209. htm。

16.《2015 中国环境状况公报》，载环保部网站：http://www. zhb. gov. cn/hjzl/zghjzkgb/lnzghjzkgb/201606/P020160602333160471955. pdf。

17. 陈方：《为何"国家标准"总与"民众感受"不一致》，载央视网：http://opinion. news. cntv. cn/20111117/102503. shtml。

18. 聂日明：《燃油税调整需遵循税收法定》，载英国《金融时报》中文版网站：http://www. ftchinese. com/story/001060207？full＝y。

19.《中国统计年鉴 2015》，载国家统计局网：http://www. stats. gov. cn/tjsj/ndsj/2015/indexch. htm。

过有觉知的生活

——代后记

总是想回避现实生活中的矛盾和冲突，企图回归大自然的明朗与亲切之中，但人与自然也并不是能够处处和谐共处，人与自然之间时时发生着悲剧。凡事一旦日复一日，就成了日常。2009 年春季北京晾晒衣服的一次记忆令我对沙尘天气记忆犹新，但那是可以洗却的尘埃。对于一个生活在北京的非土著，意味着对首都气候变迁一寸寸一分分的体验，意味着目睹四季更替中的扬尘、飞沙、雾霾，意味着诧异、不安、接受，意味着怀疑、探索、下笔，更意味着抓不住身边流去的一生最好的日子，和这些日子中呼吸体会过的人生滋味。作为一个母亲和女儿，甚至为此打听京外工作机会或候鸟生活的可能。当发现稳定生活的惯性已牢牢将我牵制，惰性打消了这种念头。

现象再往前多想一步，就是思辨。诸如“现代性”“后现代主义”这样的词汇开始萦绕在一位已为人母自带啰嗦的深情女人耳畔。极致感和匍匐感袭来，反抗姿态和独立人格在自然面前不得不俯首低眉。在一场有关自然的浩劫面前，越来越精细的分科分类，更加深入的某一切入，会不会换来无助。比如，韦伯的支配社会学几乎也不涉及政治的内属问题。再如，一政体下的人民对何为幸福的理解。结果是，作为一个普通的亲历者和受害者，我们对大气污染问题的目光停留在

“心”。大概，对大气污染治理的推进需要政府。或者，我们还是该做些什么吧。

被动不意味着放弃积极的尝试。手中紧握的笔燃起了一丝信念。实际上这个过程是烤炼。寻找解决问题的工具经历了社会科学中大学科到小学科至领域法学探寻的过程。不仅如此，竟然还会偶遇社会科学和自然科学的边界划定。大卫·休谟曾说过，无论何时何地，人类本性都是相同的，就此而言，历史并没有告诉你我新鲜或奇特的事情。然而，自然一直在变化。科技是“立世之基”，人文则是“处世之本”，立足于“人”的视角，思考人无法被工具理性所规范的生命体验和精神超越。以上两者互动互补，相协相生，共同推动人类文明的发展。因此，这是一项挑战，也是一次探索。

除此之外，我们还不能仅把眼光流连于理论构建。从2014年起，对中国本土实践问题的关注牵引我研究此问题。从此，一种对国情了解的自觉油然而生，开始遍地走起来，奢望遍及中央和地方。除了浅尝实证研究方法外，历史维度的纵向比较也是一种可能的思路。

将问题的切口聚焦在央地关系财权事权的分担实际上的问题的逻辑起点，或者说历史起点落在了对历史上中国央地关系的梳理和研究上。通过对中国历史上央地权力集中或分解的研究，可以发现几个规律，第一，财权与事权的匹配程度决定了央地权力的最终界定；第二，财权与事权在不同的时期都会经历动态的变化过程；第三，央地财权与事权匹配的领域一直在发生着变化。同时，还有一个基础性前提一直困扰着我，它直接关系立论的基础：研究中国历史，特别是古代史中相关规律对于今天的借鉴意义。于是，研究试图转向对近代央地关系的研究。从此，对于“古”的借鉴意义开始困惑着我，至今没有出路。

哲学、科学、神学、宗教——研究和生活无所不在其间。一向佩服能够留下点什么的社会科学家，有知识和价值，而且是经过自个儿判断的。这一切的来源，应当都是时间冲刷出的。在时间中阅读、实践和反思。就形成了自己的三角洲。这是急不了的。另外，有关文风，是因为自己还在游离和彷徨，所以下笔不够坚定和精练。留出更多的空间，为解释预留足够空间。大概，还有自己角色的快速跳转，不断把生活带向研究，用研究假指生活。回到现实的场景，当然不是毫无违和感。恰恰相反，思考的过程，发现了对于自我而言两个功力的解锁：一是凡事向前想一步，就可以透过表象看到你以为的本质；二是倒过来，凡是结论性的描述，一定要至少具体化一句，才能赢得与文字对话对象可能的认可。

最后,回到文本。本书萌生于2016年中标的中国法学会课题。而这个题目落种于在学校主体班的教学。当时,对这个题目充满热情,在填写结项类型时毫不犹豫写了著作。后来,发现自己做了一个莽撞的决定。但放弃已来不及,在时间紧迫关口,请来了“救兵”。家强是我的黎门师弟,自从他进入师门,他的勤奋和天赋就引起了我的关注和羡慕。在黎江虹教授的引荐下,他毫不犹豫地和我组成团队,令我重燃战斗热情。我的同事们在此书撰写过程中给予了我莫大支持。卓泽渊教授自课题立项后就经常与我交流相关问题,同时不吝为我作序,在作序的过程中,他几经易稿逐字斟酌,令我对法学家的严谨肃然起敬。李雅云教授主持的中央党校创新工程《生态文明法治化》为我提供了充足的资金支持和调研安排。在写作过程中,王伟教授、封丽霞教授、王雅琴教授、王勇教授、王立峰教授、高长见副教授、王若磊副教授、金成波博士在专程请教或不经意的闲聊中给了我更多知识或灵感。书稿能够顺利且不缺斤短两地出版,陈妮编辑功不可没,她的专业让我在文字上足够依赖她。还有我的朋友们,为书稿的构思、素材、完成以及编辑给养,在此一并表达感谢。最后要感激爱我、懂我、支持我的这一大家子。尤其是我的女儿,她年仅三岁,当我和她共处一室写作时,她已习惯没有糖果零食也能安静地陪伴;当我急着出门无法回答她蓝精灵为什么没有妈妈的问题时,她大声对我说:妈妈再见;当她即将走入幼儿园时,她会带给我更多力量。

2017年夏末掠燕湖畔

图书在版编目(CIP)数据

大气污染治理政府间分担机制研究：以财税法为视野／王文婷，黄家强著. -- 北京：法律出版社，2017
ISBN 978 - 7 - 5197 - 1454 - 3

Ⅰ．①大… Ⅱ．①王… ②黄… Ⅲ．①空气污染控制－财政法－研究－中国②空气污染控制－税法－研究－中国 Ⅳ．①D922.683.4

中国版本图书馆CIP数据核字(2017)第241153号

大气污染治理政府间分担机制研究
——以财税法为视野
DAQI WURAN ZHILI ZHENGFUJIAN FENDAN JIZHI YANJIU
—YI CAISHUIFA WEI SHIYE

王文婷　黄家强　著

策划编辑　陈　妮
责任编辑　陈　妮
装帧设计　汪奇峰

出版　法律出版社
总发行　中国法律图书有限公司
经销　新华书店
印刷　北京京华虎彩印刷有限公司
责任校对　马　丽
责任印制　吕亚莉

编辑统筹　财经出版分社
开本　720毫米×960毫米　1/16
印张　14.5
字数　250千
版本　2017年8月第1版
印次　2017年8月第1次印刷

法律出版社／北京市丰台区莲花池西里7号(100073)
网址／www.lawpress.com.cn
投稿邮箱／info@lawpress.com.cn
举报维权邮箱／jbwq@lawpress.com.cn
销售热线／010 - 63939792
咨询电话／010 - 63939796

中国法律图书有限公司／北京市丰台区莲花池西里7号(100073)
全国各地中法图分、子公司销售电话：
统一销售客服／400 - 660 - 6393
第一法律书店／010 - 63939781/9782　西安分公司／029 - 85330678　重庆分公司／023 - 67453036
上海分公司／021 - 62071639/1636　深圳分公司／0755 - 83072995

书号:ISBN 978 - 7 - 5197 - 1454 - 3　**定价**:48.00元